全新彩色版

# 孟子中庸

中华文史大观

金敬梅 主编

世界图书出版公司

# 目录

# 孟子·中庸

# 前言

《孟子》是孟子言论的汇编，由孟子及其弟子共同编写而成。它是研究孟子生平事迹的第一手资料，也是儒家经典著作之一。孔子所创的儒家学说，一百多年后，由于孟子的继承和发展而变得更丰富、更系统了，在中国传统的苑囿里，终于长成了根深叶茂的大树。孟子也因此成为仅次于孔子的一代儒家宗师，有“亚圣”之称，与孔子并称为“孔孟”。仁政是孟子政治思想的核心，具体内容很广泛，包括经济、政治、教育以及统一天下的途径等，其中贯穿着一条民本思想的线索。孟子甚至提出“民为贵，社稷次之，君为轻”，认为君主应以爱护人民为先，保障人民的权利。

《中庸》是儒家思孟学派论修养境界的一部伦理学专著。旧说《中庸》是子思所作，是一部含有深刻哲理的重要古代思想文献。所谓“中”就是不偏不倚，所谓“庸”就是常。《中庸》主要就是教人发现“至善”和遵守常道，发挥和贯通孔子“中庸”的思想。

《孟子·中庸》这本书是《孟子》和《中庸》的合集。全书用通俗易懂的语言对原文进行了详细的阐释，让你在轻松阅读的同时，也能够很好地领会儒家思想的精髓。

# 孟　子

人有不为也，而后可以有为。

孟子曰："尊贤使能，俊杰在位，则天下之士皆悦而愿立于其朝矣。市，廛而不征，法而不廛，则天下之商皆悦而愿藏于其市矣。关讥而不征，则天下之旅皆悦而愿出于其路矣。耕者助而不税，则天下之农皆悦而愿耕于其野矣。廛无夫里之布，则天下之民皆悦而愿为之氓矣。信能行此五者，则邻国之民仰之若父母矣。率其子弟，攻其父母，自生民以来，未有能济者也。如此，则无敌于天下。无敌于天下者，天吏也。然而不王者，未之有也。"

# ·第壹卷·

## [梁惠王]上

**孟子见梁惠王。王曰："叟[1]！不远千里而来，亦将有以利吾国乎？"孟子对曰："王！何必曰利？亦有仁义而已矣。王曰：'何以利吾国？'大夫曰[2]：'何以利吾家？'士庶人曰[3]：'何以利吾身？'上下交征利而国危矣[4]。万乘之国，弑其君者[5]，必千乘之家；千乘之国弑其君者，必百乘之家。万取千焉，千取百焉，不为不多矣。苟为后义而先利，不夺不餍[6]。未有仁而遗其亲者也，未有义而后其君者也。王亦曰仁义而已矣，何必曰利？"**

孟子拜见梁惠王。梁惠王说："孟老先生！您不辞辛劳，千里迢迢来到我国，一定会有对我的国家有利益的主张吧？"

孟子说："大王！何必一开口就谈利呢？我认为，治理国家，只需有'仁义'二字就可以了。如果大王总是说：'怎样才能有利于我的国家呢？'大夫们总是说：'怎样才能有利于我的封地呢？'士人和老百姓总是说：'怎样才能有利于我个人呢？'这样全国上下都在谋取私利，那么国家就很危险了。在拥有一万辆兵车的诸侯国里，能够杀掉国王的，一定是拥有一千辆兵车的大夫；在拥有一千辆兵车的诸侯国里，能够杀掉国王的，一定是拥有一百辆兵车的大夫。在一万辆兵车中占有一千辆，在一千辆兵车中占有一百辆，不能说不多。然而如果先讲利而后讲义，那么不把国君的地位和利益夺到手，他是不会满足的。我没有见过仁德的人抛弃他的双亲，也没有见过讲义的人不尊重他的国君。所以大王只要讲'仁义'就够了，何必要将利字挂在嘴边呢？"

### ◎ 原文注释

〔1〕叟：对长者的敬称，犹言老先生。

〔2〕大夫：我国古代的官职称呼之一，国君之下，有卿、大夫和士三级，后来成为一般担任官职者的统称。

〔3〕士：我国商、西周、春秋时期最低级的贵族阶层。庶：西周时对奴隶的称呼，后来泛指平民百姓。

〔4〕交征利：争相追逐私利。

〔5〕弑（shì 试）：下杀上，卑杀尊，臣杀君叫弑。

〔6〕餍（yàn 厌）：满足。

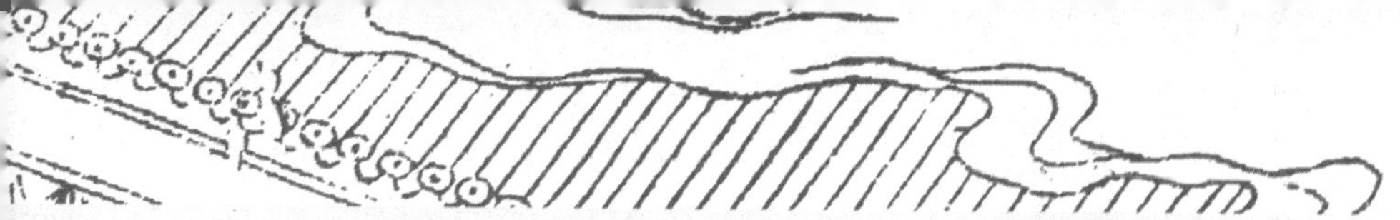

孟子见梁惠王。王立于沼上，顾鸿雁麋鹿，曰："贤者亦乐此乎？"

孟子对曰："贤者而后乐此，不贤者虽有此，不乐也。《诗》云：'经始灵台[1]，经之营之。庶民攻之[2]，不日成之。经始勿亟，庶民子来[3]。王在灵囿，麀鹿攸伏[4]，麀鹿濯濯[5]，白鸟鹤鹤[6]。王在灵沼，於牣鱼跃[7]。'文王以民力为台为沼，而民欢乐之，谓其台曰'灵台'，谓其沼曰'灵沼'，乐其有麋鹿鱼鳖。古之人与民偕乐，故能乐也。《汤誓》曰[8]：'时日害丧[9]，予及女偕亡！'民欲与之偕亡，虽有台池鸟兽，岂能独乐哉？"

孟子去拜见梁惠王。梁惠王站在水池边上，观看鸿雁飞舞、麋鹿奔跑，见孟子过来，便说："贤能的君主也能享有这样的快乐吗？"

孟子说："只有贤能的君主才能享有这种快乐，不贤能的君主即使有这样的快乐，也不能享受。《诗经》上说，文王开始修建灵台时，精心设计。老百姓齐心努力，很快就建成了。文王说不用急，老百姓却干得更起劲。文王到苑囿中游玩，母

○ 品画鉴宝　大禾方鼎·商

鹿安逸地卧在草丛中，皮毛光滑，肥肥胖胖，鸟儿羽毛洁白。文王来到灵沼上，鱼儿在水中欢快地跳跃。’文王动用民力修建高台深池，而老百姓却非常高兴地去干，还称高台为灵台，称深池为灵池，为其中有麋鹿、鱼、鳖等珍禽异兽而高兴。古时贤能的君主因为能与民同乐，所以能享有这种快乐（夏桀却与之相反，他以太阳自比，残酷无道，老百姓都怨恨他）。《尚书·汤誓》中便记载着老百姓骂他的话：‘太阳啊！你什么时候消失，我愿意和你一起去死！’老百姓怨恨到情愿和他一起去死的地步，在这种情况下，虽然有高台深池，珍禽异兽，还能够独自一人享有这种快乐吗？”

### ◎ 原文注释

〔1〕经：测量规划。始：通“治”，指建造。

〔2〕攻：治。此处指建造灵台。

〔3〕庶民子来：意思是平民百姓都来帮忙做事。

〔4〕麀 (yōu 优)：母鹿。攸：同“所”。伏：安其所处，含有驯服的意思。

〔5〕濯濯 (zhuó 茁)：肥胖而有光泽的样子。

〔6〕鹤鹤：羽毛洁白的样子。

〔7〕於牣：於 (wū 乌)，用在句首，赞叹词。牣(rèn 刃)：充满。

〔8〕《汤誓》：《尚书》中的一篇，记载商汤伐夏桀的誓师词。

〔9〕时日害丧：这太阳什么时候毁灭？这是当时的民谣，太阳代指天子，即桀。时，这。日，太阳。害，同“曷”，何时。丧，毁灭。

**梁惠王曰：“寡人之于国也，尽心焉耳矣！河内凶，则移其民于河东[1]，移其粟于河内。河东凶亦然。察邻国之政，无如寡人之用心者。邻国之民不加少[2]，寡人之民不加多，何也？”**

**孟子对曰：“王好战，请以战喻。填然鼓之，兵刃既接，弃甲曳兵而走[3]，或百步而后止，或五十步而后止。以五十步笑百步，则何如？”**

**曰：“不可。直不百步耳，是亦走也。”**

**曰：“王如知此，则无望民之多于邻国也。不违农时，谷不可胜食也；数罟不入洿池[4]，鱼鳖不可胜食也；斧斤以时入山林，材木不可胜用也。谷与鱼鳖不可胜食，材木不可胜用，是使民养生丧死无憾也。养生丧死无憾，王道之始也。**

**“五亩之宅，树之以桑，五十者可以衣帛矣。鸡豚狗彘之畜[5]，无失其时，七十者可以食肉矣。百亩之田，勿夺其时，数口之家可以无饥矣。谨庠序之教[6]，申之以孝悌之义，颁白者不负戴于道路矣[7]。七十者衣帛食肉，黎民不饥不寒，然而不王者，未之有也。**

**“狗彘食人食而不知检，涂有饿莩而不知发[8]；人死，则曰：‘非我也，岁也。’是何异于刺人而杀之，曰：‘非我也，兵也？’王无罪岁，斯天下之民至焉。”**

梁惠王对孟子说：“我对于这个国家，真可谓兢兢业业，尽心尽力了！如果河内发生灾荒，我就把那里的百姓迁到河东，把河东的粮食运到河内。如果河东发生了灾荒，我也会这样做。我观察周围邻国的国君，没有一个像我这样尽职尽责的。可是邻国的老百姓却不因此而减少，我的老百姓也不因此而增加，这是为什么呢？”

孟子回答说：“大王喜欢战争，我们就拿战争来打个比方吧。在战场上，战鼓咚咚，短兵相接，有些士兵丢盔弃甲，拖着兵器落荒而逃。有的跑了一百步停了下来，有的跑了五十步停了下来。跑了五十步的笑跑了一百步的是逃兵，大王认为这种行为怎么样？”

梁惠王说：“不好。跑了五十步的士兵也是逃兵，只不过没有跑那么远罢了。”

孟子说：“大王既然知道这一点，那么就不要期望老百姓会比邻国多。不违背农时，生产的粮食就吃不完；不捕捉幼小的鱼鳖，鱼鳖就吃不尽；按照树木的生长规律砍伐树木，木材就用不尽。粮食和鱼鳖吃不尽，木材用不完，老百姓能够养活一家老小，对老人能养老送终，没有什么不满足的。老百姓能够养活一家老小，对老人能够养老送终，没有什么不满足的，这就是王道的开始。

“占地五亩的宅院，当中栽上桑树，五十岁的老人就可以穿上丝质的衣服了。饲养鸡、狗、猪等家畜，不错过它们的繁殖时节，七十岁的老人就可以经常有肉吃了。

一百亩的田地，不耽误农民的农时，几口人的家庭就可以饱食无忧了。重视学校教育，用孝敬父母、尊敬兄长的道理来教导学生，使人人都尊老敬长，这样头发花白的老人就不会背负重物在路上行走了。七十岁的老人穿着丝质衣服，并且有肉吃，老百姓衣食无忧，没有饥寒交迫的困苦，做到这一点还不能称王的国君，从来没有过。

“有钱人家的猪狗比贫穷的人吃得还好，却不知道节俭，路上有饿死的人却不去救济；老百姓死了，就说：‘这不是我的过错，是天灾。’这无异于拿着刀子杀人之后，说：‘不是我杀人，是刀子杀了人。’大王不要把过错归之于天，天下的老百姓就会来归顺了。”

### ◎ 原文注释

〔1〕河内：今河南省济源县一带。河东：今山西省安邑县一带。〔2〕加少：更少，即减少。后文“加多”是增多的意思。〔3〕走：快跑，这里是指逃跑。〔4〕数：细密。罟（gǔ）：鱼网。洿（wū）：指低凹之地、池塘等，这里用以修饰“池”，引申为大而深的意思。〔5〕鸡豚狗彘之畜：泛指家禽、家畜。豚（tún 屯），小猪。彘（zhì 至），猪。〔6〕谨庠序之教：认真地办好地方上各学校的教育工作。庠序，即学校。周代称学校为“庠”，商代称“序”。〔7〕颁白者：须发花白的老人。颁，同“斑”。〔8〕涂有饿莩而不知发：路人有饿死的人而不知打开仓廪救济。涂，通“途”。莩（piǎo 缥），饿死者。发，指开仓济民。

○ 品画鉴宝　人物图 · 清 · 黄慎

◯ 品画鉴宝　骏马图·清·郎世宁

**梁惠王曰："寡人愿安承教[1]。"**

**孟子对曰："杀人以梃与刃，有以异乎？"**

**曰："无以异也。"**

**"以刃与政，有以异乎？"**

**曰："无以异也。"**

**曰："庖有肥肉，厩有肥马[2]，民有饥色，野有饿莩，此率兽而食人也。兽相食，且人恶之；为民父母，行政，不免于率兽而食人，恶在其为民父母也[3]？仲尼曰：'始作俑者[4]，其无后乎！'为其像人而用之也。如之何其使斯民饥而死也？"**

梁惠王对孟子说："我非常乐意聆听您的教诲。"

孟子说："用棍子打死人与用刀杀死人，有什么不同吗？"

梁惠王说："没有什么不同。"

孟子说："那么用刀杀人与用政治杀人，有什么不同吗？"

梁惠王说："没有什么不同。"

孟子说："那么现在，您的厨房里有上好的肉，您的马厩里有肥壮的马，而老百姓面带饥色，野外有饿死的人，这如同率领着牲畜来吃人。牲畜之间互相残食，尚且令人厌恶，作为百姓的父母，实行政策，竟至于率领牲畜来吃人，怎么还能做百姓的父母呢？孔子曾经非常愤怒地说：'第一个制作木俑来殉葬的人，难道他没有后代吗！'因为俑像人，用俑来殉葬无异于用人来殉葬。这样做尚且不可，那么作为一国之君，竟然让老百姓饥饿而死，又该怎么样呢？"

## ◎ 原文注释

〔1〕安：诚心地。承教：接受指教。〔2〕庖：厨房。厩（jiù 就）：马栏。〔3〕恶（wū 乌）：疑问词，何，怎。〔4〕始作俑（yǒng 勇）者：开始发起制造土木偶用以殉葬的人。俑，古代用以陪葬的木制或陶制的偶人，在以俑陪葬之前，最初是用活人殉葬，后来才逐渐以俑取代活人。

梁惠王曰："晋国[1]，天下莫强焉[2]，叟之所知也。及寡人之身，东败于齐，长子死焉；西丧地于秦七百里；南辱于楚。寡人耻之，愿比死者一洒之[3]。如之何则可？"

孟子对曰："地方百里而可以王[4]。王如施仁政于民，省刑罚，薄税敛，深耕易耨[5]；壮者以暇日修其孝悌忠信，入以事其父兄，出以事其长上，可使制梃以挞秦楚之坚甲利兵矣[6]。

"彼夺其民时，使不得耕耨以养其父母，父母冻饿，兄弟妻子离散。彼陷溺其民，王往而征之，夫谁与王敌？故曰：仁者无敌。王请勿疑！"

梁惠王说："当年的魏国，天下没有比它更强大的国家了，这您也是知道的。可是国家传到我的手中，在东面被齐国打败，大儿子在战场上牺牲；在西面，被秦国强行割地七百里；在南面，又被楚国打败，丢掉八个城池。这真是我的奇耻大辱，我要替死难的将士们报仇，您说该怎么办？"

孟子回答说："有一百里的土地就可以称王于天下。大王如果施行仁政，减免刑罚，减轻税赋，让百姓深耕细耘及时锄草；年轻人在闲暇时学习孝敬父母、尊敬兄长、忠诚守信的好品德，时时刻刻以此来要求自己，在家侍奉父母兄长，在外面侍奉年长的和位尊的，这样他们用木棒就可以打败秦国、楚国装备精良的军队。

"而别的国家无节制地征发劳役，使老百姓不能安心种地来养活一家老小，父母亲饥寒交迫，妻离子散，生活在水深火热之中。这时，大王前去征伐，谁会抵抗呢？所以说，行仁政的人是天下无敌的。大王要坚信这一点！"

### ◎ 原文注释

〔1〕晋国：这里指的是魏国。魏为三晋之一，故而梁惠王称本国为晋国。〔2〕莫强：没有比它更强，没有强过它的。〔3〕愿比死者一洒之：希望替全体死难者报仇雪恨。比（bì闭），替；为。一，都，全。洒，同"洗"，洗刷。〔4〕地方百里：方圆百里的国土。〔5〕易耨：及时锄草。耨（nòu），锄草。〔6〕制：同"掣"，拉，拽，拿起来。

**孟子见梁襄王[1]，出，语人曰：“望之不似人君，就之而不见所畏焉。卒然问曰[2]：‘天下恶乎定。’”**

**“吾对曰：‘定于一。’**

**“‘孰能一之？’对曰：‘不嗜杀人者能一之。’**

**“‘孰能与之[3]？’对曰：‘天下莫不与也。王知夫苗乎？七八月之间旱[4]，则苗槁矣。天油然作云，沛然下雨，则苗浡然兴之矣[5]。其如是，孰能御之？今夫天下之人牧[6]，未有不嗜杀人者也。如有不嗜杀人者，则天下之民皆引领而望之矣。诚如是也，民归之，由水之就下[7]，沛然谁能御之？’”**

孟子拜见梁襄王，出来后，对外边的人说：“从远处看，一点也不像个国君，走到近处，又感觉不到一点国君的威严。突然间问道：‘怎样才能使天下安定？’”

“我回答说：‘天下定于一统。’

“‘那么谁能统一天下呢？’

“我又回答说：‘不好杀人的国君就能统一天下。’”

“‘谁会跟从这样的国君呢？’”

“我说：‘天下没有不跟从的。大王您知道庄稼地里的禾苗吗？七八月的时候，久旱不雨，禾苗快枯死了。这时如果天空阴云密布，下起瓢泼大雨，禾苗马上就会精神抖擞，茁壮生长起来。像这样，谁能够抵挡得住呢？如今天下的国君，没有一个不好杀人的。如果有一个不好杀人的国君，那么天下的老百姓都会心向往之。果真有这么一个国君的话，老百姓归附他，就像河水向下奔流，一泻千里，浩浩荡荡，谁能阻挡得住呢？’”

**◎ 原文注释**

〔1〕梁襄王：名嗣，梁惠王的儿子。〔2〕卒然：卒，同“猝”(cù促)，猛然。〔3〕与：跟，从。〔4〕七八月：指的是周代历法，约相当于夏历五六月。〔5〕浡然兴之：蓬勃地兴起。浡(bó勃)，振作。〔6〕人牧：百姓的治理者，指国君。〔7〕由：音、义同“犹”，好像，仿佛。

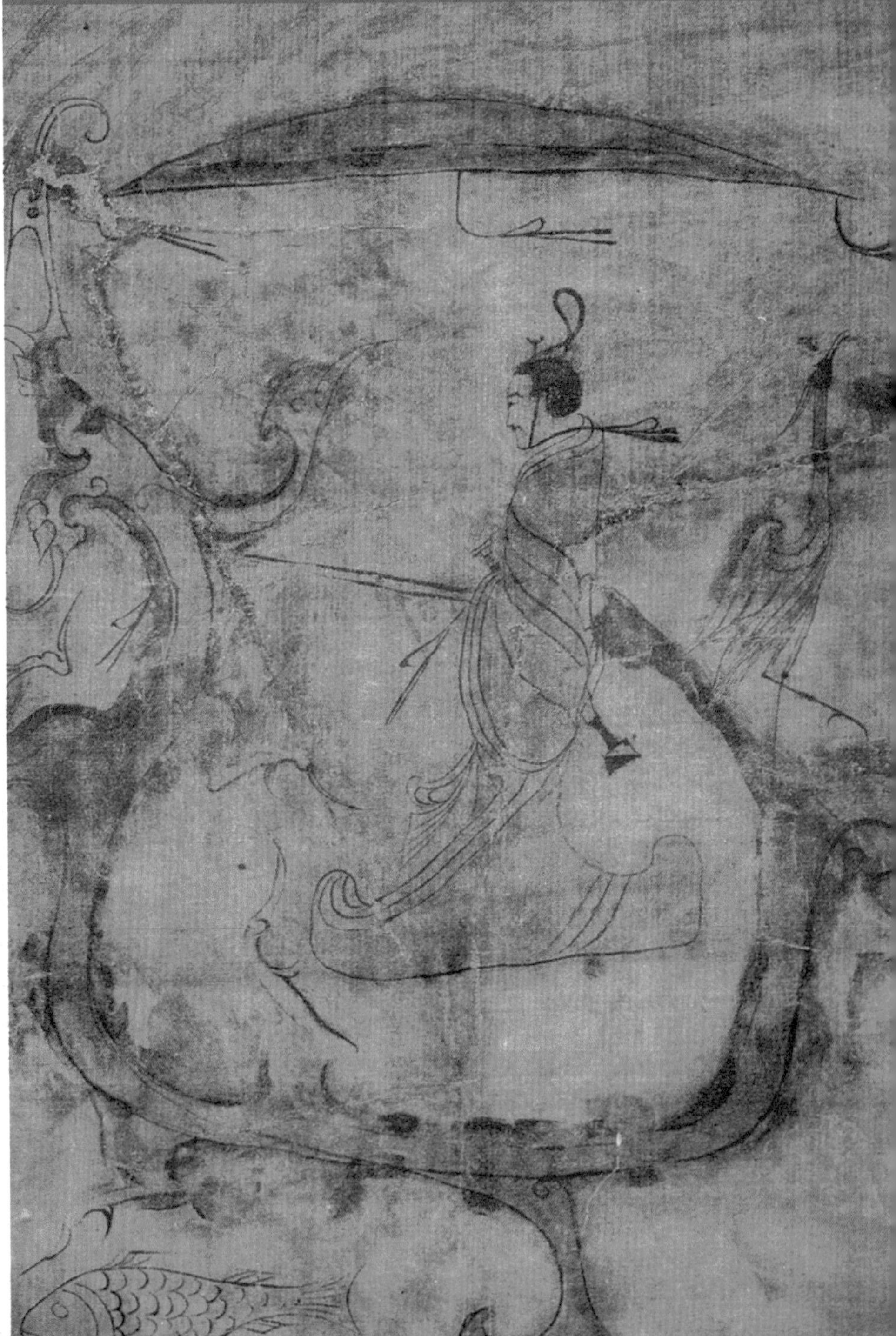

人物御龙图·战国

齐宣王问曰："齐桓、晋文之事可得闻乎？"

孟子对曰："仲尼之徒无道桓、文之事者，是以后世无传焉，臣未之闻也。无以，则王乎[1]？"

曰："德何如则可以王矣？"

曰："保民而王，莫之能御也。"

曰："若寡人者，可以保民乎哉？"

曰："可。"

曰："何由知吾可也？"

曰："臣闻之胡龁曰[2]：王坐于堂上，有牵牛而过堂下者，王见之，曰：'牛何之？'对曰：'将之衅钟[3]。'王曰：'舍之！吾不忍其觳觫[4]，若无罪而就死地。'对曰：'然则废衅钟与？'曰：'何可废也？以羊易之！'不识有诸？"

曰："有之。"

曰："是心足以王矣。百姓皆以王为爱也，臣固知王之不忍也。"

王曰："然，诚有百姓者。齐国虽褊小，吾何爱一牛？即不忍其觳觫，若无罪而就死地，故以羊易之也。"

曰："王无异于百姓之以王为爱也[5]。以小易大，彼恶知之？王若隐其无罪而就死地，则牛羊何择焉？"

王笑曰："是诚何心哉？我非爱其财而易之以羊也，宜乎百姓之谓我爱也。"

曰："无伤也[6]，是乃仁术也，见牛未见羊也。君子之于禽兽也，见其生，不忍见其死；闻其声，不忍食其肉。是以君子远庖厨也。"

王说，曰："《诗》云：'他人有心，予忖度之。'夫子之谓也。夫我乃行之，反而求之，不得吾心。夫子言之，于我心有戚戚焉[7]。此心之所以合于王者，何也？"

齐宣王问道："您可以给我讲讲齐桓公、晋文公的事迹吗？"

孟子回答说："孔子的弟子中没人讲齐桓公和晋文公的事迹，所以没有流传下来，我也没有听说过。大王一定要我讲，那就讲讲怎样才能称王于天下吧？"

齐宣王又问道："有怎样的德行才可以称王于天下？"

孟子回答说："让老百姓安居乐业就可以称王于天下，没有什么能够阻挡得了。"

宣王问道："像我这样，也可以使老百姓安居乐业吗？"

孟子回答说："当然可以。"

齐宣王问道："你怎么知道可以？"

孟子回答说："我曾经听胡龁说：有一天，大王坐在大殿上，看见有人牵着一头牛从殿下经过，就问道：‘你要把牛牵到什么地方去？’那人回答说：‘要把它杀了，用它的血涂钟。’大王说：‘放了它！我不忍心看到它被屠宰前惊恐可怜的样子，没有任何罪过，就被处死。’那人说：‘大王是说要把涂钟礼废了吗？’大王说：‘怎么能够把涂钟礼废了呢？用羊代替！’不知道是不是真有这回事？”

宣王说：“有这回事。”

孟子说：“有这种仁爱之心就可以称王于天下。老百姓都以为大王吝啬，舍不得一头牛，我知道大王是不忍心。”

宣王说：“是的，确实有这样议论的百姓。齐国虽然小，可我还不至于吝啬得舍不得一头牛吧？只是不忍心看它惊恐可怜的样子，没有一点罪过就被处死，所以才用羊代替。”

孟子说：“老百姓认为您吝啬，大王不要责怪他们。他们只知道您用小的代替大的，哪里知道其中的原委？您如果可怜它没有一点罪过就被处死，那么羊和牛又有什么区别呢？”

齐宣王笑了笑说：“现在我自己也不明白是出于什么心理了。我不是因为爱财才用羊来代替它的，老百姓说我吝啬，也有一定的道理。”

孟子说：“没关系，您的不忍心正是仁道，只不过您看见了牛而没有看见羊。君子只能看见禽兽活着，不忍心看见它们死去；听到它们被屠宰时的哀鸣声，就不忍心吃它们的肉。所以君子把厨房建在离自己很远的地方。”

齐宣王高兴地说：“《诗经》上说：‘别人的心理，我能揣摩出来。’说的就是先生您呀。我做出了行动，却不知是出于什么心理。您一下子就说出来了，让我豁然开朗。这种心理和王道不谋而合，是怎么回事？”

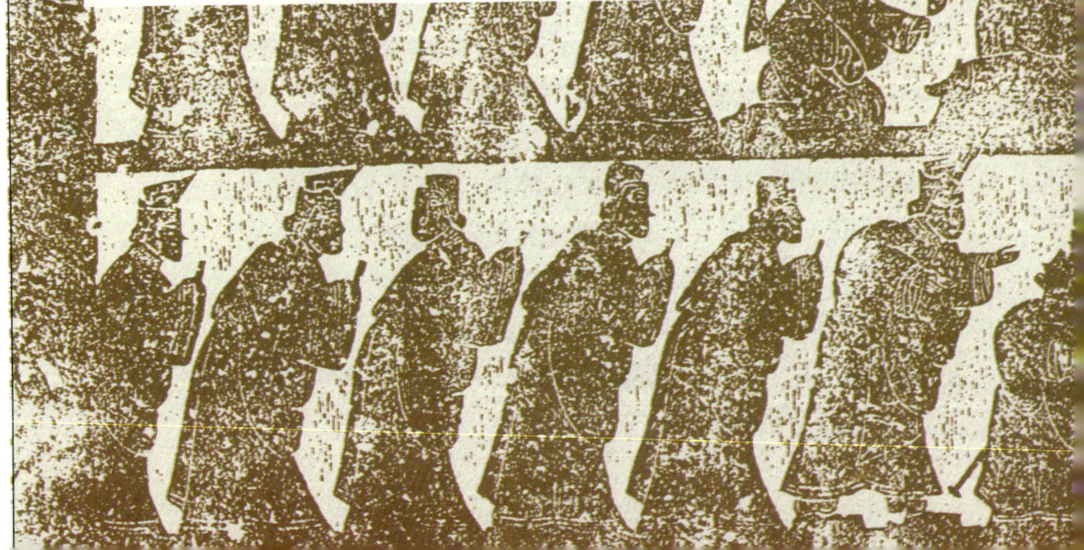

## ◎ 原文注释

〔1〕无以：不得已。

〔2〕胡龁(hé 河)：人名，齐王左右的近臣。

〔3〕衅（xìn 信）钟：新钟铸成，杀牲取血涂抹钟的孔隙，用以祭祀，叫“衅钟”。按古代礼仪，当国家某件新器物以及宗庙开始使用时，都要宰牲取血祭它。

〔4〕觳觫（hú sù 胡速）：因恐惧而战栗的样子。

〔5〕无异：莫怪，不要责怪。

〔6〕无伤：不要紧。

〔7〕戚戚：因有同感而心情激动的样子。

○ 品画鉴宝　涡纹双耳陶壶·战国

曰："有复于王者曰：'吾力足以举百钧，而不足以举一羽；明足以察秋毫之末[1]，而不见舆薪。'则王许之乎？"

曰："否。"

"今恩足以及禽兽，而功不至于百姓者，独何与？然则一羽之不举，为不用力焉；舆薪之不见，为不用明焉；百姓之不见保，为不用恩焉。故王之不王，不为也，非不能也。"

曰："不为者与不能者之形何以异？"

曰："挟太山以超北海[2]，语人曰：'我不能。'是诚不能也。为长者折枝，语人曰：'我不能。'是不为也，非不能也。故王之不王，非挟太山以超北海之类也；王之不王，是折枝之类也。

"老吾老，以及人之老；幼吾幼，以及人之幼。天下可运于掌。《诗》云：'刑于寡妻，至于兄弟，以御于家邦[3]。'言举斯心加诸彼而已。故推恩足以保四海，不推恩无以保妻子。古之人所以大过人者，无他焉，善推其所为而已矣。今恩足以及禽兽，而功不至于百姓者，独何与？权，然后知轻重；度，然后知长短。物皆然，心为甚。王请度之！抑王兴甲兵，危士臣，构怨于诸侯[4]，然后快于心与？"

王曰："否，吾何快于是？将以求吾所大欲也。"

曰："王之所大欲，可得闻与？"

王笑而不言。

曰："为肥甘不足于口与？轻暖不足于体与？抑为彩色不足视于目与？声音不足听于耳与？便嬖不足使令于前与[5]？王之诸臣皆足以供之，而王岂为是哉？"

曰："否，吾不为是也。"

孟子说："假如有人对您说：'我力大无比，能举起三千斤的东西，却拿不起一根羽毛；眼睛能看清鸟尾巴上的细毛，却看不见一车柴禾。'大王您相信吗？"

宣王说："当然不相信。"

孟子说："现在您的恩惠施及禽兽，却不能施及百姓，和这又有什么区别呢？拿不起一根羽毛，是因为不用力；看不见一车柴禾，是因为不去看；老百姓不能安居乐业，是因为国君不施恩惠。所以大王您没有称王于天下，是不去行王道，而不是不能行王道。"

宣王说："不去行和不能行有什么区别吗？"

孟子说："提着泰山越过北海，对人说，'我做不到。'这是真的做不到。给年

○ 品画鉴宝　龙耳尊 · 春秋

长的人弯腰作揖，对人说，‘我做不到。’这不是做不到，而是不去做。大王没有称王于天下，不是像提着泰山趟渤海那样办不到，而是像给长辈弯腰作揖那样不去做。

“尊敬自己的长辈，进而尊敬别人的长辈，爱护自己的子孙，进而爱护别人的子孙，轻而易举就可以得到天下。《诗经》上说：‘先给自己的妻子做榜样，再给自己的兄弟做榜样，进而给天下的人做榜样。’说的就是把对亲人的爱心推及到其他人的身上。所以推及仁爱之心就可以安定天下，不推及仁爱之心连自己的妻子儿女都保护不了。古人之所以能够远远地超过常人，没有其他的窍门，只不过是善于将自己的好德行推及到其他人身上的缘故。现在大王的恩惠施及禽兽，却不施及百姓，这是怎么回事呢？称一称，才知道轻重；量一量，才知道长短。万物都是这样，人心尤其是这样。大王请三思！难道大王您兴师动众，让将士们冒着生命危险，和邻国结下冤仇，这样才感到高兴吗？”

齐宣王说：“不是这样，我怎么会为这而感到高兴呢？我这样做，是为了能实现我的大志。”

孟子说：“大王可以说说您的大志是什么吗？”

齐宣王笑了笑，没有回答。

孟子说“是为了美味的佳肴不够吃吗？还是为了华丽的衣服不够穿？艳丽的色彩不够观赏吗？美妙的音乐不够聆听吗？左右伺候的人不够多吗？这些您的臣子都可以为您办到，难道您真的是为了这些吗？”

宣王说：“不，我当然不是为了这些。”

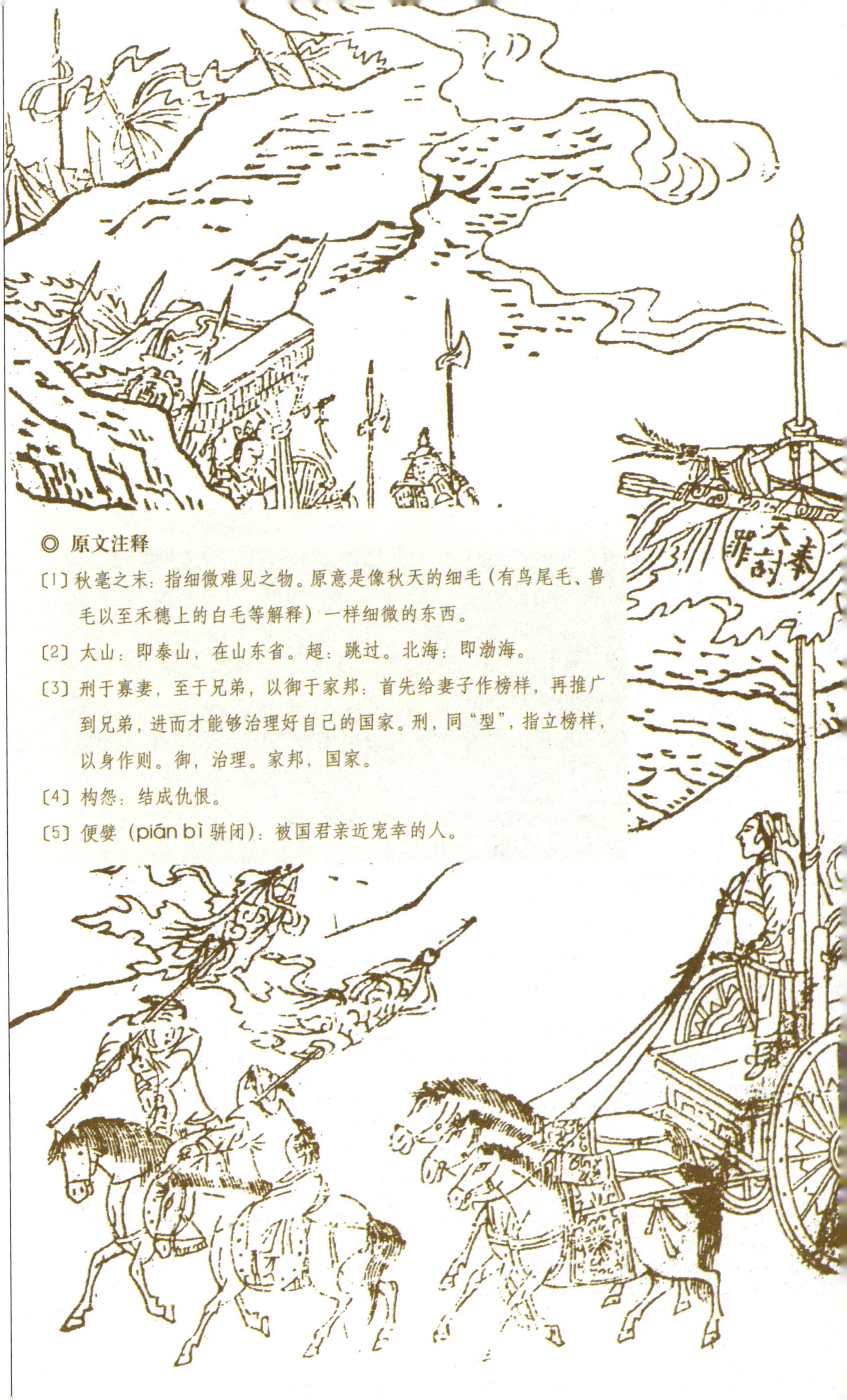

◎ **原文注释**

〔1〕秋毫之末：指细微难见之物。原意是像秋天的细毛（有鸟尾毛、兽毛以至禾穗上的白毛等解释）一样细微的东西。

〔2〕太山：即泰山，在山东省。超：跳过。北海：即渤海。

〔3〕刑于寡妻，至于兄弟，以御于家邦：首先给妻子作榜样，再推广到兄弟，进而才能够治理好自己的国家。刑，同“型”，指立榜样，以身作则。御，治理。家邦，国家。

〔4〕构怨：结成仇恨。

〔5〕便嬖（piān bì 骈闭）：被国君亲近宠幸的人。

曰："然则王之所大欲可知已，欲辟土地，朝秦楚[1]，莅中国而抚四夷也。以若所为，求若所欲，犹缘木而求鱼也。"

王曰："若是其甚与？"

曰："殆有甚焉。缘木求鱼，虽不得鱼，无后灾。以若所为，求若所欲，尽心力而为之，后必有灾。"

曰："可得闻与？"

曰："邹人与楚人战[2]，则王以为孰胜？"

曰："楚人胜。"

曰："然则小固不可以敌大，寡固不可以敌众，弱固不可以敌强。海内之地，方千里者九，齐集有其一。以一服八，何以异于邹敌楚哉？盍亦反其本矣。

"今王发政施仁，使天下仕者皆欲立于王之朝，耕者皆欲耕于王之野，商贾皆欲藏于王之市，行旅皆欲出于王之涂，天下之欲疾其君者皆欲赴愬于王[3]。其若是，孰能御之？"

王曰："吾惛[4]，不能进于是矣。愿夫子辅吾志，明以教我。我虽不敏，请尝试之。"

曰："无恒产而有恒心者[5]，惟士为能。若民，则无恒产，因无恒心。苟无恒心，放辟邪侈[6]，无不为已。及陷于罪，然后从而刑之，是罔民也[7]。焉有仁人在位，罔民而可为也？

"是故明君制民之产，必使仰足以事父母，俯足以畜妻子，乐岁终身饱，凶年免于死亡；然后驱而之善，故民之从之也轻。

"今也制民之产，仰不足以事父母，俯不足以畜妻子；乐岁终身苦，凶年不免于死亡。此惟救死而恐不赡[8]，奚暇治礼义哉？

"王欲行之，则盍反其本矣：五亩之宅，树之以桑，五十者可以衣帛矣。鸡豚狗彘之畜，无失其时，七十者可以食肉矣。百亩之田，勿夺其时，八口之家可以无饥矣。谨庠序之教[9]，申之以孝悌之义，颁白者不负戴于道路矣。老者衣帛食肉，黎民不饥不寒，然而不王者，未之有也。"

孟子说："那么大王的大志就显而易见了，是为了开拓疆土，使秦楚之国前来称臣，称王于华夏，安抚四夷。可是，以您的所作所为来实现您的大志，无异于爬到树上去找鱼。"

宣王说："有这么严重吗？"

孟子说："恐怕比这还要严重。爬到树上去找鱼，虽然得不到鱼，却也没有什么灾害。以您的所作所为去实现您的大志，全力以赴地去做，必有后患。”

宣王说：“可以说说看吗？”

孟子说：“邹国和楚国打仗，大王您以为谁会胜利？”

宣王说：“当然是楚国会胜利。”

孟子说：“是啊！小国当然打不过大国，势单力薄当然不如人多势众，弱者当然打不过强者。现在，方圆千里的国家有九个，齐国只不过是其中的一个。想用一国的力量来打败八个国家，和邹国想打败楚国有什么两样呢？不如从（仁政）这个根本着手呢。

“大王施行仁政，让天下想做官的人都来您这儿做官，让天下种地的人都来您这儿种地，让天下的商人都来您这儿做生意，让天下的旅行者都来您这儿观光，让天下不满他们国君的人都来您这儿诉说。要是真能这样，谁能阻挡大王统一天下呢？”

宣王说：“我有点胡涂，不能完全领会您的意思。希望先生辅佐我实现大志，细致地教我怎么做。我虽然不聪敏，但愿意尝试一下。”

孟子说：“没有固定的收入而能使自己的言行符合道德标准，只有读书人才能做到。至于一般的老百姓，没有固定的收入，就不会按照道德标准来做事。不能按照道德标准来做事，就会违法乱纪，无所不为。等到他们犯了罪，再把他们抓起来判刑，这是在给老百姓设置陷阱。哪里有仁爱的国君给自己的百姓设置陷阱的呢？

“所以贤明的君主建立制度，让老百姓，上能赡养父母，下能养活妻子儿女，丰收的年度终年衣食无忧，歉收的年度也不至于冻饿而死。然后再引导他们按道德行事，老百姓也非常乐意。

“现在的制度，老百姓的收入，上不能赡养父母，下不能养活妻子儿女，丰收的年度里艰难度日，歉收

○ 品画鉴宝　谷纹镂空龙形青玉璧 · 战国

的年度里，总会有人死亡。这样，连性命都不能保全，哪有心思去学习礼仪？”

“大王如果想实现您的大志，为什么不从根本上入手：占地五亩的宅院，当中栽上桑树，五十岁的老人就可以穿上丝质的衣服了。饲养鸡、狗、猪等家畜，不错过它们繁殖的时机，七十岁的老人就可以经常有肉吃了。一百亩的田地，不误农时，几口人的家庭就可以饱食无忧。重视学校教育，用孝敬父母、尊敬兄长的道理来教导学生，使人人都尊老敬长，这样头发花白的老人就不会背负重物在路上行走了。七十岁的老人穿着丝质衣服，并且有肉吃，老百姓衣食无忧，做到这一点还不能称王的国君，从来没有过。”

### ◎ 原文注释

〔1〕朝秦楚：使秦、楚等国来朝贡。

〔2〕邹：国名，指小国。楚：国名，指大国。两国实力相差悬殊。

〔3〕愬(sù 素)：通“拆”，控告。

〔4〕惛(hūn 昏)：昏乱，糊涂。

〔5〕恒产：可赖以维持生活的固定产业，如土地、田园、牲畜、林木之类。恒心：安分守己的善心。

〔6〕放辟邪侈：不守法度、越出常轨的行为。放，放荡。辟，同“僻”，与“邪”同义，指歪门邪道。侈，放纵挥霍。

〔7〕罔民：坑害百姓。罔，同“网”，陷害之意。

〔8〕赡（shàn 善）：足够，充足。

〔9〕谨：重视。

# ·第贰卷·

## [梁惠王]下

庄暴见孟子[1]，曰："暴见于王，王语暴以好乐[2]，暴未有以对也。"曰[3]："好乐何如？"

孟子曰："王之好乐甚，则齐国其庶几乎[4]？"

他日，见于王，曰："王尝语庄子以好乐，有诸？"

王变乎色，曰："寡人非能好先王之乐也，直好世俗之乐耳。"

曰："王之好乐甚，则齐其庶几乎！今之乐，犹古之乐也。"

曰："可得闻与？"

曰："独乐乐，与人乐乐，孰乐？[5]"

曰："不若与人。"

曰："与少乐乐，与众乐乐，孰乐？"

曰："不若与众。"

"臣请为王言乐。今王鼓乐于此，百姓闻王钟鼓之声、管籥之音[6]，举疾首蹙额而相告曰[7]：'吾王之好鼓乐，夫何使我至于此极也？父子不相见，兄弟妻子离散。'今王田猎于此，百姓闻王车马之音，见羽旄之美[8]，举疾首蹙额而相告曰：'吾王之好田猎，夫何使我至于此极也？父子不相见，兄弟妻子离散。'此无他，不与民同乐也。

"今王鼓乐于此，百姓闻王钟鼓之声，管籥之音，举欣欣然有喜色而相告曰：'吾王庶几无疾病与？何以能鼓乐也？'今王田猎于此，百姓闻王车马之音，见羽旄之美，举欣欣然有喜色而相告曰：'吾王庶几无疾病与？何以能田猎也？'此无他，与民同乐也。今王与百姓同乐，则王矣。"

庄暴拜访孟子说："我去见大王的时候，他对我说他喜欢音乐，我不知道该怎样回答。"过了一会儿，又说："喜欢音乐，到底好不好呢？"

孟子说："大王如果喜欢音乐，那么齐国就离王道不远了！"

过了一段时间，孟子拜见齐王，说："大王曾经对庄暴说您喜欢音乐，有这回事吗？"

齐王脸色改变，说："我喜欢的不是先王的雅乐，只不过喜欢世俗的音乐罢了。"

孟子说："大王很喜欢音乐，那么齐国就离王道不远了！现在的音乐就如同古时的音乐。"

齐王说："这是怎么回事，可以说给我听听吗？"

孟子说："独自一人欣赏音乐的快乐，与别人一起欣赏音乐的快乐，哪一个更快乐呢？"

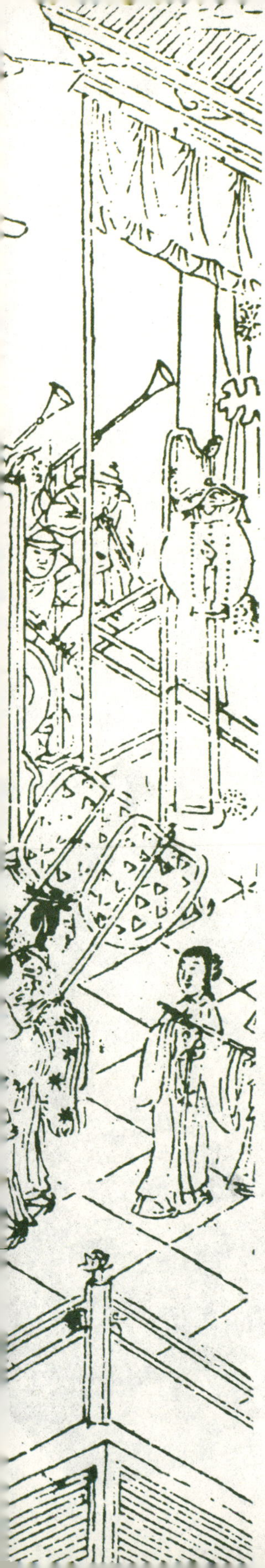

齐王说："和别人一起欣赏更快乐。"

孟子说："和少数人一起欣赏，得到的快乐，跟和众多的人一起欣赏，得到的快乐，哪个更快乐？"

齐王说："和众多的人一起欣赏更快乐。"

孟子说："大王请听我来谈谈快乐。假如现在大王在这里奏乐，老百姓听到了钟鼓敲出的声音，管弦吹奏的声音，皱着眉头，愁眉苦脸地说：'我们的国君喜欢音乐，为何让我们沦落到这种境地？父子不能相见，妻离子散。'假如现在大王在这里打猎，老百姓听到了车马走过的声音，看见了威严整齐的仪仗，皱着眉头，愁眉苦脸地说：'我们的国君喜欢打猎，为何让我们沦落到这种地步？父子不能相见，妻离子散。'其中没有其他的原因，是因为没有和老百姓一起娱乐的缘故。

"假如现在大王在这里奏乐，老百姓听到了钟鼓敲出的声音，管弦吹奏的声音，喜形于色地说：'我们的国君大概没有什么疾病，要不怎么能奏乐呢？'假如现在大王在这里打猎，老百姓听到了车马走过的声音，看见了威严整齐的仪仗，喜形于色地说：'我们的国君大概没有什么疾病，要不怎么能打猎呢？'其中没有其他的原因，是因为和老百姓一起娱乐的缘故。现在大王如果和老百姓一起娱乐，就可以称王于天下了。"

### ◎ 原文注释

〔1〕庄暴：齐国臣子。〔2〕乐：名词，音乐。〔3〕曰：说。这里还是庄暴说话。〔4〕庶几：差不多，指政治已相当清明。〔5〕独乐乐，与人乐乐，孰乐：这三句中的最后一个"乐"字，读（lè），快乐的意思。一、二两句中的头一个"乐"字，仍为（yuè），指音乐。〔6〕管籥：籥，古代的吹奏乐器。〔7〕举：全，都。疾首蹙额：疾首，头痛。蹙额，皱眉头。〔8〕羽旄：旗帜。旄，古代用旄牛尾装饰的旗子。

齐宣王问曰："交邻国有道乎？"

孟子对曰："有。惟仁者为能以大事小，是故汤事葛[1]，文王事昆夷[2]。惟智者为能以小事大，故大王事獯鬻[3]，勾践事吴[4]。以大事小者，乐天者也。以小事大者，畏天者也。乐天者保天下，畏天者保其国。《诗》云：'畏天之威，于时保之。'"

王曰："大哉言矣！寡人有疾，寡人好勇。"

对曰："王请无好小勇。夫抚剑疾视曰：'彼恶敢当我哉！'此匹夫之勇，敌一人者也。王请大之。

"《诗》云：'王赫斯怒[5]，爰整其旅。以遏徂莒，以笃周祜，以对于天下。'此文王之勇也。文王一怒而安天下之民。

"《书》曰：'天降下民，作之君，作之师。惟曰其助上帝宠之。四方有罪无罪，惟我在。天下曷敢有越厥志？'一人衡行于天下[6]，武王耻之。此武王之勇也。而武王亦一怒而安天下之民。今王亦一怒而安天下之民，民惟恐王之不好勇也。"

齐宣王问道："和邻国打交道有方法可循吗？"

孟子回答说："有。只有仁爱的人才能以大国来侍奉小国，古时候商汤侍奉葛国，

○ 品画鉴宝　令方彝·西周

周文王侍奉昆夷国，就是这样。只有智慧的人才能以小国来侍奉大国，古时候太王侍奉獫狁，越王勾践侍奉吴国，就是这样。以大国来侍奉小国，是乐天命的人；以小国来侍奉大国，是害怕天命的人。乐天命的人保有天下，害怕天命的人保有他的国家。《诗经》上说：‘害怕上天的威严，才能保有他的国家。’”

齐宣王说：“说的太好了！我有一个毛病，喜欢勇猛好斗。”

孟子说：“大王不要喜欢小勇就行。手按剑柄、怒目而视，说道：‘谁能打得过我？’这只是匹夫之勇，只能抵挡一个人。大王请把它扩展开去，使之为大勇。

“《诗经》上说：‘大王勃然大怒，带领军队阻击攻打莒国的人，以此来得到上天的福佑，报答老百姓的信任。’这是文王的大勇。文王一发怒，天下就得到了安定。

“《尚书》上说：‘上天造了老百姓，也为他们造了君主和老师，让他们帮助上天保护人民。天下不管是有罪的还是没罪的，都由我来管理，谁敢不安分守己？’有一个人横行，武王就认为是奇耻大辱。这是武王的大勇。武王一发怒，天下的老百姓就能安居乐业。现在假如大王您一发怒，天下的百姓都能安居乐业，他们还怕您不勇武呢。”

## ◎ 原文注释

〔1〕汤：商汤，商朝的创建人。葛：古国名，嬴姓，故城在今河南宁陵县北十五里处。

〔2〕文王事昆夷：周文王服侍昆夷国。昆夷，亦作“混夷”，周初西戎国名。

〔3〕大王：亦作“太王”，周文王的祖父古公亶父。獯鬻(xūyù)：亦作“薰育”，即獫狁，当时北方少数民族。

〔4〕勾践事吴：越王勾践被吴王夫差打败，逃到会稽山，卑辞求和，侍于吴王身边。后勾践卧薪尝胆，终灭吴。

〔5〕赫斯：赫然，发怒的神情。

〔6〕衡行：横行。

齐宣王见孟子于雪宫[1]。王曰："贤者亦有此乐乎？"

孟子对曰："有。人不得，则非其上矣。不得而非其上者，非也；为民上而不与民同乐者，亦非也。乐民之乐者，民亦乐其乐；忧民之忧者，民亦忧其忧。乐以天下，忧以天下，然而不王者，未之有也。

"昔者齐景公问于晏子曰[2]：'吾欲观于转附、朝儛[3]，遵海而南，放于琅邪[4]，吾何修而可以比于先王观也？'

"晏子对曰：'善哉问也！天子适诸侯曰巡狩。巡狩者，巡所守也。诸侯朝于天子曰述职。述职者，述所职也。无非事者。春省耕而补不足，秋省敛而助不给。'夏谚曰：'吾王不游，吾何以休？吾王不豫，吾何以助？一游一豫[5]，为诸侯度。'今也不然：师行而粮食，饥者弗食，劳者弗息。睊睊胥谗[6]，民乃作慝[7]。方命虐民[8]，饮食若流，流连荒亡，为诸侯忧。从流下而忘反，谓之流。从流上而忘反，谓之连。从兽无厌，谓之荒。乐酒无厌，谓之亡。先王无流连之乐、荒亡之行。惟君所行也。'

"景公说，大戒于国[9]，出舍于郊。于是始兴发补不足。召大师[10]，曰：'为我作君臣相说之乐。'盖《徵招》、《角招》是也。其诗曰：'畜君何尤？'畜君者，好君也。"

齐宣王在别墅雪宫中接见孟子。他说："贤明的君主有这样的快乐吗？"

孟子回答说："有。老百姓得不到快乐，就埋怨他们的君主。得不到快乐就埋怨君主，这样做是不对的；可是，君主如果不和老百姓一同快乐，也是不对的。快乐老百姓所快乐的事情，老百姓也快乐君主所快乐的事情；忧虑老百姓所忧虑的事情，老百姓也忧虑君主所忧虑的事情。乐天下之乐，忧天下之忧，做到这一点而不能称王于天下的，从来没有过。

"从前齐景公问晏子说：'我想到转附和朝儛游玩，然后沿着大海南下，最后游览到琅邪，我要怎样做才能和先王的出游相比呢？'

"晏子回答说：'大王问得好！天子到诸侯那里去叫巡狩。巡狩，就是视察诸侯国的工作。诸侯去朝见天子叫述职。述职，就是汇报工作。这些都与工作有关。春天视察农耕，赈济青黄不接的民户，秋天视察收成，赈济歉收的民户。夏朝有一首民谣唱道：'我的王不巡游，我怎么能过上好日子？我的王不巡游，我怎么能得到赈济？大王巡游是诸侯的榜样。'现在则截然相反：一出行，便浩浩荡荡，要筹备粮食，饥饿的人没饭吃，劳作的人得不到休息。个个怒目而视，怨声载道，老百姓要造反。这样的出游，违背天命，残害百姓，大吃大喝，铺张浪费，流连荒亡，诸侯都感到忧愁。什么是流连荒亡呢？顺流而下，不知返回叫作流，逆流而上，不知返回叫作连，沉迷于打猎叫作荒，沉迷于喝酒叫作亡。先王没有流连的快乐，没有荒亡的行为。大王您要怎么做？'

“齐景公听了非常高兴，在国内做了充分的准备，然后搬出宫室驻扎在郊外，赈济贫苦的人民。命令乐师说：‘给我作一首君臣同乐的曲子！’这就是《征召》和《角招》。歌词唱道：‘这样的君主有什么过错？’这样的君主，是贤明的君主。”

○ 品画鉴宝　山水扇面图 · 清 · 谢荪

◎ **原文注释**

〔1〕雪宫：齐宣王的别墅。

〔2〕晏子：即晏婴，春秋时齐国著名的贤臣。

〔3〕观 ：观光；游历。转附、朝儛 ：山名。

〔4〕琅邪：山名，在山东诸城东南。

〔5〕豫（yǔ 玉）：意思同上文中的“游”。意为游览。

〔6〕睊睊（juàn juàn 倦倦）：侧目而视的样子。胥（xū 须）：皆。谗（chán 蝉）：毁谤，说坏话。

〔7〕慝（tè 特）：邪恶。

〔8〕方命：违反命令（指违背上天意旨）。方，反，违反。

〔9〕大戒：充分的准备。

〔10〕大师：官廷乐官之长。大，同“太”，读为“太师”。

齐宣王问曰："人皆谓我毁明堂[1]，毁诸，已乎？"

孟子对曰："夫明堂者，王者之堂也。王欲行王政，则勿毁之矣。"

王曰："王政可得闻与？"

对曰："昔者文王之治岐也[2]，耕者九一，仕者世禄，关市讥而不征[3]，泽梁无禁[4]，罪人不孥[5]。老而无妻曰鳏，老而无夫曰寡，老而无子曰独，幼而无父曰孤。此四者，天下之穷民而无告者。文王发政施仁，必先斯四者。《诗》云：'哿矣富人，哀此茕独[6]！'"

王曰："善哉言乎！"

曰："王如善之，则何为不行？"

王曰："寡人有疾，寡人好货。"

对曰："昔者公刘好货[7]，《诗》云：'乃积乃仓，乃裹餱粮，于橐于囊[8]，思戢用光，弓矢斯张，干戈戚扬，爰方启行[9]。'故居者有积仓，行者有裹粮也，然后可以爰方启行。王如好货，与百姓同之，于王何有？"

王曰："寡人有疾，寡人好色。"

对曰："昔者大王好色，爱厥妃。《诗》云：'古公亶父，来朝走马，率西水浒，至于岐下，爰及姜女，聿来胥宇[10]。'当是时也，内无怨女，外无旷夫。王如好色，与百姓同之，于王何有？"

齐宣王问道："大家都劝我把明堂毁掉，您说毁还是不毁？"

孟子回答说："明堂是君王的殿堂。大王若要施行仁政，就不要毁掉。"

宣王说："先生可以给我谈谈为王之道吗？"

孟子说："过去，文王治理岐山，农民只交十分之一的税，当官的人世世代代享有俸禄，做生意的过往边境进行贸易，只检查而不征税，山川林泽，老百姓可以自由出入，有罪的人不牵连妻子儿女。年老没有妻子的称作鳏，年老没有丈夫的称作寡，年老没有子女的称作独，年幼没有父亲的称作孤。这四类人，是无依无靠的人。文王施行仁爱的政令，必定先照顾这四类人。《诗经》上说：'有钱人过得去了，可怜可怜这些鳏寡孤独的人吧。'"

宣王说："说得太好了！"

孟子说："大王认为说得好，为什么不身体力行呢？"

宣王说："我有一个毛病，我喜爱钱财。"

孟子说："过去，公刘也喜爱钱财。《诗经》上说：'粮仓装得满满的，干粮袋装得鼓鼓的。要弘扬祖业，安定天下。拉满弓，箭上弦，全副武装向前进。'这说明，留守的人有粮食吃，出战的人有干粮吃，然后才可以征伐四方。大王如果爱财，和老百姓共同拥有，施行王道又有什么困难呢？”

宣王说：“我还有个毛病，就是喜欢女色。”

孟子说：“过去太王也喜欢女色，喜欢他的妃子。《诗经》上说：‘古公亶父，一大早骑着马，沿河而下，来到岐山脚下，带着宠妃姜氏女，来视察地址建屋宇。’那个时候，天下没有找不到丈夫的女子，没有找不到妻子的单身汉。大王如果喜欢女色，也让老百姓都有配偶，施行王道又有什么困难呢？”

### ◎ 原文注释

〔1〕谓：建议。明堂：这里指泰山明堂，是周天子东巡时供诸侯朝见而设的。〔2〕岐：地名，在今陕西省岐山县一带。〔3〕关：道路上的关卡。市：城内的集市。讥：稽查。征：征税。〔4〕泽梁：在流水中拦鱼的设备。代指捕鱼。〔5〕罪人不孥：处治罪人不牵连他的妻室儿女。孥（nū 奴），妻子儿女的统称。〔6〕哿（gě 葛）：可以。茕（qiōng 穷）：孤单，单独。〔7〕公刘：人名，后稷的曾孙，周朝创业的始祖。〔8〕积：露天堆积粮食的地方。餱(hōu 侯)：干粮，橐（tuō 托）：有底的口袋。囊：无底的口袋束结两端。〔9〕戢（jí 吉）：同“辑”，和，安。用：因而。光：发扬光大。干戈戚扬：四种古代兵器的名称，按次序即：盾、平头戟、斧、钺（大斧）。〔10〕走马：驱马疾驰。浒（hǔ 虎）：水边。胥：视察。宇：屋宇。

○ 品画鉴宝　人物图 · 清 · 任颐

孟子见齐宣王，曰："所谓故国者，非谓有乔木之谓也，有世臣之谓也[1]。王无亲臣矣，昔者所进，今日不知其亡也[2]。"

王曰："吾何以识其不才而舍之？"

曰："国君进贤，如不得已，将使卑逾尊，疏逾戚[3]，可不慎与？左右皆曰贤，未可也；诸大夫皆曰贤，未可也；国人皆曰贤，然后察之；见贤焉，然后用之。左右皆曰不可，勿听；诸大夫皆曰不可，勿听；国人皆曰不可，然后察之；见不可焉，然后去之。左右皆曰可杀，勿听；诸大夫皆曰可杀，勿听；国人皆曰可杀，然后察之；见可杀焉，然后杀之。故曰国人杀之也。如此，然后可以为民父母。"

孟子拜见齐宣王，说："人们所说的故国，并不是说要有年久高大的树木，而是说要有忠心耿耿、经验丰富的老臣。大王您现在没有亲信的大臣了，以前提拔的近臣，现在都不知到什么地方去了。"

宣王说："我怎么才能知道一个人有没有才能，从而决定用还是不用呢？"

孟子说："国君要选拔贤能，如果迫不得已，要把地位低微、关系疏远的人提拔到重要的岗位上来，能不小心吗？身边的人都说他有才能，不能提拔；各位大夫都说他有才能，不能提拔；老百姓都说他有才能，然后考察他；果真有才能，再提拔他。身边的人都说某人没有才能，不要轻信；各位大夫都说他没有才能，不要轻信；老百姓都说他没有才能，然后考察他；果真没有才能，就罢免他。身边的人都说某人应该杀，不要听；各位大夫都说他应该杀，不要听；老百姓都说应该杀，然后考察他；果真该杀，再杀他。所以说，是老百姓要杀他。只有做到这样，才可以做老百姓的父母。"

### ◎ 原文注释

〔1〕世臣：有累世功勋的老臣。〔2〕亡：去位，免职。〔3〕戚：亲近。

**孟子见齐宣王，曰：“为巨室，则必使工师求大木[1]。工师得大木，则王喜，以为能胜其任也。匠人斫而小之[2]，则王怒，以为不胜其任矣。夫人幼而学之，壮而欲行之，王曰‘姑舍女所学而从我’，则何如？今有璞玉于此[3]，虽万镒[4]，必使玉人雕琢之。至于治国家，则曰‘姑舍女所学而从我’，则何以异于教玉人雕琢玉哉？”**

孟子去拜见齐宣王，说：“建造大的宫殿，一定要让工师去寻找大的木材。工师找到了大的木材，大王就非常高兴，认为他能胜任工作。匠人将木材加以砍削修整，木材变小了，大王就大发雷霆，认为他不能胜任工作。有个人从小学了一门手艺，成年以后想发挥自己的才能，大王却说，‘先把你的手艺放过一边，听我的’，能行得通吗？假如现在有一块未经雕琢的玉石，虽然价值连城，也一定要让玉匠雕琢才行。而对于治理国家，却说，‘先把你学的东西放过一边，按我说的办’，这和要玉匠按您的想法去雕琢玉石有什么两样呢？”

### ◎ 原文注释

〔1〕工师：官名，主管各种工匠的官。

〔2〕斫（zhuó 琢）：砍削。

〔3〕璞（pú 仆）玉：未经雕琢的玉。

〔4〕镒（yì 益）：也写作“溢”，古代重量单位，二十四两为一镒，一说二十两为一镒。万镒，谓价值很高。

齐人伐燕，胜之。宣王问曰："或谓寡人勿取，或谓寡人取之。以万乘之国伐万乘之国，五旬而举之，人力不至于此。不取，必有天殃[1]，取之何如？"

孟子对曰："取之而燕民悦，则取之。古之人有行之者，武王是也。取之而燕民不悦，则勿取。古之人有行之者，文王是也。以万乘之国伐万乘之国，箪食壶浆以迎王师[2]，岂有他哉？避水火也。如水益深，如火益热，亦运而已矣[3]。"

齐国讨伐燕国，大获全胜。齐宣王问道："有的人对我说不要吞并它，有的人对我说吞并它。拥有一万辆兵车的国家讨伐拥有一万辆兵车的国家，五十天就大获全胜，这是单凭人力所达不到的。这是上天的赐予，假如不吞并，一定会有天灾。吞并了它，怎么样？"

孟子回答说："如果吞并它，燕国的老百姓高兴，就吞并。古时有这样的例子，周武王就是这样。如果吞并它，燕国的老百姓不高兴，就不要吞并。古时有这样的例子，周文王就是这样。拥有一万辆兵车的国家讨伐拥有一万辆兵车的国家，老百姓拿着吃的喝的前来慰问大王的军队，难道还有其他的意图吗？只是为了逃出水深火热的生活。如果吞并了它，老百姓的日子更加难过，他们就会向别的国家寻求帮助。"

○ 品画鉴宝　骑俑·东汉

### ◎ 原文注释

〔1〕天殃：上天降下的灾祸。〔2〕箪食壶浆：用筐装饭，用壶盛汤。箪（dān 单），装饭的圆形竹篮。食，食物。浆，用米熬成的酸汁，引申为酒。〔3〕运：转。

**齐人伐燕，取之。诸侯将谋救燕，宣王曰："诸侯多谋伐寡人者，何以待之？"**

**孟子对曰："臣闻七十里为政于天下者，汤是也。未闻以千里畏人者也。《书》曰：'汤一征，自葛始[1]。'天下信之，东面而征，西夷怨；南面而征，北狄怨，曰：'奚为后我？'民望之，若大旱之望云霓也[2]。归市者不止，耕者不变，诛其君而吊其民，若时雨降，民大悦。《书》曰：'徯我后，后来其苏[3]！'今燕虐其民，王往而征之，民以为将拯己于水火之中也，箪食壶浆以迎王师。若杀其父兄，系累其子弟[4]，毁其宗庙，迁其重器[5]，如之何其可也？天下固畏齐之强也，今又倍地而不行仁政，是动天下之兵也。王速出令，反其旄倪[6]，止其重器，谋于燕众，置君而后去之，则犹可及止也。"**

齐国讨伐燕国，大获全胜。其他各诸侯国计划救助燕国。齐宣王说："诸侯国都计划来讨伐我，我该怎么办？"

孟子回答说："我听说有以七十里之地而称王于天下的，商汤就是这样。却没有听说过有千里之地而害怕别人的。《尚书》上说：'汤征伐天下，从葛国开始。'天下的人都很信任他，向东征伐，西边的人埋怨；向南面征伐，北边的人埋怨，说：'为什么不先解放我们？'老百姓渴望他到来，就像久旱渴望大雨一样。他所到之处，做买卖的继续做买卖，种地的继续种地，诛杀无道的君主，安抚老百姓，就像及时雨一样。老百姓非常高兴。《尚书》上说：'等待王的到来，王来了，我们就有救了。'现在燕国君主虐待老百姓，大王前往征讨，老百姓以为要把自己从水深火热之中解救出来，用筐盛着干饭、用壶装满酒浆来慰问您的军队。如果杀死他们的父老兄弟，俘虏他们的子弟，毁坏他们的祖庙，搬走他们的国宝，这怎么能行？天下的诸侯国本来就畏惧齐国的强大，现在国土又增加了一倍却不施行仁政，这不是招致各诸侯国动兵吗？请大王立即下令，遣返俘虏，停止搬运他们的国宝，和燕国的民众商量，设置一个新的国君，然后撤兵，各诸侯国就会罢兵了。"

◎ **原文注释**

〔1〕一：开始。葛：国名。〔2〕霓（ní 泥）：雨后天空中与虹同时出现的彩色圆弧。这里指出现在西方的虹霓，是下雨的预兆。〔3〕徯我后：盼望我们的君主。徯（xī 希），等待。后，君主，帝王。后来其苏：君王来了就会有起色。苏，恢复。〔4〕系累：捆绑。〔5〕重器：国家的宝器。〔6〕反其旄倪：遣送他们中的老人小孩返回。旄（mào 冒），通“耄”，八九十岁的老人。倪（ní 泥），小孩，儿童。

**邹与鲁哄[1]。穆公问曰："吾有司死者三十三人，而民莫之死也[2]。诛之，则不可胜诛；不诛，则疾视其长上之死而不救[3]。如之何则可也？"**

**孟子对曰："凶年饥岁，君之民老弱转乎沟壑[4]，壮者散而之四方者，几千人矣；而君之仓廪实，府库充，有司莫以告，是上慢而残下也。曾子曰：'戒之，戒之！出乎尔者，反乎尔者也。'夫民今而后得反之也。君无尤焉！君行仁政，斯民亲其上，死其长矣。"**

邹国和鲁国打仗。邹穆公问道："我的将领死了三十三个人，可是老百姓却没有一个为他们牺牲的。杀了他们吧，人太多；不杀他们吧，他们看着自己的上级战死却不去营救，真是太可恨了。你说该怎么办？"

孟子回答说："歉收的年成，年老体弱冻死饿死在荒山野岭之中，年轻力壮的四散奔逃，将近一千人；可是您的粮仓满满的，府库里装满了财宝，当官的人却不告诉您实情，这是欺瞒君上，残害百姓。曾子曾经说：'小心呀，小心！你怎样对待别人，别人也会怎样对待你。'现在老百姓可以反过来对待他们的长官了。大王您不要怪罪他们！如果您施行仁政，老百姓就会敬爱他们的上级，肯为他们卖命。"

### ◎ 原文注释

〔1〕哄（hòng）：争吵，冲突，交战。

〔2〕民莫之死也：老百姓没有为他们而死的。莫之死，即莫死之。

〔3〕疾：憎恨。长（zhǎng 掌）上：上级，长官。

〔4〕转：辗转。沟壑（hè 贺）：山沟。

**滕文公问曰：“齐人将筑薛，吾甚恐，如之何则可？”**

**孟子对曰：“昔者大王居邠[1]，狄人侵之，去之岐山之下居焉[2]。非择而取之，不得已也。苟为善，后世子孙必有王者矣。君子创业垂统，为可继也。若夫成功，则天也。君如彼何哉[3]？强为善而已矣[4]。”**

滕文公问道：“齐国要加固薛地的守备，我非常害怕，不知该怎么办？”

孟子回答说：“从前太王在邠地的时候，狄人前来侵犯，就离开邠地前往岐山脚下。并不是要选择这块地方，是没有办法的事情。如果行善政，后代子孙一定会有称王的。有德君主创立基业，是为了传给后世，让子子孙孙继承下去。至于能不能成功，则是天意。您能把齐国人怎么样呢？只有努力施行仁政罢了。”

### ◎ 原文注释

〔1〕邠：同“豳”（bīn 宾），在今陕西省旬邑县西部。〔2〕岐山：今陕西省岐山县东北六十里的箭括山。〔3〕如彼何：想当于“奈彼何”，即奈何不了他，拿他没办法。〔4〕强（qiǎng 抢）：勉力。

**滕文公问曰：“滕，小国也。竭力以事大国，则不得免焉，如之何则可？”**

**孟子对曰：“昔者大王居邠，狄人侵之。事之以皮币[1]，不得免焉；事之以犬马，不得免焉；事之以珠玉，不得免焉。乃属其耆老而告之曰[2]：‘狄人之所欲者，吾土地也。吾闻之也：君子不以其所以养人者害人。二三子何患乎无君？我将去之。’去邠，逾梁山，邑于岐山之下居焉[3]。邠人曰：‘仁人也，不可失也。’从之者如归市。或曰：‘世守也，非身之所能为也。效死勿去。’君请择于斯二者。”**

滕文公问道：“滕国，是一个小国，竭尽全力侍奉大国，却仍然不能免于祸害，应该怎么办才行？”

孟子回答说：“过去太王在邠地，狄人前来侵犯。太王给他们送去毛皮和币帛，没有用；给他们送去好狗名马，没有用；给他们送去珠宝玉石，没有用。太王无奈，于是把邠地的长老召集到一起，对他们说：‘狄人想要的是我们的土地。我听说，君子不拿养人的东西来害人。你们何必要担心没有君主呢？我要走了！’于是离开邠地，越过梁山，在岐山脚下建立城邑。邠地的人都说：‘太王可是个仁爱的人，我们不能失去他。’跟随他迁居的人就像去赶集一样多。也有人说：‘这是祖祖辈辈留下的基业，不能在我的手上把它丢掉。我要誓死守卫。’这两条路，请大王慎重选择。”

### ◎ 原文注释

〔1〕皮币：皮衣和缯帛。

〔2〕属其耆老：召集当地的长老。属，召集。耆（qí齐）老，古代称六十岁为“耆”，七十岁为“老”，这里是泛指老年人。

〔3〕邑：建造城邑。

鲁平公将出，嬖人臧仓者请曰[1]："他日君出，则必命有司所之。今乘舆已驾矣[2]，有司未知所之，敢请。"

公曰："将见孟子。"

曰："何哉，君所为轻身以先于匹夫者？以为贤乎？礼义由贤者出，而孟子之后丧逾前丧[3]。君无见焉。"

公曰："诺[4]。"

乐正子入见，曰："君奚为不见孟轲也？"

曰："或告寡人曰：'孟子之后丧逾前丧。'是以不往见也。"

曰："何哉，君所谓逾者？前以士，后以大夫[5]；前以三鼎，而后以五鼎与？"

曰："否，谓棺椁衣衾之美也[6]。"

曰："非所谓逾也，贫富不同也。"

乐正子见孟子，曰："克告于君，君为来见也。嬖人有臧仓者沮君[7]，君是以不果来也[8]。"

曰："行或使之，止或尼之[9]。行止，非人所能也。吾之不遇鲁侯，天也。臧氏之子焉能使予不遇哉？"

鲁平公准备出行，宠臣臧仓上前问道："平时大王出行，一定先告诉有关人员要去什么地方。今天车马已经备好，有关人员还不知道要到什么地方去，因此前来请示。"

鲁平公说："要去见孟子。"

臧仓说："大王屈身去见一个普通百姓，这是为什么？您以为他是贤德的人吗？贤德的人做事遵循礼义，可是孟子为他的母亲操办丧事超过了为他父亲办的丧事，并不遵循礼义。请您不要去见他！"

鲁平公说："好吧。"

乐正子拜见鲁平公，说："大王您为什么不去看孟子呢？"

鲁平公说："有人告诉我说：'孟子为他母亲操办的丧事超过了为他父亲办的丧事，不遵循礼义'，所以不去见他。"

乐正子说："大王您说的超过是什么意思？头一次是按士礼，后一次是按大夫礼；头一次是用三个鼎，后一次是用五个鼎。是吗？"

鲁平公说："不是，是指棺椁衣被的豪华程度。"

乐正子说："这不是超过，而是因为前后的贫富程度不同。"

乐正子见到孟子，说：“我和鲁平公说了，他打算来看您。宠臣臧仓不让他来，所以他没有来。”

孟子说：“做一件事，有一种力量在推动他；不去做一件事，也有一种力量在推动他。做或不做，都不是人所能左右的。我和鲁君不能见面，这是天意。臧仓那小子怎么能使我和鲁君不能相见呢？”

○ 品画鉴宝　双兽耳簋·春秋

## ◎ 原文注释

〔1〕嬖（bì 壁）人：受宠爱的人，男女通称。这里指被宠信的小臣。

〔2〕乘舆（shèng yú 胜于）：天子或国君所坐的车。

〔3〕后丧逾前丧：后办（母亲）的丧事超过先办（父亲）的丧事。

〔4〕诺（nuō 懦）：表示同意、应允的口吻，相当于好吧、可以。

〔5〕前以士，后以大夫：指按“士”之礼办父亲的丧事在前，按“大夫”之礼办母亲的丧事在后。

〔6〕棺椁：古人常用两重棺木，里层的叫“棺”，外面的套棺叫“椁”。衣衾（qīn 亲）：装殓死人的衣被。

〔7〕沮（jǔ 举）：终止，停止。

〔8〕不果来：没有按预想的那样到来。

〔9〕尼：阻止的意思。

# ·第叁卷·

## [公孙丑]上

公孙丑问曰：“夫子当路于齐，管仲、晏子之功，可复许乎[1]？”

孟子曰：“子诚齐人也，知管仲、晏子而已矣。或问乎曾西曰：‘吾子与子路孰贤[2]？’曾西蹴然曰[3]：‘吾先子之所畏也。’曰：‘然而吾子与管仲孰贤？’曾西艴然不悦[4]，曰：‘尔何曾比予于管仲？管仲得君如彼其专也，行乎国政如彼其久也，功烈如彼其卑也，尔何曾比予于是？’”曰：“管仲，曾西之所不为也，而子为我愿之乎[5]？”

曰：“管仲以其君霸，晏子以其君显。管仲、晏子，犹不足为与？”

曰：“以齐王，由反手也。”

曰：“若是，则弟子之惑滋甚。且以文王之德，百年而后崩[6]，犹未洽于天下；武王、周公继之，然后大行。今言王若易然，则文王不足法与？”

曰：“文王何可当也！由汤至于武丁，贤圣之君六七作。天下归殷久矣，久则难变也。武丁朝诸侯有天下，犹运之掌也。纣之去武丁未久也，其故家遗俗，流风善政，犹有存者；又有微子、微仲、王子比干、箕子、胶鬲，皆贤人也，相与辅相之[7]，故久而后失之也。尺地，莫非其有也；一民，莫非其臣也；然而文王犹方百里起，是以难也。齐人有言曰：‘虽有智慧，不如乘势；虽有镃基，不如待时[8]。’今时则易然也。夏后、殷、周之盛，地未有过千里者也，而齐有其地矣；鸡鸣狗吠相闻，而达乎四境，而齐有其民矣。地不改辟矣，民不改聚矣，行仁政而王，莫之能御也。且王者之不作，未有疏于此时者也；民之憔悴于虐政，未有甚于此时者也。饥者易为食，渴者易为饮。孔子曰：‘德之流行，速于置邮而传命[9]。’当今之时，万乘之国行仁政，民之悦之，犹解倒悬也。故事半古之人，功必倍之，惟此时为然。”

公孙丑问道：“假如您在齐国执掌大权，能够重新建立管仲、晏子的功业吗？”

孟子说：“你真是个齐国人，只知道管仲和晏子。曾经有人问曾西说：‘您和子路谁更贤德？’曾西不安地说：‘他是我先父敬畏的人，我怎么敢和他相比。’那人又问道：‘那么您和管仲相比，谁更贤德？’曾西脸上显出怒色，生气地说：‘你怎么拿我和管仲相比？齐桓公那样信任管仲，让他在齐国当政那么久，可是他的功业却是那样小。你怎么拿我和管仲相比？’”过了一会儿，孟子又说：“连曾西都不愿和管仲相比，你以为我愿意和他相比吗？”

公孙丑说：“管仲辅佐齐桓公称霸于诸侯，晏子辅佐齐景公显名于诸侯。管仲和晏子难道还不足以成为榜样吗？”

孟子说：“以齐国的力量，称王于天下，易如反掌。”

公孙丑说："听您这样一说，我反而更糊涂了。以文王的德行，活了将近一百岁，还没有统一天下。武王和周公继续他的事业，才完成了大业。现在您说齐王统一天下，易如反掌，这么说来，文王也不足以成为榜样吗？"

孟子说："当初文王的力量怎么能和商朝相比！商朝从汤到武丁，有六七个贤明的君王，天下的老百姓归顺殷朝已经很长时间了，时间一长就不容易改变。武丁大会诸侯，拥有天下，就像在手掌中运转一样。纣王离武丁不远，前朝的流风遗韵还有遗存；又有微子、微仲、王子比干、箕子、胶鬲这些贤臣辅佐，所以经历了很长的时间才亡国。天下一尺一寸的土地，都是他的；每一个老百姓，都是他的臣子；可是文王以方圆百里的土地起家，困难是很大的。齐国有句俗话：'有智慧，还得有时机；有锄头，还得合农时。'现在推行王政就很容易了。夏、商、周三代鼎盛的时候，疆土也没有超过一千里，可是现在齐国的疆土就有一千里；鸡鸣狗叫的声音随处可以听见，齐国拥有这么多的老百姓。不用开拓疆土，不必兼并百姓，只要施行仁政称王于天下，就没有什么可以阻挡得了的。天下没有贤王出现，已经很久了，以前从来没有这样过；老百姓受暴政的虐待，也从来没有这样严重过。饥饿的人不会挑剔食物，口渴的人不管水的好坏。孔子说：'德行传播的速度，比传达政令还要快。'当今之世，拥有一万辆兵车的国家施行仁政，老百姓高兴的程度，就像倒挂着等待被人解救一样。所以，只需付出古人的一半努力，而取得的成就就会大一倍，只有现在是这样。"

### ◎ 原文注释

〔1〕许：兴盛，复兴。

〔2〕吾子：对友人的敬称，相当于"吾兄""老兄"之类。子路：孔子的弟子，姓仲名由。

〔3〕蹴然：吃惊的样子。

〔4〕艴然：因不高兴而变了脸色的样子。

〔5〕为：同"谓"，认为。

〔6〕百年而后崩：相传周文王活了九十九岁。百年，是泛指寿命很长。

〔7〕相（xiāng 乡）与辅相（xiàng 向）：共同辅助。句首的"相"，是副词；句尾的"相"是动词。

〔8〕镃基：农具，相当于犁、锄之类。待时：等待农时。

〔9〕速于置邮而传命：比通过驿站传达国家命令还要快。传命，传递命令。

**公孙丑问曰：“夫子加齐之卿相[1]，得行道焉，虽由此霸王不异矣。如此则动心否乎？”**

**孟子曰：“否。我四十不动心。”**

**曰：“若是，则夫子过孟贲远矣。”**

**曰：“是不难，告子先我不动心。”**

**曰：“不动心有道乎？”**

**曰：“有。北宫黝之养勇也：不肤桡[2]，不目逃，思以一毫挫于人，若挞之于市朝[3]。不受于褐宽博[4]，亦不受于万乘之君。视刺万乘之君，若刺褐夫。无严诸侯[5]，恶声至，必反之。孟施舍之所养勇也，曰：‘视不胜犹胜也；量敌而后进，虑胜而后会，是畏三军者也。舍岂能为必胜哉？能无惧而已矣。’孟施舍似曾子，北宫黝似子夏。夫二子之勇，未知其孰贤，然而孟施舍守约也。昔者曾子谓子襄曰：‘子好勇乎？吾尝闻大勇于夫子矣：自反而不缩[6]，虽褐宽博，吾不惴焉；自反而缩，虽千万人，吾往矣。’孟施舍之守气，又不如曾子之守约也。”**

**曰：“敢问夫子之不动心，与告子之不动心，可得闻与？”**

**“告子曰：‘不得于言，勿求于心；不得于心，勿求于气。’不得于心，勿求于气，可。不得于言，勿求于心，不可。夫志，气之帅也；气，体之充也。夫志，至焉。气，次焉。故曰：‘持其志，无暴其气[7]。’”**

公孙丑问道：“假如先生您做了齐国的卿相，得以施展您的抱负，辅佐齐王称王称霸于天下，一点也不会让人感到奇怪。这样，您会动心吗？”

孟子说：“不动心。我在四十岁的时候就不动心了。”

公孙丑说：“这么说，先生您比孟贲强多了。”

孟子说：“做到这一点不难，告子做到不动心比我还早呢。”

公孙丑说：“做到不动心，有什么方法吗？”

孟子说：“有。北宫黝培养勇气的方法是：皮肤被刺，一动也不动；眼睛被刺，连眨都不眨，认为受一点挫折，就像是在大庭广众之下被人鞭打一样。不能忍受平民百姓的侮辱，也不能忍受诸侯君主的侮辱。刺杀君主就和刺杀普通百姓一样。对诸侯国君一点也不害怕，受了气，一定要回击。孟施舍培养勇气的方法又有所不同，他说：‘我对待不能战胜的敌人和能战胜的敌人一样。先估计敌人的力量，然后再决定是否前进，有胜利的把握，然后才敢交锋，这样的人害怕对方的力量超过自己。我怎么能一定会胜利呢？只不过是无所畏惧而已。’孟施舍像曾子，北宫黝像子夏。这两位先生培养勇敢的方法，不知道哪个更好，不过孟施舍的方法更简单一些。从前曾子对子襄说：‘你喜欢勇敢吗？我曾经听先生谈论过大勇：扪心自问，自感有愧，即使是面对普通百姓，也惴惴不安；扪心自问，自感无愧，即使面对千军万马，也敢勇往直前。’孟施舍培养勇气的方法，又不如曾子的方法简单易行。”

公孙丑说：“先生可以谈谈您的不动心和告子的不动心吗？”

孟子说：“告子说：‘如果不能在语言上战胜对方，就不要求助于思想；如果在思想上战胜不了对方，就不要求助于意气。’如果在思想上战胜不了对方，就不要求助于意气，这句话说得对。如果不能在语言上战胜对方，就不要求助于思想，这句话就不对了。因为思想意志是意气的主帅；意气，充满身体的各个部位。思想意志先到，意气才跟着到来。所以说：‘坚定思想意志，不要滥用意气。’”

## ◎ 原文注释

〔1〕加：居、处于。古代“加”和“居”读音同，两者可通用。

〔2〕肤桡：因肌肤被刺破而退缩。肤，肌肤。桡（náo 呶），屈服、退却。

〔3〕挞（tà 榻）：鞭抽棍打。市：集市，买卖处所。朝：朝廷。

〔4〕受：受挫，受辱。褐（hè 贺）：粗布或粗布衣服。褐宽博：是以所穿粗布衣服指代地位卑贱的人。

〔5〕严：畏惧。

〔6〕缩：直，与“衡（横）”相对而言，即“横直”“曲直”的“直”。

〔7〕持：守，坚持。暴：乱。

○ 品画鉴宝　甗·春秋　此为春秋时期的炊蒸器，上甑下鬲，双附耳，鬲肩有双耳，甑与鬲腹上部饰简单纹饰各一周，制作规整，比例匀称，鬲壁铭文字口清晰。

"既曰'志至焉，气次焉。'又曰'持其志，无暴其气'者，何也？"

曰："志一则动气[1]，气一则动志也。今夫蹶者趋者，是气也，而反动其心。"

"敢问夫子恶乎长？"

曰："我知言，我善养吾浩然之气[2]。"

"敢问何谓浩然之气？"

曰："难言也。其为气也，至大至刚，以直养而无害，则塞于天地之间。其为气也，配义与道；无是，馁也。是集义所生者，非义袭而取之也。行有不慊于心，则馁矣[3]。我故曰告子未尝知义，以其外之也。必有事焉而勿正[4]，心勿忘，勿助长也。无若宋人然：宋人有闵其苗之不长而揠之者[5]，芒芒然归[6]，谓其人曰：'今日病矣[7]，予助苗长矣。'其子趋而往视之，苗则槁矣。天下之不助苗长者寡矣。以为无益而舍之者，不耘苗者也。助之长者，揠苗者也。非徒无益，而又害之。"

"何谓知言？"

曰："诐辞知其所蔽，淫辞知其所陷，邪辞知其所离，遁辞知其所穷。生于其心，害于其政；发于其政，害于其事。圣人复起，必从吾言矣。"

"宰我、子贡善为说辞；冉牛、闵子、颜渊善言德行。孔子兼之，曰：'我于辞命，则不能也。'然则夫子既圣矣乎？"

曰："恶！是何言也！昔者子贡问于孔子曰：'夫子圣矣乎？'孔子曰：'圣则吾不能，我学不厌而教不倦也。'子贡曰：'学不厌，智也；教不倦，仁也。仁且智，夫子既圣矣。夫圣，孔子不居。是何言也！"

公孙丑说："您既然说：'思想意志先到，意气才跟着到来。'又说：'坚定思想意志，不要滥用意气。'这是怎么回事？"

孟子说："思想意志如果专注于某一事情，意气必然会跟着转移；意气如果专注于某一事情，思想意志也会受到影响。就像跌倒和奔跑，只是意气专注于某一事情，然而不能不影响到思想，造成心的浮动。"

公孙丑说："请问先生您擅长什么？"

孟子说："我善于分析别人的语言，也善于培养浩然之气。"

公孙丑说："请问什么是浩然之气？"

孟子说："一句话很难说清楚。这种气，是天下最大最刚的气，用正直来培养不会有任何损害，就会充塞于天地之间。这种气，要以正义和道为养料；没有它们，气就会溃散。这种气，是一贯行义所积累而成的，不是一时行义所能取得的。如果有不义的行为，气就会溃散。所以我说：'告子不知道什么是义，认为义是身外之物。一定要培养这种气，但是不要抱某种目的，必须时时刻刻铭记在心，也不要急于求成。不要像那个宋人那样：宋国有个人担心他田里的禾苗长得太慢，就把禾苗往上拔，干了一天，疲倦地回到家里，说：'今天累坏了！我帮助禾苗长高了！'他的儿子赶忙跑到田里一看，禾苗都枯死了。天下不犯拔苗助长错误的不多呀。认为没有好处而不培养浩然之气的，就像是不给禾苗锄草的懒汉。急于求成的人，就像是拔苗助长的人。不仅没有任何好处，反而还有害处。"

公孙丑说："那么怎样才能算是善于分析别人的语言呢？"

孟子说："不全面的话我知道它的片面之处，过分的话我知道它的不足之处，不合正道的话我知道它的偏离之处，躲闪的话我知道它的理屈之处。这些话从思想中产生出来，必然危害到政治；如果施行到行政当中，必然危害到具体的工作。如果有圣王出现，一定会按我说的去做。"

公孙丑说："宰我和子贡善于外交辞令；冉牛和颜渊善于阐述德行。孔子则二者都擅长，可是他还说：'对于辞令，我就不擅长了。'这么说来先生您已经是一位圣人了？"

孟子说："哎！说的什么话！从前子贡问孔子说：'先生已经是圣人了吗？'孔子说：'圣人，我还达不到，我只不过是学而不厌，诲人不倦罢了。'子贡说：'学而不厌，就是智；诲人不倦，就是仁。又仁又智，先生已经是圣人了。'孔子都不敢自称是圣人啊。而你却说我是圣人，这是什么话？"

**◎ 原文注释**

〔1〕一：专一。〔2〕浩然之气：盛大刚直之气。所谓气，是一种主观的精神状态。后世多把"浩然之气"理解为一种最高的正气和节操。〔3〕行有不慊于心：做了内心不痛快或于心有愧的事。慊：满足、惬意、心情痛快。〔4〕正：目的、目标。〔5〕闵（mǐn敏）：忧愁、担心。揠（yà亚）：拔。〔6〕芒芒然：疲惫不堪的样子。〔7〕病：这里是疲倦，劳累的意思。

“昔者窃闻之：子夏、子游、子张，皆有圣人之一体；冉牛、闵子、颜渊，则具体而微。敢问所安。”

曰：“姑舍是[1]。”

曰：“伯夷、伊尹何如？”

曰：“不同道。非其君不事，非其民不使；治则进，乱则退，伯夷也。何事非君，何使非民；治亦进，乱亦进，伊尹也。可以仕则仕，可以止则止[2]，可以久则久，可以速则速，孔子也。皆古圣人也，吾未能有行焉；乃所愿，则学孔子也。”

“伯夷、伊尹于孔子，若是班乎？”

曰：“否。自有生民以来，未有孔子也。”

曰：“然则有同与？”

曰：“有。得百里之地而君之，皆能以朝诸侯，有天下。行一不义、杀一不辜而得天下，皆不为也。是则同。”

曰：“敢问其所以异。”

曰：“宰我、子贡、有若，智足以知圣人；污不至阿其所好[3]。宰我曰：‘以予观于夫子，贤于尧、舜远矣。’子贡曰：‘见其礼而知其政，闻其乐而知其德，由百世之后，等百世之王[4]，莫之能违也。自生民以来，未有夫子也。’有若曰：‘岂惟民哉！麒麟之于走兽，凤凰之于飞鸟，泰山之于丘垤[5]，河海之于行潦[6]，类也。圣人之于民，亦类也。出于其类，拔乎其萃[7]。自生民以来，未有盛于孔子也。’”

公孙丑说：“过去我听说：子夏、子游、子张，各自拥有圣人的一部分长处；冉牛、闵子、颜渊各个方面的长处都有，只不过不如圣人做得那么好罢了。请问先生您认为自己是那一类？”

孟子说：“暂且不谈这个问题。”

公孙丑说：“伯夷和伊尹怎么样？”

孟子说：“这两个人走的道路不同。不是他理想的君主他不侍奉，不是他理想的人民他不治理；天下大治就出来做官，天下大乱就隐退山林，伯夷就是这样。什么样的君主都侍奉，什么样的人民他都治理，天下大治出来做官，天下大乱也出来做官，伊尹就是这样。可以做官就做官，需要隐退就隐退，官可以做得久就做得久，可以做得短就做得短，孔子就是这样。他们都是古时的圣人，我没有能够做到；至于我所希望做到的，则是像孔子那样。”

公孙丑说：“伯夷、伊尹和孔子一样吗？”

孟子说：“不一样。自从有人类以来，还没有人能比得上孔子。”

公孙丑说：“他们有相同的地方吗？”

孟子说：“有。拥有方圆百里的土地而为君王，都能使诸侯前来朝会，统一天下。如果做一件不义的事情，杀一个无辜的人，从而拥有天下，他们都不愿这样做。这是他们三个人相同的地方。”

公孙丑说：“他们不同的地方是什么呢？”

孟子说：“宰我、子贡、有若，他们的智慧足以能够了解孔子；即使有所夸大也不至于阿谀他们所喜欢的人。宰我说：‘我看先生比尧、舜还要贤明得多。’子贡说：‘看到一国礼义的执行情况，就知道该国的政治如何，听到一国的音乐，就知道该国的教化如何，即使在百代以后，评论百王的政治，也不能违背孔子之道。自从有人类以来，还没有人能比得上先生。’有若说：‘难道只有人是这样吗？麒麟对于走兽，凤凰对于飞鸟，泰山对于丘陵，河海对于小溪，都是同类中出类拔萃的。圣人对于一般老百姓来说，也是同类中出类拔萃的。出于其中，却远远超过了同类。自从有人类以来，还没有人能比得上孔子。’”

○品画鉴宝 银鎏金兽面镂空玉璧·战国

### ◎ 原文注释

〔1〕姑舍是：暂时抛开这个（话题）。

〔2〕止：退止，隐居，下野。与上文“仕”对言，仕是做官、进取、任职。

〔3〕污：低下，卑劣。阿（ē 屙）：偏袒，迎合。好（hào 浩）：爱好。

〔4〕等：等级，等次。这里是当动词用，有评等论级、评比高下之意。

〔5〕垤（dié 迭）：小土堆。

〔6〕行潦（háng lǎo 杭老）：雨后路旁的积水。

〔7〕出：超过。类：同类。拔：超拔，突出。萃：原意指草丛密集的样子，借喻相聚之人物或同类。

○ 品画鉴宝　陶龙提梁壶·春秋

孟子曰："以力假仁者霸，霸必有大国；以德行仁者王，王不待大——汤以七十里，文王以百里。以力服人者，非心服也，力不赡也[1]；以德服人者，中心悦而诚服也，如七十子之服孔子也[2]。《诗》云：'自西自东，自南自北，无思不服[3]。'此之谓也。"

孟子说："依靠实力，假借仁义，能称霸于诸侯，称霸一定要有强大的国力；依靠德行，施行仁政，可以称王于天下，称王不一定要有强大的国力——汤以方圆七十里之地起家，文王以方圆百里起家。依靠武力使人臣服的，不是心服，只不是力量敌不过罢了；依靠德行使人臣服的，是心服口服，就像七十位弟子归服孔子一样。《诗经》上说：'从东到西，从南到北，没有不心服口服的。'说的就是这种情况。"

◎ 原文注释

〔1〕赡（shàn 扇）：充足。

〔2〕七十子：七十个弟子。

〔3〕无思：即没有。思，语气助词，无义。

**孟子曰："仁则荣，不仁则辱。今恶辱而居不仁，是犹恶湿而居下也。如恶之，莫如贵德而尊士，贤者在位，能者在职。国家闲暇[1]，及是时，明其政刑[2]。虽大国必畏之矣。《诗》云：'迨天之未阴雨，彻彼桑土[3]，绸缪牖户[4]。今此下民，或敢侮予？'孔子曰：'为此诗者，其知道乎？能治其国家，谁敢侮之！'今国家闲暇，及是时，般乐怠敖[5]，是自求祸也。祸福无不自己求之者。《诗》云：'永言配命，自求多福。'《太甲》曰：'天作孽，犹可违。自作孽，不可活。'此之谓也。"**

孟子说："施行仁政就会获得荣誉，不施行仁政就会遭受侮辱。现在不想受辱却不施仁政，就像讨厌潮湿却仍住在低洼的地方一样。如果真的不想受辱，就应该尊重有德行有才能的人，让有德行的人担当领导，让有才能的人从事其擅长的事务。国家安定，趁这时修明政治法律。这样做即使是大国，也会畏惧。《诗经》上说：'趁着还没有阴天下雨，准备好树皮土坯，把窗户、房门修理好。从今下边的人，看谁还敢来欺辱我？'孔子说：'作这首诗的人，真是懂得事务的道理啊！能治理好自己的国家，谁还敢来欺辱呢？'现在国家太平无事，在这种时候，只知游乐怠惰傲慢，这就是自找灾祸。是福是祸都是自己寻来的。《诗经》上说：'永远按天命办事，追求更多的幸福。'《尚书·太甲》上也说：'上天降灾，还可能躲开；自己做坏事，引来的灾祸是无法逃避的。'说的就是这个道理。"

### ◎ 原文注释

〔1〕闲暇：指国家安定，没有内忧外患。

〔2〕明其政刑：修明政治法律。刑，常规，法制。

〔3〕彻彼桑土：土（dǔ肚），根。全句大意为：揭下桑树根上的皮。

〔4〕绸（chóu仇）缪（móu谋）：缠绵，缠结。牖（yǒu友）：窗子，通气处。户：门户，出入处。

〔5〕般（pán盘）：意同"乐"。怠（dài代）：懒惰。敖：同"遨"（áo），出游。

孟子曰："尊贤使能，俊杰在位，则天下之士皆悦而愿立于其朝矣。市，廛而不征[1]，法而不廛[2]，则天下之商皆悦而愿藏于其市矣。关讥而不征[3]，则天下之旅皆悦而愿出于其路矣[4]。耕者助而不税[5]，则天下之农皆悦而愿耕于其野矣。廛无夫里之布，则天下之民皆悦而愿为之氓矣[6]。信能行此五者，则邻国之民仰之若父母矣。率其子弟，攻其父母，自生民以来，未有能济者也。如此，则无敌于天下。无敌于天下者，天吏也[7]。然而不王者，未之有也。"

孟子说："尊重有德行的人，任用有才能的人，有才华的人都有一官半职，那么天下的士人都愿意到您的朝中来效力。集市上，提供仓库却不征收管理费，按照规定价格收购而不使货物积压，那么天下的商人都愿意把货运到您的集市上来。关隘，只检查而不征收过关税，那么天下的旅客都愿意来您的国家旅行。种田的农民，只协助耕种公田而不再缴税，那么天下种地的人都愿意来您这里耕种。居民住房，不另外征收土地税，那么天下的人都愿意做您的臣民。果真能做到这五点，那么邻近国家的老百姓，看待您就像看待他们的父母一样。率领子弟，去攻打父母，自从有人类以来，是从来没有过的事情。这样，就会天下无敌。能无敌于天下，就是上天派来管理老百姓的官吏。这样还不能称王于天下的，是从来没有过。"

### ◎ 原文注释

〔1〕廛而不征：货物储藏在栈房中不征税。廛（chán 蝉），市中储藏或堆积货物的栈房。征，征税。

〔2〕法而不廛：按规定收购而不让它积压。法，法律、法令。

〔3〕讥而不征：只稽查而不征税。讥，稽查。

〔4〕天下之旅：来自四面八方的旅客。

〔5〕助而不税：只助耕公田不再征税。

〔6〕氓（méng 蒙）：外来的百姓。

〔7〕天吏：指顺从天意的统治者。吏，治人者。

**孟子曰：“人皆有不忍人之心。先王有不忍人之心，斯有不忍人之政矣。以不忍人之心，行不忍人之政，治天下可运之掌上。所以谓‘人皆有不忍人之心’者，今人乍见孺子将入于井[1]，皆有怵惕恻隐之心[2]，非所以内交于孺子之父母也[3]，非所以要誉于乡党朋友也[4]，非恶其声而然也。由是观之，无恻隐之心，非人也；无羞恶之心，非人也；无辞让之心，非人也；无是非之心，非人也。恻隐之心，仁之端也；羞恶之心，义之端也；辞让之心，礼之端也；是非之心，智之端也。人之有是四端也，犹其有四体也。有是四端而自谓不能者，自贼者也。谓其君不能者，贼其君者也。凡有四端于我者，知皆扩而充之矣，若火之始然、泉之始达[5]。苟能充之，足以保四海；苟不充之，不足以事父母。”**

孟子说：“每个人都有同情之心。过去的贤明君主，因为有了同情心，所以才实行体贴百姓的仁政。以同情心去施行仁政，那么治理天下就轻而易举。为什么说每个人都有同情心呢？比如突然看到一个小孩将要落到井里，谁都会心里难受产生恻隐之心，这样做并不是为了结交小孩的父母，也不是为了在乡亲们中博得好名声，更不是讨厌孩子的叫声。由此看来，没有恻隐之心，不算是人；不知廉耻，不算是人；没有谦让之心，不算是人；没有是非观念，不算是人。恻隐之心，是仁的开始；廉耻之心，是义的开始；谦让之心，是礼的开始；是非之心，是智的开始。有了这四种心就像人有了四肢一样。具备了这四种心却说自己做不到仁义礼智，就是在自暴自弃。要是认为他的君主不能做到仁义礼智，就是轻贱他的君主。具备了这四种开端，就知道要把它们充实扩大，就像火刚刚点燃、水刚刚流出来。如果能充实扩大，就能拥有天下；如果不能充实扩大，便连父母都侍奉不好。”

### ◎ 原文注释

〔1〕乍：忽然。

〔2〕怵惕（chù tì 触替）：恐惧、害怕。恻（cè 测）隐：悲痛、同情。

〔3〕内交：结交。

〔4〕要誉：博取名誉。要（yāo 腰），求、取。

〔5〕然：同“燃”，点燃。

○ 品画鉴宝　变形龙纹盖鼎·春秋

**孟子曰："子路，人告之以有过，则喜。禹闻善言，则拜。大舜有大焉[1]，善与人同[2]，舍己从人，乐取于人以为善。自耕稼、陶、渔以至为帝，无非取于人者。取诸人以为善，是与人为善者也[3]，故君子莫大乎与人为善。"**

孟子说："子路听到别人指出他的缺点就非常高兴。大禹听到好的建议就马上施礼拜谢。大舜比他俩更伟大，好品德愿意和别人共有，抛弃缺点，学人长处，乐于汲取他人的优点来修养自己的品德。从耕田种地、制作陶器、捕鱼打猎这些日常小事到做君主处理天下大事，总是在吸取别人的长处。吸取别人的优点来行善事，就是帮助别人一起行善，所以说，贤明的人最大的优点就是帮助别人一起行善。"

**◎ 原文注释**

〔1〕有大焉：又有更伟大之处。有，同"又"。

〔2〕善与人同：好品德愿和别人共有。

〔3〕与人为善：帮助别人一道行善。

**孟子曰：“伯夷，非其君不事；非其友不友。不立于恶人之朝，不与恶人言；立于恶人之朝，与恶人言，如以朝衣朝冠坐于涂炭。推恶恶之心，思与乡人立，其冠不正，望望然去之[1]，若将浼焉[2]。是故诸侯虽有善其辞命而至者，不受也。不受也者，是亦不屑就已。柳下惠，不羞汙君，不卑小官，进不隐贤[3]，必以其道。遗佚而不怨[4]，阨穷而不悯[5]，故曰：‘尔为尔，我为我，虽袒裼裸裎于我侧[6]，尔焉能浼我哉！’故由由然与之偕而不自失焉[7]，援而止之而止。援而止之而止者，是亦不屑去已。”**

**孟子曰：“伯夷隘，柳下惠不恭。隘与不恭，君子不由也[8]。”**

孟子说：“伯夷这个人，不是他满意的君主就不侍奉，不是他满意的朋友他就不结交，不在恶人当政的朝廷里做官，不同奸诈小人说话。他认为在恶人当政的朝廷里做官，同奸诈小人说话，就像是穿着官服戴着官帽坐在污泥炭灰之中一样难受。把这种态度推广开来，想到和乡里人站在一起，那个人戴着歪帽子，就会很失望地离去，像是怕自己被玷污了。所以当时的诸侯国君虽然一再派人好言劝他出来做官，他都不接受，原因是不屑于和那些人为伍。柳下惠这个人，不嫌弃君主的品质低下，不在乎官职太小，任职时毫不保留自己的才能，始终按照正确的方式处理问题。没有得到提拔也不怨恨，处境艰难时也不自叹自弃。他常说道：‘你是你，我是我，即使赤身裸体站在我身旁，又怎能玷污得了我呢！’所以他能悠然自得地与人在一起，而不失去自己的本色。别人想让他留下他便留下，留下的原因是他不屑于独自离开。”

孟子总结说：“伯夷有点狭隘，柳下惠有点不太恭敬。狭隘和不太恭敬，都不是君子的榜样。”

### ◎ 原文注释

〔1〕望望然：不愉快的样子。〔2〕浼（měi美）：污染。〔3〕进不隐贤：入朝做官并不隐藏自己的才能。〔4〕遗佚：指不被任用。佚（yì役），通“逸”，隐；失。〔5〕阨穷而不悯：面临穷困而不发愁。阨(è饿)，穷困。悯（mǐn敏），忧愁。〔6〕袒裼（tǎn xī坦西）：脱去外衣。裸裎（luǒ chéng）：赤身露体。〔7〕由由然：高兴的样子。〔8〕由：行，做，干。

# ·第肆卷·

## [公孙丑]下

孟子曰："天时不如地利，地利不如人和[1]。三里之城，七里之郭[2]，环而攻之而不胜。夫环而攻之，必有得天时者矣；然而不胜者，是天时不如地利也。城非不高也，池非不深也，兵革非不坚利也[3]，米粟非不多也，委而去之[4]，是地利不如人和也。故曰：域民不以封疆之界[5]，固国不以山溪之险，威天下不以兵革之利。得道者多助[6]，失道者寡助。寡助之至，亲戚畔之[7]；多助之至，天下顺之。以天下之所顺，攻亲戚之所畔，故君子有不战，战必胜矣。"

孟子说："好的天气形势比不上地理的有利因素，地形的有利因素比不上人民的同心协力。内城三里、外城七里的小城，有包围攻打而不能获胜的情况。包围起来进行攻击，必定有得天时的战机；可是仍然不能取胜，这就是天时不如地利。城墙筑得不是不高，护城河挖得不是不深，兵器和甲胄不是不锐利坚固，粮食不是不充足，可是刚一交战，兵士们就恐惧得弃城而逃，这就是地利不如人和。所以说：控制百姓不能仅靠边境守卫，巩固国家也不能单靠山川的险要，威震天下不能凭借武器的精良。遵循道义的人帮助的人就多，违背道义的人帮助的人就少。帮助的人少到极点，连亲戚朋友都会背叛他；帮助的人多到极点，天下的人都顺从他。用天下都顺从的力量去攻伐众叛亲离的人，所以贤明君主要么不打仗，只要一打仗就会取得胜利。"

◎ 原文注释

〔1〕天时：是指时机、气候。地利：是指山川险要、城池坚固。人和：是指人心齐、得民心之类有利于攻守的好条件。

〔2〕城：内城叫"城"。郭：外城叫"郭"。

〔3〕兵革：指兵、戈、矛、刀、箭一类武器，用以进攻。革，皮革所制（亦有金属制品）甲胄之类护身器，用以防御。

〔4〕委：放弃。去：离开，逃走。

〔5〕域民：管理人民。

〔6〕得道：得到治国之道（指施行仁政）。

〔7〕畔（pàn 判）：同"叛"。

**孟子将朝王。王使人来曰：“寡人如就见者也[1]，有寒疾，不可以风。朝将视朝[2]，不识可使寡人得见乎？”**

**对曰：“不幸而有疾，不能造朝。”**

**明日，出吊于东郭氏。公孙丑曰：“昔者辞以病，今日吊，或者不可乎？”**

**曰：“昔者疾，今日愈，如之何不吊？”**

**王使人问疾，医来。孟仲子对曰：“昔者有王命，有采薪之忧[3]，不能造朝。今病小愈，趋造于朝，我不识能至否乎？”使数人要于路[4]，曰：“请必无归而造于朝。”**

**不得已而之景丑氏宿焉。景子曰：“内则父子，外则君臣，人之大伦也。父子主恩，君臣主敬。丑见王之敬子也，未见所以敬王也。”**

**曰：“恶！是何言也！齐人无以仁义与王言者，岂以仁义为不美也？其心曰‘是何足以言仁义也’云尔，则不敬莫大乎是。我非尧、舜之道不敢以陈于王前，故齐人莫如我敬王也。”**

**景子曰：“否，非此之谓也。《礼》曰：‘父召，无诺；君命召，不俟驾[5]。’固将朝也，闻王命而遂不果，宜与夫礼若不相似然[6]。”**

**曰：“岂谓是与？曾子曰：‘晋、楚之富，不可及也。彼以其富，我以吾仁；彼以其爵，我以吾义，吾何慊乎哉[7]！’夫岂不义而曾子言之？是或一道也。天下有达尊三：爵一，齿一，德一。朝廷莫如爵，乡党莫如齿，辅世长民莫如德。恶得有其一以慢其二哉？故将大有为之君，必有所不召之臣；欲有谋焉，则就之。其尊德乐道，不如是不足与有为也。故汤之于伊尹，学焉而后臣之，故不劳而王；桓公之于管仲，学焉而后臣之，故不劳而霸。今天下地丑德齐[8]，莫能相尚，无他，好臣其所教，而不好臣其所受教。汤之于伊尹，桓公之于管仲，则不敢召。管仲且犹不可召，而况不为管仲者乎？”**

孟子准备去拜见齐王。齐王派人来说：“我本来应该先去拜见您的，只是受了风寒，不能再出门让风吹。明天早上我在朝廷上召见群臣，不知您能否前来一见？”

孟子说：“很不巧，我也病了，不能到朝廷上去拜见齐王。”

第二天，孟子到东郭氏家里去吊丧。公孙说：“昨天您推辞有病，今天又出门吊唁，这样做不好吧？”

孟子说：“昨天病了，今天好了。为什么不能出门吊唁？”

齐王又派医生前来询问病情。孟仲子说：“昨天大王有令召见，碰巧他有点小病，不能赴王宫相见。今天稍好一些，已经去朝廷了，不知道现在到了没有啊？”

然后马上派人在半路上等候，告诉孟子："不要回家，先到朝廷那里去！"

孟子不得已躲到景丑氏家里借宿。景子说："在家要尊敬父亲，在外要尊敬君主，这是一个人最重要的道德标准。父子之间以仁爱为主，君臣之间以恭敬为主。我现在看到齐王对您的尊敬，却看不见您对齐王的尊敬。"

孟子说："唉！这是什么话！齐国没有一个人跟大王谈论仁义的，难道他们认为仁义不好吗？只不过他们的心里想'大王有什么资格可谈仁义呢'，这才是最大的不敬。至于我不是尧、舜的大仁大义我不敢跟大王说，所以齐国人谁也没有我更尊敬大王的了。"

景子说："不是，我说的并不是这个。《礼》书上说：'父亲召唤，来不及答应就要起身；君王召唤，不等车马备好就出发。'您本来要去拜见齐王，可是听到齐王的召请后反而不去了，这恐怕和礼仪制度不相符合吧。"

孟子说："怎么能这样说呢？曾子说：'晋国和楚国的富裕，没有哪一个赶得上。他们以富有而自豪，我以仁爱而自豪；他们以高贵的地位而自豪，我以信义而自豪，我有什么不如他们的呢！'难道曾子说得不对吗？这其实是一个道理。天下值得人尊敬的有三种：地位、年龄和品德。朝廷上地位最重要，家乡邻里间年龄最重要，辅佐君主治理百姓品德最重要。怎么能仗着自己有一方面的长处就怠慢有其他两方面长处的人呢？所以那些有大作为的君王，肯定会有一些不敢召唤的臣子；如果有事商量，就会屈尊前往。尊重品德、乐于道义，达不到这种程度，就不会有大作为。所以商汤对于伊尹，先去学习请教，然后才拜请出来辅佐自己，因此没费多大精力便统一了天下；齐桓公对于管仲，也是先学习然后才请出来当大臣的，同样也没费多大力气，就称霸于诸侯。现今天下各国，土地面积差不了多少，君主的品行也是同样水平，没有谁能超过谁，没有别的原因，只是这些君主们只喜欢臣子听他教诲，而不喜欢听取贤明大臣的指教。商汤对于伊尹，桓公对于管仲，就不敢随便召请。连管仲齐桓公都不敢召唤，更何况我这不屑于和管仲相比的人呢？"

## ◎ 原文注释

〔1〕如：应当。〔2〕朝（句中第一个"朝"）：明天早晨。视朝：在朝廷接近群臣，处理政务。〔3〕采薪之忧：因病而不能去打柴。自称有病的代词。〔4〕要于路：在路上拦截。要（yāo 腰），遮拦，截住。〔5〕君命召，不俟驾：君主召唤，等不及驾好车马就应该立即动身。俟（sì 似），等候。〔6〕宜：这里相当于"殆"，大概，恐怕。〔7〕慊（qiàn 欠）：憾，恨，不满。〔8〕丑：类似，相近。

宫門

○ 品画鉴宝　卷云纹戈·战国
戈中胡三穿，有栏；内末无刃。内上两面均饰有黑色卷云纹，故称“卷云纹戈”。通长27.4cm。

陈臻问曰：“前日于齐，王馈兼金一百而不受[1]；于宋，馈七十镒而受；于薛，馈五十镒而受。前日之不受是，则今日之受非也；今日之受是，则前日之不受非也。夫子必居一于此矣。”

孟子曰：“皆是也。当在宋也，予将有远行，行者必以赆[2]，辞曰：‘馈赆。’予何为不受？当在薛也，予有戒心，辞曰：‘闻戒，故为兵馈之。’予何为不受？若于齐，则未有处也[3]。无处而馈之，是货之也[4]。焉有君子而可以货取乎？”

陈臻问：“前些日子在齐国，齐王赠给您黄金百镒，您没有接受；在宋国，却接受了七十镒黄金的馈赠；在薛地，也接受了五十镒黄金的馈赠。如果以前不收是对的话，那么后来收下就是不对的；如果后来收下是对的话，那么以前不收就是不对的。先生肯定有一次是不对的。”

孟子说：“都是对的。在宋国时，我准备出门远行，而旅行肯定要有路费，人家说：‘送点路费。’我为什么不收呢？在薛地时，社会治安不好，我总是提心吊胆的，地方官：说‘听说您还要自卫，我给您送点钱买武器。’我为何不收下？至于在齐国时，则没有什么用处。不需要钱的时候送我钱，就是想收买我，哪有贤明君子可以用钱收买的呢？”

◎ 原文注释

〔1〕兼金：好金。一百：一百镒，数字后省略量词“镒”，古代每镒为二十四两，一说二十两。〔2〕赆（jìn 尽）：给远行者赠送的路费或礼物。〔3〕未有处：没有接受礼物的理由。〔4〕货之：以财物贿赂收买。货，这里当动词用，贿赂。

**孟子谓蚳蛙曰[1]："子之辞灵丘而请士师[2]，似也，为其可以言也。今既数月矣，未可以言与？"**

**蚳蛙谏于王而不用，致为臣而去。**

**齐人曰："所以为蚳蛙则善矣；所以自为，则吾不知也。"**

**公都子以告。**

**曰："吾闻之也：有官守者，不得其职则去；有言责者，不得其言则去。我无官守，我无言责也，则吾进退岂不绰绰然有余裕哉[3]？"**

孟子问蚳蛙说："你辞去灵丘地方官的职务，而自请担任朝廷的司法官，似乎是有道理的，因为可以随时向齐王提出自己的见解。现在好几个月过去了，不知你是否向齐王提出过什么？"

蚳蛙向齐王提出建议，没有被接受，就辞职离去了。

齐国有的人就说："孟子给蚳蛙出主意，倒是满口仁义道德；不知他自己在这个位子上，会怎样做呢？"

公都子把这些话转告给了孟子。

孟子说："我听说过这样的议论，当官的人要是不能尽职尽责，就应该辞职；有向国王提建议义务的人，要是不能提出好的建议或者建议不被采纳，也应该辞职。我没有当官，也没有提出建议的义务，那我是去是留，不是随便由我选择了吗？"

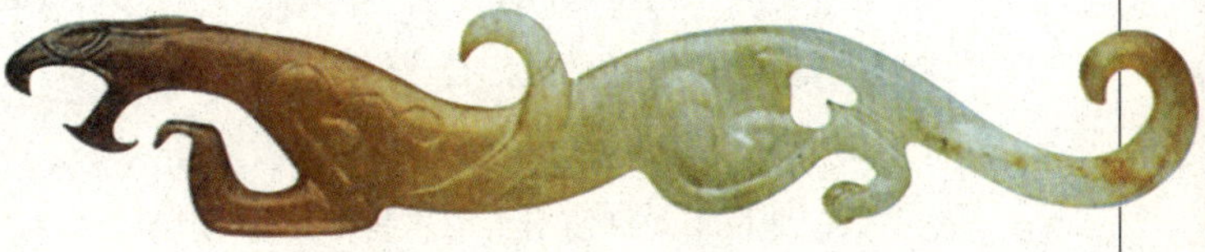

○ 品画鉴宝　白玉虎·战国

◎ **原文注释**

〔1〕蚳蛙：齐国大夫。

〔2〕灵丘：地名，齐国边境的邑。一说在今山东聊城，一说在滕县附近。士师：治狱官。

〔3〕绰（chuō 龊）：宽裕的样子。

**孟子自齐葬于鲁[1]，反于齐，止于嬴。**

**充虞请曰："前日不知虞之不肖，使虞敦匠事[2]。严[3]，虞不敢请。今愿窃有请也：木若以美然。"**

**曰："古者棺椁无度[4]，中古棺七寸，椁称之，自天子达于庶人。非直为观美也，然后尽于人心。不得，不可以为悦；无财，不可以为悦。得之为有财，古之人皆用之，吾何为独不然？且比化者，无使土亲肤[5]，于人心独无恔乎[6]？吾闻之也：君子不以天下俭其亲。"**

孟子从齐国去鲁国安葬母亲，返回时，暂时停留在嬴地。

充虞前来询问："前几天，承蒙先生看得起我，让我负责管理工匠制作棺材的事情。当时太忙，心里有想法也不敢说出来。现在我私下里说给您听：棺材的质量是不是太豪华了些？"

孟子回答说："远古时，棺椁的厚度没有什么规定，周初以后按周公制定的制度，棺木厚度为七寸，再配上大小合适的木椁，从天子到普通百姓都是这样。这样做不仅是为了好看，更是为了体现对死者的孝心。地位不允许使用上等木料，心里当然不高兴；可以使用却没有充足的财产，心里当然也不高兴。在财力和地位允许的情况下，古代的人都会选择豪华的棺木，为什么我就不可以呢？而且死者的遗体不挨着泥土，孝子的心里不也是有些安慰吗？我听人说：贤明的人不会为了爱惜天下财物而从俭办父母的丧事的。"

○ 品画鉴宝　孔子死后葬在曲阜城北的泗河边上，孔子弟子服丧三年，相别而去。

◎ **原文注释**

〔1〕自齐葬于鲁：从齐到鲁去安葬。自，从。

〔2〕敦匠事：管理有关木工（制棺椁）的事。敦：治，管。

〔3〕严：这里有“急”“忙”之意。

〔4〕棺椁无度：指内棺外椁的厚薄没有固定的尺寸。

〔5〕比：为了。化者：死者。

〔6〕恔(xiào笑)：快，快慰。

沈同以其私问曰[1]："燕可伐与？"

孟子曰："可。子哙不得与人燕[2]，子之不得受燕于子哙。有仕于此[3]，而子悦之，不告于王而私与之吾子之禄爵；夫士也，亦无王命而私受之于子，则可乎？何以异于是？"

齐人伐燕。

或问曰："劝齐伐燕，有诸？"

曰："未也。沈同问：'燕可伐与？'吾应之曰：'可。'彼然而伐之也。彼如曰：'孰可以伐之？'则将应之曰：'为天吏，则可以伐之。'今有杀人者，或问之曰：'人可杀与？'则将应之曰：'可。'彼如曰：'孰可以杀之？'则将应之曰：'为士师，则可以杀之。'今以燕伐燕[5]，何为劝之哉？"

沈同以私人的身份问孟子："燕国可以讨伐吗？"

孟子回答说："可以。燕王子哙不应该把整个国家交给外人，宰相子之，也不应该接受子哙交给的国家。假如有一个人，你很喜欢他，不禀告齐王就把你的爵位和职务让给了他；而这个人呢，也不报告齐王接受了你给的这一切，这样做对吗？燕国的事和这个例子有什么不同呢？"

齐国派兵讨伐燕国。

有人问孟子说："你劝齐王攻打燕国，有这事吗？"

孟子回答说："没有。沈同问我：'燕国应该被讨伐吗？'我回答说：'应该。'他们就出兵讨伐了。他如果问：'谁可以去讨伐燕国？'我就会说：'上天派来的人，可以前往征讨。'就像现在有一个杀人犯，要是有人问我：'这个人该杀吗？'我会说：'该杀。'要是问我：'该谁去杀死这个罪犯？'我自然会回答：'当司法官的人，才能处死这个杀人犯。'现在是一个与燕国没有什么区别的齐国去征伐燕国，我为什么要鼓励它呢？"

### ◎ 原文注释

〔1〕沈同：齐国大臣。〔2〕子哙：燕王的名。〔3〕仕：通"士"。〔4〕天吏：替天行道的官吏。〔5〕燕（句中第一个"燕"）：指像燕国一样无道的齐国。

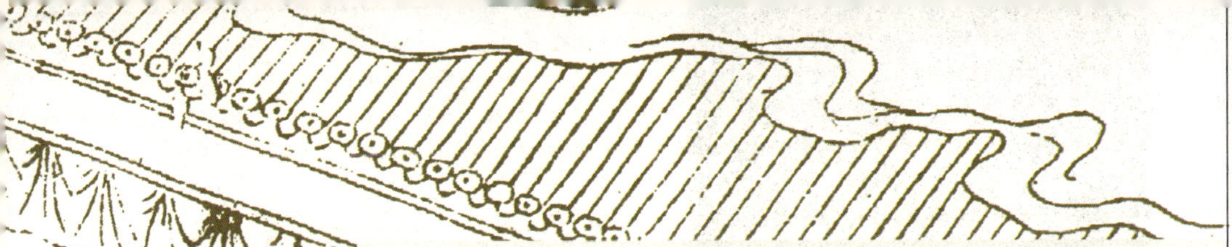

燕人畔。王曰："吾甚惭于孟子[1]。"

陈贾曰[2]："王无患焉。王自以为与周公，孰仁且智？"

王曰："恶！是何言也！"

曰："周公使管叔监殷，管叔以殷畔。知而使之，是不仁也。不知而使之，是不智也。仁、智，周公未之尽也，而况于王乎？贾请见而解之。"

见孟子，问曰："周公何人也？"

曰："古圣人也。"

曰："使管叔监殷，管叔以殷畔也，有诸？"

曰："然。"

曰："周公知其将畔而使之与？"

曰："不知也。"

"然则圣人且有过与？"

曰："周公弟也，管叔兄也。周公之过，不亦宜乎？且古之君子，过则改之；今之君子，过则顺之。古之君子，其过也如日月之食[3]，民皆见之；及其更也，民皆仰之。今之君子，岂徒顺之？又从为之辞。"

燕国发生叛乱。齐王说："没有听从孟子的一再劝说(现在果然出现了严重的后果)，我感到很惭愧。"

陈贾问道："大王您不必太自责。您认为您和周公谁更仁爱更聪明？"

齐王说："唉！你说的是什么话？"

陈贾说："周公派管叔去监督殷的后裔，管叔却据有殷地反叛周朝。如果知道他会反叛，却还任用他，这是不仁爱。如果不知道他会反叛而任用他，这是不聪明。仁爱、聪明，周公还不能做得很好，何况是大王您呢？请让我去见孟子向他解释。"

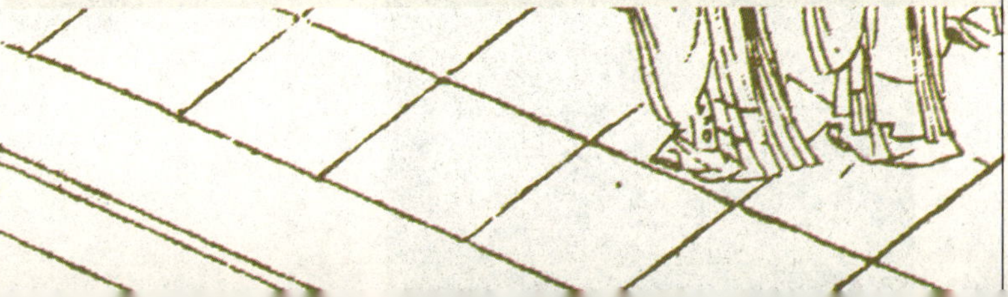

陈贾见到孟子，问道："周公是什么样的人？"

孟子说："是古时的一位圣人。"

陈贾又说："他让管叔监督殷的后裔，可是管叔却据有殷地而反叛。有这件事吗？"

孟子说："有。"

陈贾说："周公任用他时，知道他会反叛吗？"

孟子说："不知道。"

陈贾说："这么说来，圣人也会犯错误吗？"

孟子说："周公是弟弟，管叔是哥哥，周公的过错，不也是合乎情理的吗？况且，古时的君子，有了过错，就立即改正；现在的君子，有了过错，却将错就错。古时君子的过错就像日食和月食一样，老百姓都看得见；等他们改正过来，老百姓都敬仰他们。现在的君子，不光只是将错就错，还强词夺理地为自己辩护。"

◎ **原文注释**

〔1〕惭：愧，愧对。

〔2〕陈贾：齐国大夫。

〔3〕日月之食：即日蚀，月蚀。

**孟子致为臣而归[1]。王就见孟子，曰：“前日愿见而不可得，得侍同朝，甚喜。今又弃寡人而归，不识可以继此而得见乎？”**

**对曰：“不敢请耳，固所愿也。”**

**他日，王谓时子曰：“我欲中国而授孟子室[2]，养弟子以万钟，使诸大夫国人皆有所矜式[3]。子盍为我言之！”**

**时子因陈子而以告孟子。陈子以时子之言告孟子。**

**孟子曰：“然。夫时子恶知其不可也？如使予欲富，辞十万而受万，是为欲富乎？季孙曰：‘异哉子叔疑！使己为政，不用，则亦已矣，又使其子弟为卿。人亦孰不欲富贵？而独于富贵之中，有私龙断焉[4]。’古之为市也，以其所有易其所无者，有司者治之耳。有贱丈夫焉[5]，必求龙断而登之，以左右望而罔市利。人皆以为贱，故从而征之。征商自此贱丈夫始矣。”**

孟子辞掉大臣的职务回到家中。齐王登门去见孟子，说：“以前总想见您可惜见不到，后来能在朝廷上作为君主与大臣一起共事，我很高兴。现在您抛下我回家，不知以后还能不能再见面了？”

孟子回答说：“我不敢要求（同大王相见）罢了，这本来就是我所希望的。”

过了几天，齐王对时子说：“我想在城里给孟子盖一栋房子，每年拨一万钟粮食供养他的弟子，目的是想让卿大夫和老百姓有个学习的榜样。请你替我去同孟子说说。”

时子请孟子的弟子陈子转达，陈子便把时子的话告诉了孟子。

孟子说：“唉！时子难道不知道这件事是不可能的吗？如果我想富裕，却辞掉年收入十万钟的职务而接受一万钟的恩惠，这是想富裕吗？季孙说：‘子叔疑这人真奇怪啊！自己想当官，不被任用也就罢了，又让他的弟子去当官。哪个人不想富贵呢？难道这富贵的事情，让你一人垄断了不成。’就像古代的集市，本来是用自己有的东西去换自己没有的东西，有关部门也只是维持秩序而已。有这么一个卑贱的小人，只想着自己发财，找个高地方爬上去左右观望，恨不得捞尽所有的便宜。人们觉得这人太卑鄙了，就向他征收税利。向商人征税，就是从这种卑鄙小人开始的。”

○ 品画鉴宝　孝经图·南宋·马和之

◎ 原文注释

〔1〕致为臣而归：辞去官职而回乡。致，多指离职辞官而归故里。

〔2〕中国：在国都城中，指临淄城。中，是介词。

〔3〕矜：敬。式：法。

〔4〕龙断：即“垄断”。原意是高而不相连属的土墩子，后逐渐引申为把持、独占。

〔5〕贱丈夫：下贱的男人。

孟子去齐[1]，宿于昼。有欲为王留行者，坐而言[2]。不应，隐几而卧[3]。

客不悦曰："弟子齐宿而后敢言[4]，夫子卧而不听，请勿复敢见矣。"

曰："坐！我明语子。昔者鲁缪公无人乎子思之侧，则不能安子思；泄柳、申详，无人乎缪公之侧，则不能安其身。子为长者虑[5]，而不及子思。子绝长者乎？长者绝子乎？"

孟子离开齐国都城，在昼这地方停留下来。有一个想替齐王挽留孟子的人，坐下来劝孟子，孟子不加理会，靠着小桌子打瞌睡。

客人很不高兴地说："我斋戒了一天，才敢来见您，今天同您说话，您却打瞌睡不愿听我说话，我以后再也不敢来见您了。"

孟子说："请坐！我直言告诉你。过去鲁穆公对待子思，要是没有人在子思跟前侍奉，就觉得没有安顿好子思；泄柳、申详要是看到鲁穆公身边没有贤德的人，就安不下心来。你为我这个老头子着想，对我的待遇还不如鲁穆公对子思的待遇。这是你要同我决绝呢？还是我要与你决绝呢？"

◎ 品画鉴宝 凤柱斗·商

### ◎ 原文注释

〔1〕去齐：离开齐国。去，离开。

〔2〕坐而言：指"危坐而言"。危坐，严肃地端坐。

〔3〕隐几：伏着靠几。隐，凭、伏、趴。

〔4〕齐宿：即前一天斋戒。齐，同"斋"。

〔5〕长者：年老的人。这里是孟子自称。

○品画鉴宝 双兽纹瓦当·秦

孟子去齐。尹士语人曰：“不识王之不可以为汤武，则是不明也；识其不可，然且至，则是干泽也。千里而见王，不遇故去，三宿而后出昼，是何濡滞也[1]？士则兹不悦[2]。”

高子以告。

曰：“夫尹士恶知予哉？千里而见王，是予所欲也；不遇故去，岂予所欲哉？予不得已也。予三宿而出昼，于予心犹以为速，王庶几改之！王如改诸，则必反予。夫出昼而王不予追也，予然后浩然有归志[3]。予虽然，岂舍王哉？王由足用为善[4]。王如用予，则岂徒齐民安，天下之民举安。王庶几改之，予日望之！予岂若是小丈夫然哉？谏于其君而不受，则怒，悻悻然见于其面[5]，去则穷日之力而后宿哉？”

尹士闻之曰：“士诚小人也。”

孟子离开了齐国。尹士对别人说：“孟子不知道齐王不能成为商汤、周武王那样的贤明君主，是不明智；知道齐王不能成为商汤、周武王那样的贤明君主，还要到这里来，就是为了贪图富贵。千里迢迢而来，不被赏识又离去，在昼地住了三晚上才走，也太磨磨蹭蹭！我就是对这个不满意。”

高子把这些话转告给孟子。

孟子说："尹士这个人，怎么会了解我的想法？千里迢迢来见齐王，是我的愿望；政见不被采纳而离去，这难道是我的心愿吗？实在是迫不得已啊！我在昼地住了三个晚上，还是觉着走得太快了，大王要是改变主意了呢！齐王如果真改变了主意，一定会让我回去。到我离开昼地时齐王还没派人来追赶，我这才下定决心要走。虽然这样，难道我心里愿意舍弃齐王吗？齐王毕竟还是一个可以引导着施行仁义的君王啊！齐王如果任用我，何止是齐国百姓能够得到安宁，普天之下的人民都可以得到安宁。齐王什么时候改变主意，我正天天盼着呢！我岂能和那种小人相提并论？向国王提出建议，国王不采纳就生气，气呼呼地表现在脸上，离开时就非得拼尽一天的气力赶路，然后再歇宿吗？"

尹士听到孟子的话后，无限感慨地说："我真是个小人！"

### ◎ 原文注释

〔1〕濡滞：迟缓。

〔2〕兹不悦：不喜欢这个。兹，此；这。

〔3〕浩然：水流不止的样子。

〔4〕由：同"犹"，还。足用：足以。

〔5〕悻悻然：怨恨，恼怒的样子，器量狭小的表现。见（xiàn 现）：同"现"，即出现。

角抵图·东汉

○ 品画鉴宝　勾连云纹灯·战国

在有记载的古代灯具中，它是唯一的玉灯。此灯由和田白玉制成，由灯盘、灯柱和底座三部分组成，高12.8cm，灯盘直径10.2cm，在当时作为照明用具使用。

**孟子去齐，居休[1]。公孙丑问曰："仕而不受禄，古之道乎？"**

**曰："非也。于崇，吾得见王，退而有去志，不欲变，故不受也。继而有师命[2]，不可以请。久于齐，非我志也。"**

孟子离开齐国，在休地居住下来。公孙丑问道："当官却不接受俸禄，是古代圣贤遵循的规范吗？"

孟子说："不是。当初在崇地，我见到了齐王，回来后就有了离开的打算，因为不想改变离职的主意，所以没有接收齐王的俸禄。随后齐国又有军事行动，在非常时期不能申请辞职。长久地在齐国任职，并不是我的志向。"

### ◎ 原文注释

〔1〕休：地名。故城在今山东滕县北十五里处，距孟子家约百里。

〔2〕师命：军事命令，指发生战争。

# ·第伍卷·

## [滕文公]上

**滕文公为世子[1]，将之楚，过宋而见孟子[2]。孟子道性善，言必称尧舜。**

**世子自楚反，复见孟子。孟子曰："世子疑吾言乎？夫道一而已矣。成覸谓齐景公曰：'彼丈夫也，我丈夫也，吾何畏彼哉？'颜渊曰：'舜何人也？予何人也？有为者亦若是。'公明仪曰：'文王，我师也。周公岂欺我哉？'今滕绝长补短，将五十里也，犹可以为善国。《书》曰：'若药不瞑眩[3]，厥疾不瘳[4]。'"**

滕文公当世子的时候，在出访楚国的途中顺便到宋国拜访孟子。孟子对滕文公大谈人本善良的道理，满口都是尧舜等前代贤君的英明盛事。

世子由楚国返回的时候，又拜访了孟子。孟子说："世子你对我上一次谈论的内容有什么怀疑吗？其实，世界上的道理本来就是一样的！成覸曾经对齐景公说过：'他是个大丈夫，我也同样是个男人，我为什么会怕他呢？'颜渊也曾说过：'舜是什么样的人？我又是一个什么样的人？有作为的人都应该像舜一样！'公明仪也说过：'文王是我尊敬的古代贤良之师，周公怎会欺骗我呢？'现在滕国虽然不大，可是去长补短，方圆也有五十里了，还是可以治理成为一个良好的国家的。《尚书》上有这样的话：'如果服药后没有感到头晕目眩，那样的话疾病也是不会痊愈的。'"

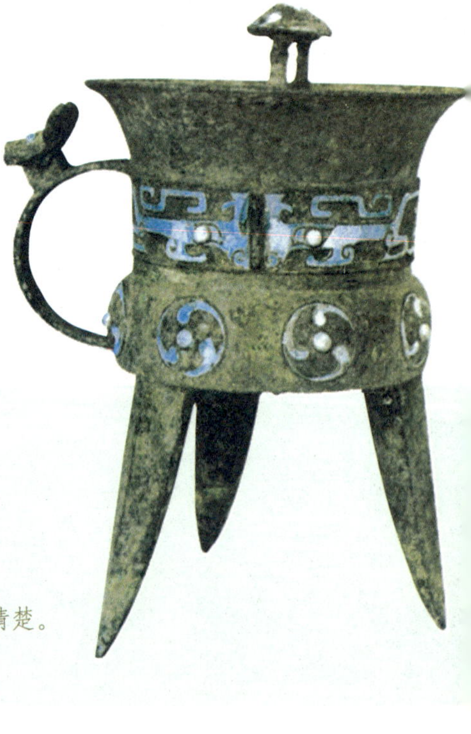

○ 品画鉴宝　镶玉石斗 · 商
此为商代晚期的盛酒器。侈口，口沿有柱，器身有鋬，三足。腹部以玉石饰变形龙纹一周，腹下部玉石饰单个涡纹一周。

### ◎ 原文注释

〔1〕世子：太子。

〔2〕过宋：经过宋国。

〔3〕瞑眩（míng xuàn 明绚）：眼睛昏花看不清楚。

〔4〕瘳（chōu 抽）：病愈，痊愈。

滕定公薨[1]，世子谓然友曰："昔者孟子尝与我言于宋，于心终不忘。今也不幸至于大故[2]，吾欲使子问于孟子，然后行事。"

然友之邹，问于孟子。

孟子曰："不亦善乎！亲丧[3]，固所自尽也。曾子曰：'生，事之以礼；死，葬之以礼，祭之以礼，可谓孝矣。'诸侯之礼，吾未之学也。虽然，吾尝闻之矣。三年之丧[4]，齐疏之服[5]，饦粥之食[6]，自天子达于庶人，三代共之。"

然友反命，定为三年之丧。父兄百官皆不欲，曰："吾宗国鲁先君莫之行，吾先君亦莫之行也，至于子之身而反之，不可。且《志》曰：'丧祭从先祖。'曰：'吾有所受之也。'"

谓然友曰："吾他日未尝学问，好驰马试剑。今也父兄百官不我足也，恐其不能尽于大事，子为我问孟子。"

然友复之邹问孟子。

孟子曰："然，不可以他求者也。孔子曰：'君薨，听于冢宰，歠粥[7]，面深墨，即位而哭，百官有司，莫敢不哀，先之也。上有好者，下必有甚焉者矣。君子之德，风也；小人之德，草也。草尚之风，必偃[8]。'是在世子。"

然友反命。

世子曰："然，是诚在我。"

五月居庐，未有命戒。百官族人，可谓曰知。及至葬，四方来观之，颜色之戚，哭泣之哀，吊者大悦。

滕定公死了，世子对他的师父然友说："从前孟子在宋国对我说过的话，至今仍没有忘记。现在国家遇到了这等大事，我打算派你去请教一下孟子，然后再决定如何办理丧事。"

然友于是就到邹国孟子的家中去请教。

孟子说："你来问关于丧事礼节问题，这是一件好事啊！自己的亲人去世，就该尽自己的全力来办理丧事。曾子说过：'亲人活着的时候，要按礼节来侍奉；亲人去世的时候，要按礼节去埋葬，并按礼来祭奠，这就是孝子。'有关诸侯的丧葬礼仪问题，我并没有专门研究过。即使如此，我还是听说过一些。守丧一定要三年，要穿粗制衣服，要吃简单的饭食，从天子到普通百姓都是这样，夏、商、周三代都是这样来遵守的。"

然友回来复命，世子制订了守丧三年的计划。但同族尊长和百官都不同意，纷纷说："我们的宗主国鲁国以前的君主并没有这样来办，我们那些已去世了的前代君主也没这样办，到了你这一辈却要违反传统，这是不对的。况且《志》书上说：‘丧祭要从先祖’，‘我们应该遵从祖宗们承传下来的办事方式。’”

世子对然友说：“以前我没有学习过礼仪制度，喜好骑马练剑。现在，父兄亲友和百官对我不满意，恐怕他们不会按照我的想法来办理丧事。你再去问一下孟子该怎么办。”

然友第二次到邹国来向孟子请教。

孟子说：“我知道了，这件事情是不能求助于别人的。孔子说过：‘君主去世，一切事务工作都要交给丧事期间的总管来办理，孝子只能喝稀粥以示恭敬，即使灰尘扑面，脸色漆黑也不应该去梳洗，只要作为孝子的在位上哭泣，那么百官还有谁敢不悲哀的，关键要做出一个榜样。’地位高的人喜欢什么憎恶什么，下面的人就会跟着你学，并且更有学得厉害的。君子的品德就像是风，一般老百姓的品德则像是草。风从草上吹过，草就顺风而倒。所以这件事做得好坏全在于世子怎么做。”

然友回国后，把孟子的回话转达给世子。

世子说：“孟子的话说得有道理，这件事取决于我的行动。”

世子在简陋的草庐里住了五个月，期间没有发布过有关国事的命令。世子的尊长和朝廷百官都认为这件事做得好，说世子遵守礼制是明智的。埋葬的时候，四方前来吊唁的宾客看到世子悲哀的脸色和沉痛哭泣的样子，对这次丧事的办理感到极为满意。

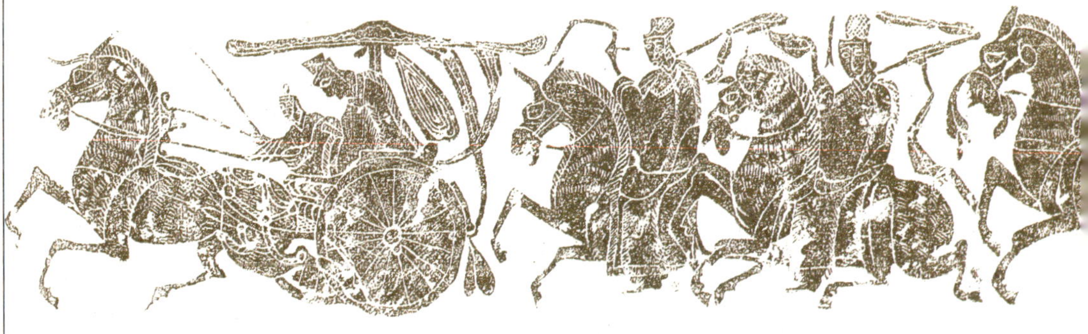

◎ **原文注释**

〔1〕薨（hōng轰）：死。指诸侯去世。〔2〕大故：重大的事故，指大丧之类。〔3〕亲丧：对待父母的丧事，本来就该竭尽全力。〔4〕三年之丧：指古代子女对父母，臣子对国君，要守孝三年之礼。〔5〕齐疏之服：用粗布制作的、缝衣边的丧服。〔6〕飦(zhān毡)：同“饘”，厚粥，糜粥。粥：稀饭，稀粥。〔7〕歠(chuò啜)：饮，喝。〔8〕尚：通“上”。偃（yǎn演）：倒下。

**滕文公问为国。**

**孟子曰："民事不可缓也。《诗》云：'昼尔于茅，宵尔索绹；亟其乘屋[1]，其始播百谷。'民之为道也，有恒产者有恒心，无恒产者无恒心。苟无恒心，放辟邪侈，无不为已。及陷乎罪，然后从而刑之，是罔民也。焉有仁人在位，罔民而可为也？是故贤君必恭俭礼下，取于民有制。阳虎曰：'为富不仁矣，为仁不富矣。'夏后氏五十而贡，殷人七十而助，周人百亩而彻，其实皆什一也。彻者彻也，助者藉也。龙子曰：'治地莫善于助，莫不善于贡。'贡者，挍数岁之中以为常[2]。乐岁，粒米狼戾[3]，多取之而不为虐，则寡取之；凶年，粪其田而不足，则必取盈焉。为民父母，使民盻盻然[4]，将终岁勤动，不得以养其父母，又称贷而益之[5]，使老稚转乎沟壑，恶在其为民父母也？夫世禄，滕固行之矣。《诗》云：'雨我公田[6]，遂及我私。'惟助为有公田，由此观之，虽周亦助也。设为庠序学校以教之。庠者，养也；校者，教也；序者，射也。夏曰校，殷曰序，周曰庠，学则三代共之，皆所以明人伦也。人伦明于上，小民亲于下。有王者起，必来取法，是为王者师也。《诗》云：'周虽旧邦，其命维新。'文王之谓也。子力行之，亦以新子之国。"**

**使毕战问井地。**

**孟子曰："子之君将行仁政，选择而使子，子必勉之！夫仁政，必自经界始。经界不正，井地不钧[7]，谷禄不平，是故暴君污吏必慢其经界。经界既正，分田制禄，可坐而定也。**

**"夫滕，壤地褊小，将为君子焉，将为野人焉。无君子莫治野人，无野人莫养君子。请野九一而助，国中什一使自赋。卿以下必有圭田[8]，圭田五十亩；余夫二十五亩。死徙无出乡，乡田同井，出入相友，守望相助，疾病相扶持，则百姓亲睦。方里而井，井九百亩，其中为公田。八家皆私百亩，同养公田，公事毕，然后敢治私事，所以别野人也。此其大略也。若夫润泽之，则在君与子矣。"**

滕文公询问治理国家的政治策略。

孟子说："国家中老百姓的事情是不能拖延的。《诗经·豳风·七月》里有：'白天割茅草，晚上把它搓成绳索；及时修整自家的房屋，不耽误播种谷物之类的事情。'老百姓普遍的生存之道是，有固定财产的才会有恒心去遵循一定的规范和法令，如果他们没有固定的财产就不会有坚定的信念。如果百姓没有坚定的道德观念约束自己，就会放纵自己的私欲，一切以自己的私心为中心。等他们犯了罪后，然后去处罚他们，这样做就像是先布好了网等着百姓去钻一样。哪有仁爱的人在位，却布好了网等着百姓去钻的道理？因此，贤明的君王必然会恭谨节俭、礼贤下士，从百姓那里收取赋税时也有节制。阳虎曾说：‘收敛财富就不能仁爱，实践仁爱就发不了财。’夏代每家耕耘五十亩而行贡法，商代每家耕耘七十亩，以七亩助公家；周代每家耕耘一百亩，彻取十亩以为赋，其实税率都是十分之一。彻是指通过计算后缴纳十分之一的意思。助是指借助民力耕种公田的意思。古代贤人龙子曾说：‘管理土地税收的办法，没有比助法更好的，没有比贡法更差的。’贡法，以几年中的平均收获数量作为标准。年份丰收，粮食堆积，多征收一些也不算暴虐，（相对来说）贡法却不多收；年份灾荒，即使把落在田里的粮粒拣来凑数也不够交税，而贡法却一定要按照标准收满不可。君主号称民众的父母，却使民众一年到头劳苦不堪，不能赡养自己的父母，还要依靠借贷来凑足税额，逼得老人小孩抛尸露骨在山沟之中，这是怎么做民众的父母的呢？大官吏世代承袭的俸禄，滕国早已经实行了。《诗经》上说：‘雨点落到公田里，同时洒到我私田。’只有实行助法才会有公田一说，这样来看，就算周代也是实行助法的。要兴办庠、序、学、校来教化民众。庠，就是培养的意思；校，就是教导的意思；序，就是习射的意思。地方学校，夏代称为校，殷代称为序，周代称为庠，大学三代都称为学，都是为了阐明人之大伦。居上位的人明白人之大伦，在下面的百姓亲密团结。如果有贤明的君王兴起，必定会前来学习效法，这样滕国就成为贤明君王的老师了。《诗经》上说：‘岐周虽是旧邦国，接受天命新气象。’这是赞美周文王的诗句。您努力实行吧，也可以使您的国家气象焕然一新！”

滕文公派毕战来请教井田制度。

孟子说：“你的君王准备实行仁政，特地挑选你来，你一定要努力啊！实行仁政，必须要以确定边界开始。边界若是不正，井田中各部分的划区就不平均，那么征收粮食赋税也就不可能公平，所以暴虐的君主和腐败官吏往往在边界划分上不严格以便从中得到更多的收入。边界如果划分正确了，哪块田地分给谁，以及赋税的确定就可以很好地解决了。

“滕国虽然土地陕小，但也有贵族官吏以及平民百姓。没有官吏，就没有办法管理百姓；没有百姓，就没人来养活官吏。所以，我建议在郊外施行九分之一的助法，在城里施行十分之一征税纳赋的方式。卿以下的官吏，都要分给一块供生产祭祀用的圭田，卿这一级的圭田为五十亩，其余的为二十五亩。死亡故去以及迁徙搬迁之类的事情都不离开本乡，乡里之间要友好对待，相互看守观望，互相帮助，如果谁家有人得了重病都要互相扶持，这样百姓之间就会亲善和睦。每一平方里为一井，共九百亩耕地，最中间的一块是公田。其余八块由八家来分配，每家一百亩，八家要一起耕种中间的公田，只有公田里的事干完了才可以干自己家田地里的事情，这样就区别出官吏与平民。我说的这些，只是井田制的一个大概。至于具体的细节该怎样处理，那就是滕文公和你的事情了。"

◎品画鉴宝 三龙环形玉佩·战国

◎ **原文注释**

〔1〕于茅：前去割草。索绹：搓绳子。亟：急。乘：治，修。

〔2〕挍：同"校"（jiào 叫），比较。

〔3〕狼戾（lì 利）：狼藉，杂乱的样子。

〔4〕盻盻（xì 系）然：即怒目而视的样子。

〔5〕称：举，兴。

〔6〕雨（yù 育）：动词，下雨。

〔7〕不钧：不均。钧，平均，公平。

〔8〕圭田：祭祀用的田。圭（guī 规），洁。

有为神农之言者许行，自楚之滕，踵门而告文公曰："远方之人闻君行仁政，愿受一廛而为氓[1]。"文公与之处。其徒数十人，皆衣褐，捆屦、织席以为食[2]。

陈良之徒陈相与其弟辛，负耒耜而自宋之滕，曰："闻君行圣人之政，是亦圣人也。愿为圣人氓。"陈相见许行而大悦，尽弃其学而学焉。

陈相见孟子，道许行之言曰："滕君则诚贤君也。虽然，未闻道也。贤者与民并耕而食，饔飧而治[3]。今也滕有仓廪府库，则是厉民而以自养也[4]，恶得贤？"

孟子曰："许子必种粟而后食乎？"

曰："然。"

"许子必织布而后衣乎？"

曰："否。许子衣褐。"

"许子冠乎？"

曰："冠。"

曰："奚冠？"

曰："冠素。"

曰："自织之与？"

曰："否。以粟易之。"

曰："许子奚为不自织？"

曰："害于耕。"

曰："许子以釜甑爨[5]，以铁耕乎？"

曰："然。"

"自为之与？"

曰："否，以粟易之。"

"以粟易械器者，不为厉陶冶；陶冶亦以其械器易粟者，岂为厉农夫哉？且许子何不为陶冶，舍皆取诸其宫中而用之[6]？何为纷纷然与百工交易？何许子之不惮烦？"

曰："百工之事，固不可耕且为也。"

"然则治天下独可耕且为与？有大人之事，有小人之事。且一人之身，而百工之所为备，如必自为而后用之，是率天下而路也。故曰：或劳心，或劳力。劳心者治人，劳力者治于人；治于人者食人，治人者食于人，天下之通义也。

"当尧之时，天下犹未平，洪水横流，泛滥于天下，草木畅茂，禽兽繁殖，五谷不登，禽兽逼人，兽蹄鸟迹之道交于中国。尧独忧之，举舜而敷治焉。舜使益掌火，益烈山泽而焚之，禽兽逃匿。禹疏九河，瀹济漯而注诸海；决汝汉，排淮泗而注之江。然后中国可得而食也。当是时也，禹八年于外，三过其门而不入，虽

欲耕，得乎？

“后稷教民稼穑，树艺五谷，五谷熟而民人育。人之有道也，饱食、暖衣、逸居而无教，则近于禽兽。圣人有忧之，使契为司徒，教以人伦：父子有亲，君臣有义，夫妇有别，长幼有序，朋友有信。放勋曰：‘劳之来之，匡之直之，辅之翼之，使自得之，又从而振德之。’圣人之忧民如此，而暇耕乎？

“尧以不得舜为己忧，舜以不得禹皋陶为己忧。夫以百亩之不易为己忧者，农夫也。分人以财谓之惠，教人以善谓之忠，为天下得人者谓之仁。是故以天下与人易，为天下得人难。孔子曰：‘大哉尧之为君！惟天为大，惟尧则之。荡荡乎，民无能名焉。君哉舜也！巍巍乎，有天下而不与焉。’尧舜之治天下，岂无所用其心哉？亦不用于耕耳。

“吾闻用夏变夷者，未闻变于夷者也。陈良，楚产也，悦周公、仲尼之道，北学于中国。北方之学者，未能或之先也。彼所谓豪杰之士也。子之兄弟事之数十年，师死而遂倍之。昔者孔子没，三年之外，门人治任将归[7]，入揖于子贡，相向而哭，皆失声，然后归。子贡反，筑室于场，独居三年，然后归。他日，子夏、子张、子游以有若似圣人，欲以所事孔子事之，强曾子。曾子曰：‘不可。江汉以濯之，秋阳以暴之，皜皜乎不可尚已[8]！’今也南蛮鴃舌之人，非先王之道，子倍子之师而学之，亦异于曾子矣。吾闻出于幽谷迁于乔木者，未闻下乔木而入于幽谷者。鲁颂曰：‘戎狄是膺，荆舒是惩[9]。’周公方且膺之，子是之学，亦为不善变矣。”

“从许子之道，则市贾不二[10]，国中无伪。虽使五尺之童适市，莫之或欺。布帛长短同，则贾相若；麻缕丝絮轻重同，则贾相若；五谷多寡同，则贾相若；屦大小同，则贾相若。”

曰：“夫物之不齐，物之情也。或相倍蓰，或相什百，或相千万。子比而同之，是乱天下也。巨屦小屦同贾，人岂为之哉？从许子之道，相率而为伪者也，恶能治国家？”

○ 品画鉴宝　驷马图·秦　画面描绘的是四匹马同驾一辆车的情景。四马皆为枣红色，均呈奋蹄奔驰状。车为单辕，方形车箱，黑色伞状盖。

有一个叫许行的人专门发挥了神农氏的一些理论学说，他从楚国到了滕国，登门拜见滕文公说："我在远方就听说您正在施行仁政来治理国家，很想定居下来做您的臣民。"滕文公答应了他。他的几十个徒弟，都穿着粗麻衣服，靠打草鞋、织竹席维持生活。

陈良的门徒陈相和弟弟陈章扛着犁、锄等农用工具，从宋国来到滕国，对滕文公说："听说您按照古代圣人的方式治理国家，您也就是所谓的圣人了，我们愿意做圣人的臣民。"陈相见到许行非常高兴，完全丢掉原先的学问而跟随许行学习他的学说。

陈相拜见孟子，转述许行的话说："滕文公是一位好君主。虽然如此，但并没有理解仁政的根本道理。贤德君主应该和老百姓一起劳动来获取食物，用早晚吃饭的时间来管理国家就可以了。可是现在滕文公有自己的粮食府库，这是在压榨老百姓来养活自己，这怎么能算是贤德呢？！"

孟子问道："许行是自己种粮食来养活自己的吗？"

陈相回答道："是。"

孟子问道："许行是自己织布来做衣服穿吗？"

陈相回答道："不是，他穿的是粗麻衣服。"

孟子问道："许行戴帽子吗？"

陈相回答道："戴。"

孟子问道："是什么样的帽子？"

陈相回答道："白布帽子。"

孟子问道："是他自己织的布做成的帽子吗？"

陈相回答道："不，是拿自己的粮食换的。"

孟子问道："许行为什么不自己织布做帽子？"

陈相回答道："他需要种地，根本顾不上自己做帽子。"

孟子问道："许行用陶器做饭、用铁工具种地吗？"

陈相回答道："是。"

孟子问道："这些陶器和铁器都是他自己做的吗？"

陈相回答道："不，他是用粮食换的。"

孟子道："用粮食换做饭的陶器和耕种的铁器，他不认为是剥削陶工和铁匠；铁匠和陶工以他们的东西换取粮食，又怎么算是剥削农民呢？许行不制陶炼铁，为什么准备这些东西放在家里用呢？为什么多次与工匠们交易产品呢？他怎么不嫌麻烦呢？"

陈相回答道："这么多的手工产品，当然不能一边耕种田地一边来制造它们。"

孟子说道："治理天下就可以一边种地一边来完成吗？官员有官员的事情，老百姓有老百姓的事情。如果一个人能生产各种产品，什么东西都要自己制造才能使用，那么普天之下的人们都各自忙于满足自己的各种事情，天下不就混乱不堪了吗？所以说：有的人从事的是体力劳动，有的人从事的是脑力劳动。脑力劳动者是治理者，体力劳动者是被治理者；被治理的人供养治理的人，治理的人被人供养，这是通行于天下的道理和准则啊！

"尧统治天下的时候，天下并不太平，洪水不遵循河道而走，到处泛滥成灾，野草杂树肆意生长侵占了人们的田地，飞禽走兽繁衍很多，百姓赖以存活的粮食却年年歉收，鸟禽猛兽侵害人民，它们的活动范围以至于到了人类聚居的地方。尧帝为发生的这一切担忧，于是选派舜出来负责治理工作。舜命令伯益来负责火的事务，伯益把山间杂草及沼泽野草全部烧毁，使危害人民的鸟兽无处藏身只能逃去。舜又命令大禹治水，禹疏通济河、漯河，把这些河水引到海里去，掘开淤塞的汝水、汉水，排通了淮水、泗水，把这些水都引到长江里去。从此老百姓才有了饭吃。在那个时候，大禹八年在外面忙碌，三次路过家门都不进去，紧张到了这种地步，想自己种地获取粮食吃，可能吗？

"后稷教导自己的百姓耕种土地，学会栽培各种谷物，庄稼丰收了，百姓于是得以生存繁衍。人要遵守一定的生存之道，要有饭吃、有衣穿、有房子住，但如

○ 品画鉴宝 长信宫灯 · 西汉

果没有教养，就跟飞禽走兽差不多了。圣人担心的就是这个问题，于是让殷商的祖先契当司徒来负责教导有关人与人之间的行为准则：父子之间要有亲情，君臣之间要有礼义，夫妇之间要恩爱并且有尊卑的差别，老少之间要有先后次序，朋友之间要有信义。放勋曾说过：‘要督促人们认真劳作，要教导、纠正、帮助、扶持每一个人，使每个人都认识到自己的责任、义务，提高自己的德性。’圣人为百姓想了这么多，哪有时间自己来耕作呢？

“尧因为没有像舜这样的人才而感到忧愁，舜因为找不到像皋陶和大禹这样的人才而烦恼。那些认为百亩土地都不容易耕种，整日为此担心的人那不过就是一个普通的农夫。一个人把财物分给别人叫惠，教导别人行善叫忠，找到一个能治理天下的人才叫仁。所以把天下大事交付给别人是件容易的事，但找到一个贤明的人来做好这件事就不容易了。孔子说：‘尧当君主真伟大！天是最伟大的，尧正是按照天意来办事的。他坦荡无私的品德，人民几乎找不到合适的语言来赞颂他！舜真是位好君主啊！拥有整个天下但从不参与具体的政事！’尧舜治理天下，管理人民，为人民费尽心思，难道没有付出心血吗？他们也没有亲自参加耕种。

“我听说过以泱泱大国的思想文化标准去改善提高边远落后的民族，未曾听过以边远落后地区来改变先进地区的。陈良是楚国人，但他向往周公、孔子尊崇的道德规范，来到北方学习，并且在北方也很少有人比他更精通周公、孔子的理论学说，他真是一位令人尊敬的豪杰贤士！你们兄弟二人跟随陈良学了数十年，老师一死你们马上就背叛了老师。想想当年孔子去世后，直到三年之后，他的弟子们才准备回家，拜别子贡时他们还是禁不住放声大哭，之后他们才回去。子贡建造了房舍多守了三年的丧礼后才走。后来的某一天，子夏、子张、子游几个人想按侍奉孔子的礼节来尊敬最像孔子的有若，并勉强曾子这样来做。曾子说：‘这是不可以的。孔子的崇高德行就像曾经在长江、汉水中洗濯过，像在秋天的骄阳下曝晒过一样，他的洁白无瑕谁能比得上呢！’现在，一个像鸟一样叽里咕噜连话都说不清的南蛮之人，动不动就诋毁古代圣贤所崇尚的仁义之道，你们兄弟背叛师门去学习这些东西，和曾子相比，你们的行为差得太远了。我听过鸟儿总是从幽暗的山谷里迁到高大的乔木上来安家，从来没有听过有从光明的树梢上迁徙到幽暗的山谷里的。《诗经·鲁颂》里说：‘攻伐戎和狄，惩处荆和舒。’周公对这样的人都是要前往讨伐的，你们却要向这个许行学习，真是不善于学习！”

陈相说：“依照许行所实行的学说理论，市场上的物价就不会有两样，国家也就没有了虚伪欺诈之事。一个小孩去市场上买东西，也没有谁会欺骗他。布帛长短一样，价格没有差别；麻线丝棉重量一样，价格也都一样；粮食多少一样，价格仍是一样；鞋子大小一样，价格还是一样。”

孟子说：“天下的东西各有各的不同，这就是事物的真实情况！价格相差数倍，甚至十倍百倍，千倍万倍。你非得让它们的价格完全一样，不是故意要扰乱天下吗？大鞋子与小鞋子的价格一样，那还会有谁去做大鞋子？如果真按许行的理论学说实施的话，大家就会争先恐后地做伪，怎么能以这样的理论学说来治理一个国家呢？”

## ◎ 原文注释

〔1〕廛：居住之所。氓：居住郊野的百姓。

〔2〕衣褐，捆屦、织席以为食：穿粗布衣，靠编麻鞋、织草席谋生活。衣，穿。褐，粗布或粗布衣服。捆，编织时敲打使之牢固。屦，草鞋。

〔3〕饔（yōng拥）：早餐。飧（sūn）：晚餐，指熟食。

〔4〕厉民：损害百姓的利益。厉：病。

〔5〕爨（cuàn篡）：烧火做饭。

〔6〕舍：相当于今日方言“啥”，即什么东西，一切东西、所有什物之类。宫中：指家中。

〔7〕治任：准备行李。治，整顿、收拾。任，负担。

〔8〕皜皜(hào hào浩浩)：光明洁白。

〔9〕戎狄：北方异族。膺（yīng莺）：打击。荆舒：南方民族。

〔10〕市贾不二：市场上的价格一致。贾，通“价”。不二，完全一样。

墨者夷之，因徐辟而求见孟子[1]。孟子曰：“吾固愿见，今吾尚病，病愈，我且往见，夷子不来。”

他日，又求见孟子。孟子曰：“吾今则可以见矣。不直，则道不见；我且直之。吾闻夷子墨者，墨之治丧也，以薄为其道也；夷子思以易天下，岂以为非是而不贵也；然而夷子葬其亲厚，则是以所贱事亲也。”

徐子以告夷子。

夷子曰：“儒者之道，古之人若保赤子，此言何谓也？之则以为爱无差等，施由亲始。”

徐子以告孟子。

孟子曰：“夫夷子信以为人之亲其兄之子，为若亲其邻之赤子乎？彼有取尔也。赤子匍匐将入井，非赤子之罪也。且天之生物也，使之一本，而夷子二本故也。盖上世尝有不葬其亲者，其亲死，则举而委之于壑。他日过之，狐狸食之，蝇蚋姑嘬之。其颡有泚[2]，睨而不视。夫泚也，非为人泚，中心达于面目，盖归反蔂梩而掩之[3]。掩之诚是也，则孝子仁人之掩其亲，亦必有道矣。”

徐子以告夷子。

夷子怃然为间[4]，曰：“命之矣[5]。”

○ 品画鉴宝　镂空龙螭纹玉环 · 西汉

属于墨家的夷子通过徐辟求见孟子。孟子说：“我本来是想接见他的，今天我还有病，等病好之后我去看他，夷子就不必过来了。”

过了几天，夷子又想通过徐子求见孟子。孟子说：“我现在可以见他了。见面后如果不说明白些的话，我所主张的道就会表达不出来；因此我就直截了当地说。

我听说夷子是信奉墨家学说的，墨家学说认为，办理丧事只要节俭就好；夷子想把这一观念推广到天下，认为如果不节俭就不合理；然而夷子埋葬他的父母时却是大肆铺张，这不就是用自己鄙视的方式来对待自己的父母吗！”

徐子把这话告诉了夷子。

夷子说：“儒家认为古代贤明的君主爱护自己的百姓就像照顾自己的婴儿一样，这说的是什么意思？我所主张的博爱是没有差别的，对每一个人都要有仁爱之心，具体施行起来从父母开始。”

徐子把夷子的话转告了孟子。

孟子说：“难道夷子真的相信人们会像爱自己弟兄的儿子一样去爱别人家的婴儿吗？他只看到了一方面。婴儿爬到井里去，这不是婴儿的过错（每个人看见了都会给予帮助把他拉回来，由此他就认为博爱是没有差别的）。天下的万事万物，最根本的道理就是它们只有一个本源，就像人只有一个父亲、母亲，人才会爱戴自己的父母，而夷子认为万事万物有两个本源。古代曾经有不埋葬父母的，父母去世后就扔到沟里。过几天一看，发现尸体已经被狐狸吃过了，蝇虫一类的东西仍在上面吸吮。这个人看过之后禁不住额头冒汗，不忍心再去看。额上冒汗，并不是为别人流的，而是内心情感的自然表露，于是回家取来筐子铲子，填土把尸体掩埋了。掩埋父母的做法是对的，一切有仁爱之心的孝子贤人掩埋其父母，必然有他的道理。”

徐子把孟子的话告诉了夷子。

夷子听后，茫茫然不知所终，慢慢地说道：“这正是在教导我啊！”

## ◎ 原文注释

〔1〕因：通过。

〔2〕颡（sǎng 嗓）：额头，脑门。泚（cǐ 此），出汗的样子。

〔3〕蔂（lěi 磊）：很大的笼。梩（lí 梨）：锹、锸一类铲土的工具。

〔4〕怃然：茫然而若失的样子。间：间歇。

〔5〕命：教，教导。

# ·第陆卷·

## [滕文公]下

陈代曰[1]："不见诸侯，宜若小然。今一见之，大则以王，小则以霸。且《志》曰'枉尺而直寻'，宜若可为也。"

孟子曰："昔齐景公田，招虞人以旌[2]，不至，将杀之。志士不忘在沟壑，勇士不忘丧其元。孔子奚取焉？取非其招不往也。如不待其招而往，何哉？且夫枉尺而直寻者，以利言也。如以利，则枉寻直尺而利，亦可为与？昔者赵简子使王良与嬖奚乘，终日而不获一禽。嬖奚反命曰[3]：'天下之贱工也。'或以告王良。良曰：'请复之。'强而后可。一朝而获十禽。嬖奚反命曰：'天下之良工也。'简子曰：'我使掌与女乘。'谓王良，良不可，曰：'吾为之范我驰驱，终日不获一；为之诡遇[4]，一朝而获十。《诗》云：不失其驰，舍矢如破[5]。我不贯与小人乘[6]，请辞。'御者且羞与射者比，比而得禽兽，虽若丘陵，弗为也。如枉道而从彼，何也？且子过矣，枉己者，未有能直人者也。"

陈代说："不拜见诸侯，似乎是拘泥于小节；今日一见诸侯，从大处讲可以辅佐诸侯称王，从小处讲可以辅佐诸侯称霸。况且《志》上说：'缩着的时候只有一尺那么长，伸开就有八尺那么长了。'看来我与诸侯合作还是可行的。"

孟子说："以前齐景公打猎的时候，用旗子召唤猎场侍从人员，但这个人并未应召前来，齐景公大怒准备杀他。有志气的人不怕横尸沟壑，有勇气的人不怕牺牲。孔子肯定这个小官的哪一点呢？是在于他不听从那种不正确的召唤方式。要是没有受到君主的召请便主动前往，这又算是什么行为？你所说的缩着一尺伸开一寻的说法，只是从个人的利益上来考虑。如果仅仅考虑个人利益的话，缩着一寻伸开一尺也是可以的吗？过去晋国的大臣赵简子命令王良给他宠爱的奚驾车，一整天也没有射到一只鸟。奚回去同赵简子说：'王良是天下最差的驭者。'有人告诉了王良，王良便跟奚说：'再去一次。'奚经王良一再要求才同意去，这一次一个早晨便射下了十只鸟。回来后奚又对赵简子说：'王良是天下最好的驭者。'赵简子说：'那我派王良专门给你驾车。'王良得到命令后并不执行，说：'第一次我按照驾车的规范，结果一只鸟也没有射到；第二次我驾着车胡乱奔跑，反而射到了十只鸟，这是不正常的。《诗经·大雅·车攻》篇里说：驾驶车子正确奔驰，射出的箭就一定能命中目标。我不习惯与小人同在一辆车上，我请求辞去。'驾车的人不愿与下贱的射手合作，因为他感到那是耻辱，即使能够猎获堆积如山的禽兽也坚决不去做。若是委屈自己的理想信念去依从别人，这又是为什么呢？你的最大过错就是扭曲自己的信念，这样的话决不可能让别人正直的。"

## ◎ 原文注释

〔1〕陈代：孟子的弟子。

〔2〕旌（jīng 京）：饰以羽毛的旗子。

〔3〕嬖奚：小臣，名叫奚，十分受宠。

〔4〕诡遇：不按规则驾驭。

〔5〕不失其驰，舍矢如破：按规矩驾车，箭一放出就能射中目标。舍矢，放箭。破，击中。

〔6〕贯：同“惯”，习惯。

**景春曰[1]：“公孙衍[2]、张仪岂不诚大丈夫哉[3]？一怒而诸侯惧，安居而天下熄。”**

**孟子曰：“是焉得为大丈夫乎？子未学礼乎？丈夫之冠也，父命之；女子之嫁也，母命之，往送之门，戒之曰：‘往之女家，必敬必戒，无违夫子。’以顺为正者，妾妇之道也。居天下之广居，立天下之正位，行天下之大道[4]。得志，与民由之；不得志，独行其道。富贵不能淫，贫贱不能移，威武不能屈，此之谓大丈夫。”**

景春说：“公孙衍、张仪难道不是真正的大丈夫吗？他们一发怒各国君主都恐惧不安，他们如果安静，天下就会太平无事。”

孟子说：“这怎么算是大丈夫呢？你没有学过礼仪制度吗？男子举行成人礼的时候，父亲要教导他一些成人之后应该遵守的道德规范；女儿出嫁的时候，母亲要教导她一些做人妻应该遵循的规则，送女儿出门时，告诫她说：‘到了婆家，要恭敬谨慎，不要违抗丈夫的命令。’以顺从为正确的行为准则，这就是妇女做人的道德规范。居住在天底下最宽广的大屋子‘仁’里，站立在最正直的位置‘礼’上，行走在天下最光明的大道上。得志时与民众相处融洽和谐，不得志时仍要坚守自己的道德信念。身处富贵之中不迷乱本性，身处贫贱之中不改变志向，在威武的势力下不卑躬屈膝，这样才可算做大丈夫。”

○ 品画鉴宝　兽纹壶·商

### ◎ 原文注释

〔1〕景春：人名。战国时纵横家。

〔2〕公孙衍：人名，魏国著名的说客。

〔3〕张仪：战国纵横家代表人物，曾游说六国服从秦国。

〔4〕广居：比喻仁。正位：比喻礼。大道：比喻义。

**周霄问曰："古之君子仕乎？"**

**孟子曰："仕。《传》曰：'孔子三月无君，则皇皇如也[1]；出疆必载质[2]。'公明仪曰：'古之人三月无君则吊。'"**

**"三月无君则吊，不以急乎？"**

**曰："士之失位也，犹诸侯之失国家也。《礼》曰：'诸侯耕助，以供粢盛[3]；夫人蚕缫[4]，以为衣服。牺牲不成，粢盛不洁，衣服不备，不敢以祭[5]。惟士无田，则亦不祭。'牲杀、器皿、衣服不备，不敢以祭，则不敢以宴，亦不足吊乎？"**

**"出疆必载质，何也？"**

**曰："士之仕也，犹农夫之耕也，农夫岂为出疆舍其耒耜哉？"**

**曰："晋国亦仕国也，未尝闻仕如此其急。仕如此其急也，君子之难仕，何也？"**

**曰："丈夫生而愿为之有室，女子生而愿为之有家。父母之心，人皆有之。不待父母之命、媒妁之言[6]，钻穴隙相窥，逾墙相从，则父母、国人皆贱之。古之人未尝不欲仕也，又恶不由其道。不由其道而往者，与钻穴隙之类也。"**

周霄问道："古代那些德才兼备的人就可以入仕当官吗？"

孟子说："可以做官。《传》中说：'孔子三个月没有君主任用他，内心就会感到惶惶不安；离开自己的国家时一定会带着献给所去国家君主的见面礼。'公明仪说：'过去的贤人三个月得不到君主的任用，就要去安慰他。'"

周霄说："三个月不被任用，就该受到慰问安抚，不是太急了点吗？"

孟子说："士大夫失去应有的职务，就如同诸侯国的君主失去了自己的国家一样。《礼》上说：'诸侯国君主亲自参加劳动，这样做是为了生产出用于祭祀的粮食；夫人亲自养蚕缫丝，是为了织出用于祭祀时穿戴的礼服。要是祭祀用的牺牲不肥壮，粮食及器具不干净，礼服不齐备，就不敢进行祭祀。士人失去了自己的土地，也不进行祭祀。'士人没有了职务，那么供应祭祖的粮食、牲畜、器具、礼服等都难以准备充分，也就不能举行祭祀，不举行祭祀，就不能饮宴，一个士人到了这一地步还不该受到安慰吗？"

周霄说："走出自己的国家要带上见面礼，这是什么意思？"

孟子说："士人在仕途上求索，就像是农民耕地一样，农民难道会为了走出自己的国家就扔掉他的耕种工具吗？"

周霄说："魏国也是一个士人求取官职的国度，但没有听说过为了当官就这么着急的。如此急不可待地想当官，而君子却又不轻易做官，这是为什么呢？"

孟子说："男孩生下来父母总想让他有一个很好的家室，女儿生下来父母就想

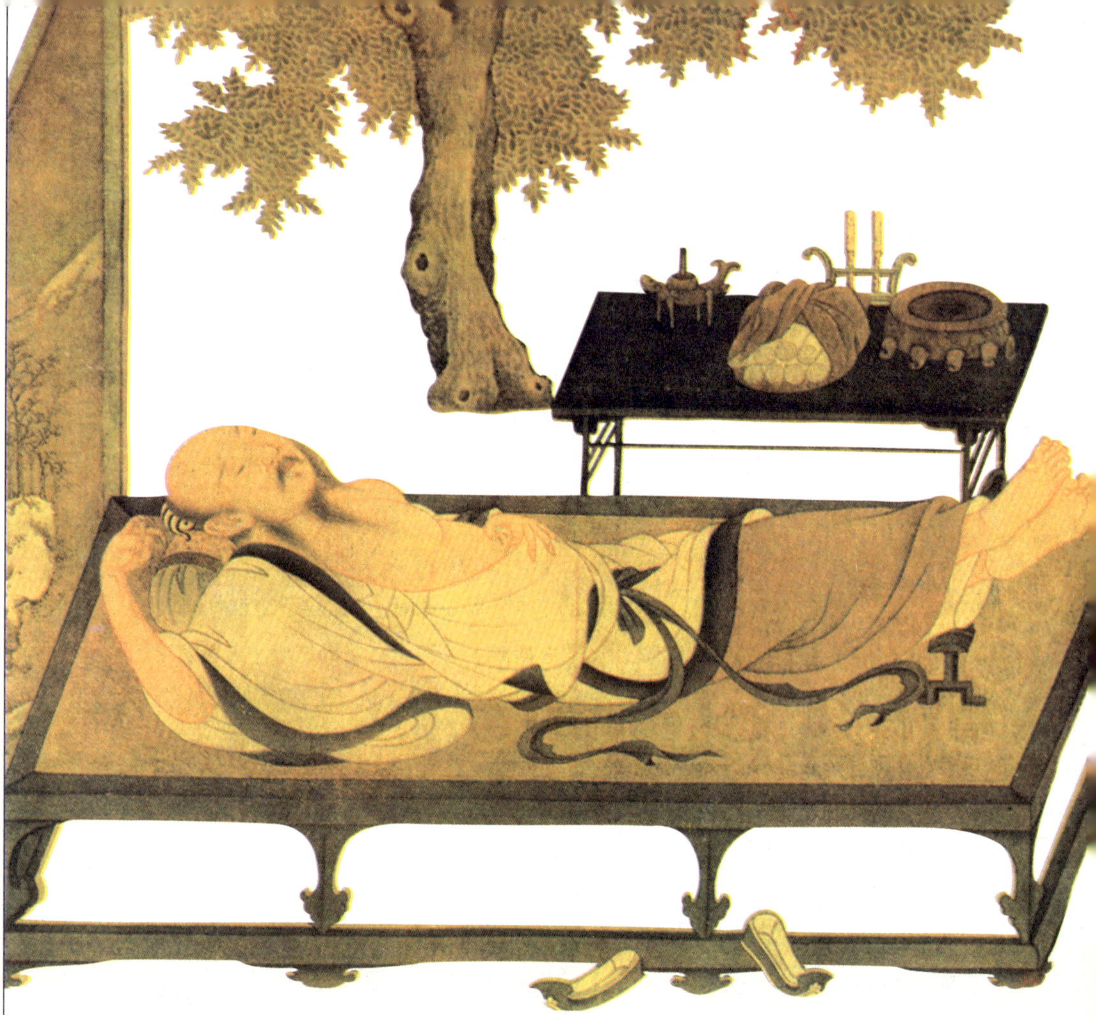

○ 品画鉴宝　槐阴消夏图·宋

让她嫁个好人家。普天之下的父母都有同样的心愿。要是子女不等父母的安排，不经过媒妁从中撮合，就钻墙洞扒门缝互相偷看，甚至爬墙前去相会，那么父母和民众都会鄙视他们。过去的贤明士人并不是不想在仕途上奔波求索，只是不喜欢违背谋取仕途通达的正确方式。如果通过不正当的手段来谋取一官半职，这就跟那些钻墙洞扒门缝的无耻之徒一样了。”

## ◎ 原文注释

〔1〕皇皇如也：忧伤焦急的样子。〔2〕质：同“贽”（zhK）或“挚”，初次相见时表示诚意的礼物。〔3〕粢盛（zī chéng 资成）：古时的祭品。〔4〕缫（sāo 骚）：抽茧出丝。〔5〕牺牲不成，粢盛不洁，衣服不备：用来祭祀的牲畜不肥壮，谷物不清洁，祭祀服不齐备。〔6〕媒妁（méi shuò 梅朔）：介绍婚姻的人。

**彭更问曰[1]：“后车数十乘，从者数百人，以传食于诸侯[2]，不以泰乎[3]？”**

**孟子曰：“非其道，则一箪食不可受于人；如其道，则舜受尧之天下，不以为泰，子以为泰乎？”**

**曰：“否。士无事而食，不可也。”**

**曰：“子不通功易事，以羡补不足[4]，则农有余粟，女有余布；子如通之，则梓、匠、轮、舆皆得食于子。于此有人焉，入则孝，出则悌，守先王之道，以待后之学者[5]，而不得食于子。子何尊梓、匠、轮、舆，而轻为仁义者哉？”**

**曰：“梓、匠、轮、舆，其志将以求食也；君子之为道也，其志亦将以求食与？”**

**曰：“子何以其志为哉？其有功于子，可食而食之矣。且子食志乎？食功乎？”**

**曰：“食志。”**

**曰：“有人于此，毁瓦画墁[6]，其志将以求食也，则子食之乎？”**

**曰：“否。”**

**曰：“然则子非食志也，食功也。”**

彭更道：“跟随先生的车辆有几十乘，追随的也有几百人，辗转受诸侯国供养，这样是否有些过分？”

孟子说：“如果获取的途径不正当，即使别人给予一篮子干粮也不能接受；遵循一定的道理，即使像舜一样接受尧给予的整个天下也不过分，你认为我的作为过分了吗？”

彭更说：“我没有这样认为。但读书之人不从事具体的生产活动，就享受这样的饮食居所，我觉得还是不应该。”

孟子说：“如果你不与各行各业的劳动者交换产品，补足自己所缺少的东西，那么他们就会有剩余的粮食，女人就会有剩余的布匹；如果你与各种劳动者交换产品，那么伐木的、做家具的、制车轮的、造车厢的人都可以通过这种方式获得他们所需要的食物。有个人在家孝敬父母，出外尊敬长辈，严格遵守前代贤王流传下来的道德伦理规范，并把这些优秀传统教给后来的学子，这样的人却并不从你那里得到好的饮食供给。你为何独独尊重那些木匠工匠，鄙视仁义之人呢？”

彭更说：“各行各业的手工业者，其劳作都是为了获取食物以求生存；读书的贤明人士，其目的不也是为了这个吗？”

孟子说：“你为什么要以目的作为判断高下的标准呢？这些工匠给你办事，对你有一定的功劳，可以供应饭食就供应。那么你是因为他们的目的呢，还是因为他们的功劳呢？”

彭更说："他们的目的。"

孟子说："有个人如果揭了你房上的瓦，弄脏了你新粉刷过的墙，他的目的也是为了得到一定的饮食，你会供给他们吗？"

彭更说："当然不会。"

孟子说："那你不是因为他们的目的而提供食物，而是因为他们所做的具体功效了。"

### ◎ 原文注释

〔1〕彭更：孟子的弟子。〔2〕传食：辗转受人供养。传，同"转"。〔3〕泰：同"太"，过分。〔4〕以羡补不足：用多余的调济不够的。羡，多、盈馀。〔5〕待：等待。亦有人释为"持"，扶持。〔6〕墁（màn 曼）：墙壁的粉饰。

**万章问曰："宋，小国也。今将行王政，齐、楚恶而伐之，则如之何？"**

**孟子曰："汤居亳，与葛为邻[1]，葛伯放而不祀。汤使人问之曰：'何为不祀？'曰：'无以供牺牲也。'汤使遗之牛羊，葛伯食之，又不以祀。汤又使人问之曰：'何为不祀？'曰：'无以供粢盛也。'汤使亳众往为之耕，老弱馈食。葛伯率其民，要其有酒食黍稻者夺之，不授者杀之。有童子以黍肉饷，杀而夺之。《书》曰：'葛伯仇饷。'此之谓也。为其杀是童子而征之，四海之内皆曰：'非富天下也，为匹夫匹妇复仇也。''汤始征，自葛载，'十一征而无敌于天下。东面而征，西夷怨；南面而征，北狄怨。曰：'奚为后我？'民之望之，若大旱之望雨也。归市者弗止，芸者不变。诛其君，吊其民，如时雨降，民大悦。《书》曰：'徯我后，后来其无罚。''有攸不惟臣[2]，东征，绥厥士女，篚厥玄黄[3]，绍我周王见休[4]，惟臣附于大邑周。'其君子实玄黄于篚，以迎其君子；其小人箪食壶浆，以迎其小人。救民于水火之中，取其残而已矣。《太誓》曰：'我武惟扬，侵于之疆[5]，则取于残，杀伐用张，于汤有光。'不行王政云尔；苟行王政，四海之内，皆举首而望之，欲以为君。齐、楚虽大，何畏焉？"**

万章问："宋是一个比较弱小的国家，现在正准备施行仁政；齐、楚两国因此而讨厌，准备用武力讨伐，这该怎么办？"

孟子说："商汤在亳地的时候，与葛国相邻，葛国君主葛伯是个行为放荡而不守礼法的人，他从来不举行祭祀。汤派人去问：'为什么不举行祭祀呢？'葛伯说：'没有牛羊当作牺牲以供祭祀。'汤于是派人送去了牛羊，但葛伯把牛羊杀掉吃了，没有举行祭祀。汤再次派人去问：'为什么还不举行祭祀呢？'葛伯回答说：'我没有祭祀所需要的粮食。'汤派属下百姓去帮助葛伯耕种土地，老弱者负责前往田边送饭。葛伯率领手下士兵在半路上拦截送饭的人，夺取了他们所携带的饭菜，不交者杀死。有一小孩携带着黄米和肉，葛伯杀了小孩，夺走了他所带的饭菜。《尚书》上说：'葛伯憎恨送饭的人。'指的就是这件事。商汤因为小孩被杀而起兵征讨，四海之内的人都说：'汤并不是想搜刮天下的财富，而是要为这些屈死的百姓报仇雪恨。''汤开始统一天下的大业，就是从征讨葛国开始的，'经过十一次战争，天下没有哪个国家可以抵挡汤的征伐。汤率兵向东攻伐，西边的民众就埋怨；汤率兵南征，北边的百姓就埋怨，老百姓纷纷说：'为什么不先来攻伐我们这里呢？'由此可见各国百姓的心情，他们对汤的爱戴就像久旱之后盼望甘霖一样。商汤攻占的地方，商人继续做买卖，农民仍旧耕田种地，只是诛杀暴君，安抚百姓，就像及时雨的到来，百姓极为高兴。

《尚书》上说：‘等到商汤王来后，我们就不必遭受残酷的刑罚了。’又说‘东方有个攸国不愿归顺周朝，周王派兵征讨，去安抚他们国家的百姓，当地的民众用竹篮子盛着黑色、黄色丝绸，请人介绍求见周王，并以得见周王而深感荣幸，衷心归附大周国。’在军队到达之处，贵族用放有黑、黄色丝绸的篮子迎接当官的；平民百姓携带着干粮美酒欢迎周王的士兵。因为周王的军队是来救助民众逃脱水深火热的悲惨境地，只杀那些欺压百姓的残暴君主。《尚书·太誓》上说：‘充分发挥我们的武力，占领他们的国土，抓住那些残暴的统治者加以杀戮，这是比商汤的征伐更光荣的事。’宋国是还没有施行称王于天下的仁政罢了；如果真施行仁政，那么天下的百姓都伸长了脖子在盼着，想拜宋国君主为大王。齐、楚虽然是大国，又有什么好惧怕的呢？”

◎ **原文注释**

〔1〕葛：古国名，在今河南宁陵县北。

〔2〕攸：相当于“所”。惟：为。

〔3〕篚（fěi匪）：筐，篮子，这里是装进筐子，动词。

〔4〕绍：继续，可译为“介绍”。休：美，美善，吉庆。

〔5〕侵于之疆：攻占那于国的疆土。

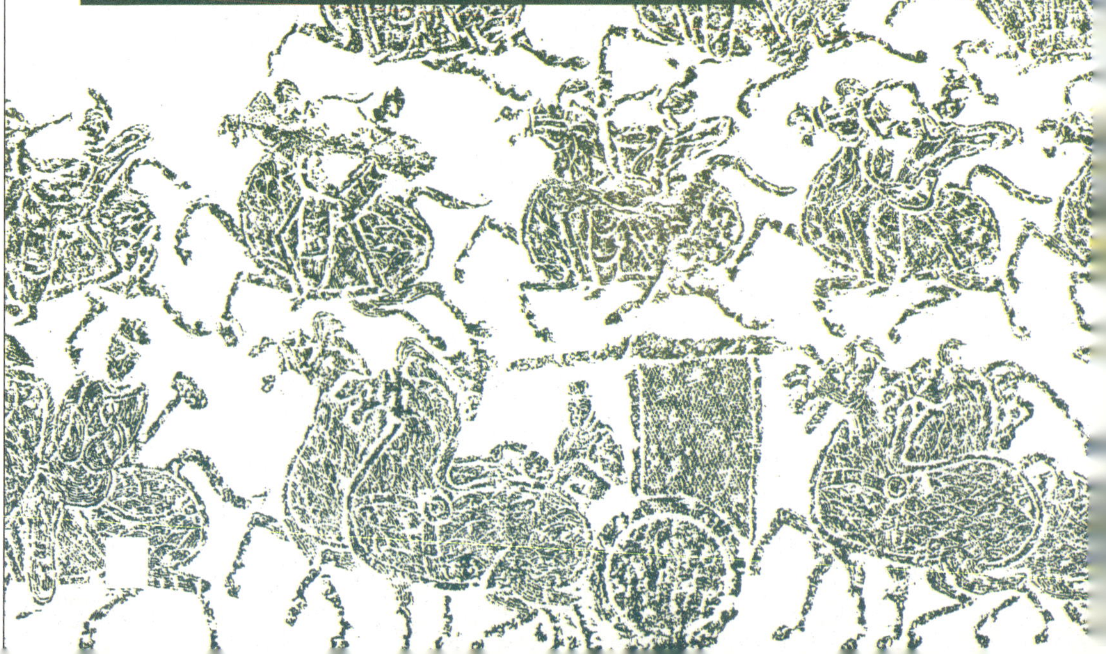

**孟子谓戴不胜曰："子欲子之王之善与？我明告子。有楚大夫于此，欲其子之齐语也，则使齐人傅诸[1]？使楚人傅诸？"**

**曰："使齐人傅之。"**

**曰："一齐人傅之，众楚人咻之[2]，虽日挞而求其齐也，不可得矣。引而置之庄、岳之间数年，虽日挞而求其楚，亦不可得矣。子谓'薛居州，善士也'，使之居于王所。在于王所者，长、幼、卑、尊皆薛居州也，王谁与为不善？在王所者，长、幼、卑、尊皆非薛居州也，王谁与为善[3]？一薛居州，独如宋王何？"**

孟子对宋国大臣戴不胜说："你想让你们的大王达到多行善事吗？我可以明白地告诉你怎么做。有一位楚国的大臣在这里，他想让他的儿子懂得齐国的方言，那么是请齐国人教育他呢，还是请楚国人教他？"

戴不胜说："当然是请齐国人当老师。"

孟子说："如果只有一个齐国人教他，但有好多楚国人纷纷攘攘地整天围在身边说着楚国方言，即使你天天用鞭子抽打着他让他说齐国话，他也是学不会的。如果领他到齐国都城的闹市呆上几年，就是天天鞭打他让他讲楚国的方言，也是同样办不到的。你所说的薛居州，是一个诚实善良的人，因此安排他与宋王一起居住。若是跟宋王同住的老少全是薛居州一样的好人，那么宋王还能和谁干坏事呢？反过来，要是上下左右全是与薛居州完全不一样的人，那宋王又可以和谁一起干好事呢？所以，只是一个薛居州又能对宋王有多大的影响呢？"

**◎ 原文注释**

〔1〕傅：教，做老师。〔2〕咻（xiū休）：喧哗打扰。〔3〕王谁与为善：宋王能和谁一块干好事？

公孙丑问曰："不见诸侯何义？"

孟子曰："古者不为臣不见。段干木逾垣而辟之[1]，泄柳闭门而不内[2]，是皆已甚。迫，斯可以见矣。阳货欲见孔子而恶无礼，大夫有赐于士，不得受于其家，则往拜其门。阳货瞰孔子之亡也[3]，而馈孔子蒸豚；孔子亦瞰其亡也，而往拜之。当是时，阳货先，岂得不见？曾子曰：'胁肩谄笑，病于夏畦[4]。'子路曰：'未同而言，观其色赧赧然，非由之所知也。'由是观之，则君子之所养可知已矣。"

公孙丑问："不去见诸侯有什么道理吗？"

孟子回答："古代不当臣子就不见君主。段干木听说魏文侯来访，赶快爬墙逃跑来躲避；泄柳对待来访的鲁缪公，采取了闭门不见的方式，这两个人就有些太过分了。如果诸侯国君坚决要求相见的话，还是可以相见的。过去鲁国大臣阳货希望孔子来见他，又不愿自己失礼，就想起了礼仪制度的一项规定：即大夫要是对士人有所赏赐，而士人当时没有在家亲自接受的话，过后应到大夫家里去拜谢。所以，当阳货探听到孔子不在家的时候，赠送给孔子一只蒸熟的小猪；孔子也挑了一个阳货不在家的日子前去拜谢。那时，如果阳货非常虔诚恭敬地前去拜访孔子的话，孔子又怎么会不见他呢？曾子说：'强迫自己缩着肩膀给别人媚笑，比夏天在地里干活还难受。'子路说：'跟没有共同语言的人谈话，看着他们一脸羞红的样子，我实在是不理解他们。'由此来看，一个贤德的人应达到什么的修养就非常清楚了。"

○ 品画鉴宝　兽纹鼎·春秋

◎ 原文注释

〔1〕逾：越，越过，跳过。垣：墙，矮墙。

〔2〕内（nà 纳）：同"纳"，接纳。

〔3〕瞰：窥探。

〔4〕胁肩谄笑，病于夏畦：比喻逢迎的丑态。畦（qí 其），动词，指菜圃间划分的行列。

公都子曰[1]：“外人皆称夫子好辩，敢问何也？”

孟子曰：“予岂好辩哉！予不得已也。天下之生久矣，一治一乱。当尧之时，水逆行，泛滥于中国，蛇龙居之，民无所定，下者为巢，上者为营窟[2]。《书》曰：‘洚水警余[3]。’洚水者，洪水也。使禹治之。禹掘地而注之海，驱蛇龙而放之菹[4]；水由地中行，江、淮、河、汉是也。险阻既远，鸟兽之害人者消，然后人得平土而居之。

“尧舜既没，圣人之道衰，暴君代作，坏宫室以为污池，民无所安息；弃田以为园囿，使民不得衣食。邪说暴行又作，园囿、污池、沛泽多而禽兽至。及纣之身，天下又大乱。周公相武王诛纣，伐奄三年讨其君，驱飞廉于海隅而戮之，灭国者五十，驱虎豹犀象而远之，天下大悦。《书》曰：‘丕显哉，文王谟！丕承哉，武王烈！佑启我后人，咸以正无缺。’

“世衰道微，邪说暴行有作，臣弑其君者有之，子弑其父者有之。孔子惧，作《春秋》。《春秋》，天子之事也，是故孔子曰：‘知我者其惟《春秋》乎！罪我者其惟《春秋》乎！’

“圣王不作，诸侯放恣，处士横议[5]，杨朱、墨翟之言盈天下[6]。天下之言，不归杨，则归墨。杨氏为我，是无君也；墨氏兼爱，是无父也。无父无君，是禽兽也。公明仪曰：‘庖有肥肉，厩有肥马，民有饥色，野有饿莩，此率兽而食人也。’杨、墨之道不息，孔子之道不著，是邪说诬民，充塞仁义也。仁义充塞，则率兽食人，人将相食。吾为此惧，闲先圣之道[7]，距杨、墨，放淫辞，邪说者不得作。作于其心，害于其事；作于其事，害于其政。圣人复起，不易吾言矣。

“昔者禹抑洪水而天下平，周公兼夷狄、驱猛兽而百姓宁，孔子成《春秋》而乱臣贼子惧。《诗》云：‘戎狄是膺，荆舒是惩[8]，则莫我敢承[9]。’无父无君，是周公所膺也。我亦欲正人心，息邪说，距诐行，放淫辞，以承三圣者。岂好辩哉？予不得已也。能言距杨、墨者，圣人之徒也。”

公都子说：“别人都说先生您喜欢辩论，请问这是什么原因？”

孟子回答：“我哪里是喜欢辩论啊！我是迫不得已。天下的万事万物总是这样，一段时间安宁，一段时间处于动荡战乱。在尧帝统治的时候，大水横冲直撞，肆意泛滥，大地成了蛇、龙的居处，百姓无处安身，平地上的人像鸟一样在树上安身，山坡上的人就以洞穴为家。《尚书》上说：‘洚水在警告我们。’洚水，就是洪水的意思。天子派大禹治理洪水，禹挖掘河道把洪水引到海里，把盘踞在大地上的蛇、龙赶到长满杂草的沼泽里；大水顺着河道在土地中间流过，就是今天的长江、淮河、黄河、汉水。脱离了恶劣的环境，为害人群的飞禽走兽也消失了，然后人们才得以在平地上安居下来。

“尧、舜去世之后，他们施行的仁政也随之衰微，残暴君主一个接一个地出现，他们毁坏房舍开挖成池塘，百姓无处居住；他们霸占耕地改建成园囿，百姓失去了赖以为生的土地。邪恶的学说、残暴的行为再次兴盛，猎场、池塘、沼泽多了，飞禽走兽就随之来了。到了纣王统治时，天下又混乱起来。周公辅佐武王诛灭了纣王，讨伐奄国经过三年苦战才取得胜利，把飞廉赶到海边才将他杀死，被灭掉的国家共五十个，把虎、豹、犀、象等野兽驱赶到边远的地区，天下人民都非常高兴。《尚书》说：‘伟大啊，文王的教诲！光荣啊，武王的功勋！这些教诲功勋保证我们这些后人正确做事而不犯错误。’

“周朝国力衰微之后，良好的风尚随之消亡，邪说暴行又一次盛行，有大臣犯上作乱弑其君主的，有儿子犯上杀其父亲的。看到这种情况，孔子很担忧，因此写了《春秋》。编著《春秋》，本来是天子的事情，孔子是不得已而为之，所以孔子说：‘理解我的人是因为这部《春秋》，责难我的人也是因为这部《春秋》啊！’

“当今之世圣明君主没有出现，各诸侯国君都放纵不羁，到处游荡的读书人也恣意妄说，杨朱、墨翟的学说占据了主流。人们的思想不是倾向于杨朱学说，就是倾向于墨子学说。杨氏理论的根本是为我，人人都只想着为自己，心中没有君主的概念；墨子学说的根本是兼爱，不加区别地一概爱护，没有父母这一概念。一个人要是没有君主、父母的观念就是禽兽。公明仪说：‘厨房里有肥肉，马棚里有壮马，而百姓面黄肌瘦，城外饿死的人，这是统治者带领着野兽吃人啊！’杨朱、墨子的理论不消除，孔子创建的仁义理论就不能发扬光大，这等于是邪恶理论在蒙蔽百姓，仁义观念被堵塞难以发展。仁义道德不能发扬光大，结果就是放纵野兽吃人，人们也会自我残杀起来。我为这种状况担忧，所以坚决遵循古代圣人的道义，来抗拒杨朱、墨子的邪恶理论，批驳其错误的言论，使邪说无法推广。否则，邪恶观念发自内心，就会危害人们的行为；危害人

○ 品画鉴宝　圣迹之图·明　孔子返鲁，但鲁国不用孔子，孔子也不求仕，只是专心整理文献典籍，修纂《春秋》，以诗书礼义乐教育弟子，培养治国贤才，弟子三千人，身通六艺者七十二人。

们的行动，就会危害执行政务管理。即使圣人再次降临，也不会改变我的观点。

“过去大禹治理洪水使天下太平，周公兼并四方各族、驱除凶猛野兽使百姓才有了安宁，孔子著《春秋》使那些犯上作乱、为害人民的人感到恐惧。《诗经》上说道：‘攻打戎狄，惩处荆舒，就无人敢不遵从我的命令。’没有忠孝思想的蛮夷地区的人，是周公讨伐打击的人。我现在也想端正人们的思想观念，平息各种邪恶理论，抗拒错误的行为，批驳放纵的言论，就是想继承大禹、周公、孔子三位圣人的丰功伟业啊！我哪里是喜欢辩论，实在是迫不得已的啊！能通过辩论来抗拒杨朱、墨子学说的传播流行，是圣人弟子的应尽义务！”

### ◎ 原文注释

〔1〕公都子：孟子的弟子。〔2〕营窟：围绕而居，指挖洞建穴。〔3〕洚水警余：洪水警示我们。洚水，洪水。〔4〕菹（zū租）：多水草的沼泽地带。〔5〕处士：不官于朝而居家者，指有才德而隐居的人。〔6〕墨翟：墨家学派的创始人。〔7〕闲：卫；捍卫、抵御。〔8〕膺（yīng英）：抵御，打击。惩：惩办，处罚。〔9〕承：阻止，抵御。

**匡章曰[1]：“陈仲子岂不诚廉士哉[2]？居於陵，三日不食，耳无闻，目无见也。井上有李，螬食实者过半矣。匍匐往，将食之，三咽，然后耳有闻，目有见。”**

**孟子曰：“于齐国之士，吾必以仲子为巨擘焉[3]。虽然，仲子恶能廉？充仲子之操，则蚓而后可者也。夫蚓，上食槁壤，下饮黄泉。仲子所居之室，伯夷之所筑与？抑亦盗跖之所筑与？所食之粟，伯夷之所树与？抑亦盗跖之所树与？是未可知也。”**

**曰：“是何伤哉？彼身织屦，妻辟纑[4]，以易之也。”**

**曰：“仲子，齐之世家也。兄戴，盖禄万钟。以兄之禄为不义之禄而不食也，以兄之室为不义之室而不居也，辟兄离母，处于於陵。他日归，则有馈其兄生鹅者，己频颇曰[5]：‘恶用是鶂鶂者为哉[6]？’他日，其母杀是鹅也，与之食之。其兄自外至，曰：‘是鶂鶂之肉也。’出而哇之[7]。以母则不食，以妻则食之；以兄之室则弗居，以於陵则居之，是尚为能充其类也乎？若仲子者，蚓而后充其操者也。”**

匡章说：“陈仲子难道不是个廉洁之士吗？他住在於陵，有一次三天没有饭吃，饿得耳朵听不到声音，眼睛看不清东西。这时发现井边上有一个李子，还被蛴螬吃了一大半，陈仲子爬过去，拿起来就吃，咽了三口，耳朵才能听得见声音，眼睛也开始看得见东西。”

孟子说：“在齐国的士人里，我确实觉得陈仲子是独一无二的。尽管如此，他怎么能叫作廉洁呢？以陈仲子的全部操行品德，至多可以排在蚯蚓的后面。你看蚯蚓，爬到上面吞吃泥土和烂草根，钻到底下喝土里的积水，这才是真正的清廉！陈仲子住的房子，是伯夷那样的人盖的呢？还是盗跖那样的人盖的呢？他吃的粮食，是伯夷那样的人种出来的呢？还是盗跖那样的人种的呢？这些都不清楚。”

匡章说：“这有什么关系呢？他自己编草鞋，妻子纺麻线，用它们来换取所需要的东西。”

孟子说：“陈仲子，是齐国的贵族。他的哥哥陈戴在盖地一年的收入就有万钟粮食。陈仲子认为哥哥的俸禄是不义之财就坚决不吃，认为哥哥的房子是不义之室就坚决不住，他避开哥哥，告别母亲，独自住在於陵。有一次他回家，见有人送给哥哥一只活鹅，就皱着眉头说：‘这么一只嘎嘎叫的怪物能做什么？’过了几天，母亲杀了鹅，送了点肉给他吃。哥哥从门外进来，说：‘你刚吃的就是那个嘎嘎叫的怪物的肉！’陈仲子马上跑出去哇哇地吐了。他母亲做的饭就不吃，妻子做的就吃；哥哥的房子就不住，於陵的屋子就住。这样的人还能算是人吗？像陈仲子一样不近人情的蠢物，还是到蚯蚓后面去修炼他的操守吧！”

◎ **原文注释**

〔1〕匡章：人名，战国时齐将，是孟子的好友。

〔2〕诚：真诚，真心。廉：廉洁。

〔3〕巨擘（bō 掰）：大拇指。

〔4〕辟纑：绩麻练麻。纑(lú 卢)：麻缕。

〔5〕频顑（cù 促）：皱眉蹙额，指不愉快。

〔6〕鶃鶃（yì 义）：鹅的叫声。

〔7〕哇：吐。

# · 第柒卷 ·

## [离娄]上

孟子曰：“离娄之明[1]，公输子之巧[2]，不以规矩，不能成方圆；师旷之聪[3]，不以六律[4]，不能正五音[5]；尧舜之道，不以仁政，不能平治天下。今有仁心仁闻，而民不被其泽，不可法于后世者，不行先王之道也。故曰，徒善不足以为政，徒法不能以自行。《诗》云：‘不愆不忘，率由旧章。’遵先王之法而过者，未之有也。圣人既竭目力焉，继之以规矩准绳，以为方圆平直，不可胜用也；既竭耳力焉，继之以六律，正五音，不可胜用也；既竭心思焉，继之以不忍人之政，而仁覆天下矣。故曰：为高必因丘陵，为下必因川泽。为政不因先王之道，可谓智乎？是以惟仁者宜在高位，不仁而在高位，是播其恶于众也。上无道揆也[6]，下无法守也，朝不信道，工不信度[7]，君子犯义，小人犯刑，国之所存者幸也。故曰，城郭不完，兵甲不多，非国之灾也；田野不辟，货财不聚，非国之害也。上无礼，下无学，贼民兴，丧无日矣。《诗》曰：‘天之方蹶，无然泄泄[8]。’泄泄犹沓沓也。事君无义，进退无礼，言则非先王之道者，犹沓沓也。故曰，责难于君谓之恭，陈善闭邪谓之敬，吾君不能谓之贼。”

孟子说：“一个人纵然像离娄那样有超凡的视力，像公输子（鲁班）那样有高明的技巧，如果不用圆规和直尺，也不能画出完美的方形和圆形；一个人纵然有师旷那样灵敏的听力，如果不用六律也不能校正五音；一个人纵然有尧舜那样仁慈的思想道德，他如果不对百姓施行仁政也不能使天下太平。现在只有关于仁爱的思想传闻，但老百姓并没有得到应有的恩惠，也没能做出后代人值得效法的政绩勋业，原因就在于没有真正行使古代贤明君主的治国良策。所以说，单凭善良心地并不能处理好政事，如果没有合适的方法也不能很好地执行。《诗经·大雅·假乐》中说：‘不要违背，不要忘却，一定要遵守先前正确的法规。’一个人遵守古代贤明君主所制定的正确法规而出现差错，这是不可能的事。圣人既然已经竭尽自己的眼力，用圆规、直尺、准绳，造出圆形、方形的东西，这些东西便会用之不尽；圣人既然已经竭尽自己的听力，利用六律来校正五音，这也足够后代的人使用了；圣人既然已经竭尽自己的心力智慧创立了仁慈的政治措施，我们只要将它具体来实施，天下就可以充满仁爱之心了。所以说，修筑高的楼台一定要选择在丘陵上，挖池塘水渠一定要选择沼泽。管理百姓如果不遵循古代圣明君王的法规典章，这能叫聪明吗？所以只有具有仁慈之心的人才适宜处于统治的地位；如果没有仁慈之心的人成为了统治者，他必定会广泛地传播邪恶之念。如果统治治理的人没有一定的道德标准，被领导被治理的人不守法规，朝廷中的人不讲道德信念，工匠们没有一定的法度，贵族们违犯道义，平民们触犯刑律，如果在这种情况下国家还能够生存，这就实在是一件幸运的事。所以说，城墙不完整、坚固，兵士的武器盔甲不锋利、完备，这些都不是国家的灾难；荒地没有开辟，财力物力没有积存，这些也不是国家的灾难。社会上层的治理者不讲礼义，处于社会下层的民众又不培养个人品德，乱民暴徒到处出现逐渐增多，那么这个国家离灭亡也就不远了。《诗经·大雅》中说：'上天正要颠覆王朝时，臣子不要多话。'臣子多话就是放肆随便。臣子不按礼仪信义侍奉自己的君主，处理各种事物不遵守一定的礼制，一开口就非议古代贤明君王所实行的治理方式，这样就是放肆随便。所以说一个人如果能指出君主的错误，就可以称得上是恭；在君主面前多提好的意见，堵塞邪论，这就可以称得上是敬；一个人如果妄言君主不能行施仁政，这就可以称得上是贼。"

○品画鉴宝　龙纹链壶·战国

## ◎ 原文注释

〔1〕离娄：人名，传说是黄帝时代的人，可以在百步外看到细微的东西。

〔2〕公输子：人名，古时著名的建筑工匠。

〔3〕师旷：晋国乐师，古时的音乐家。

〔4〕六律：古以十二律管确定乐音的高低，由低至高的顺序是黄钟、大吕、太簇、夹钟、姑洗、中吕、蕤宾、林钟，夷则、南吕、无射、应钟。其中奇数为阳类，称六律，偶数为阴类，称六吕。

〔5〕五音：音阶名，即宫、商、角、徵（zhǐ 止）、羽。

〔6〕揆（kuí 逵）：度量，考察。

〔7〕度：指的是法度，尺码。

〔8〕泄泄：指多言。

**孟子曰："规矩，方圆之至也；圣人，人伦之至[1]也。欲为君，尽君道；欲为臣，尽臣道。二者皆法尧舜而已矣。不以舜之所以事尧事君，不敬其君者也；不以尧之所以治民治民，贼其民者也。孔子曰：'道二，仁与不仁而已矣。'暴其民甚[2]，则身弑国亡；不甚，则身危国削。名之曰幽、厉，虽孝子慈孙，百世不能改也。《诗》云：'殷鉴不远，在夏后之世。'此之谓也。"**

孟子说："圆规和角尺，是圆形和方形的典范；圣人，是正确处理人与人之间关系的楷模。当君主就应按君主应有的道义来治理天下；当臣子的就应按臣子应有的礼制来辅佐君主。这两方面都应该以尧、舜为学习对象。如果臣子不用舜侍奉尧的态度对待君主，这就是对君主不敬；不用尧管理百姓的方式来治理自己的国家，这就是压迫残害自己的百姓。孔子说：'治国之路只有两条，仁爱与不仁爱罢了。'残酷地压迫百姓，到达一定程度时就会导致自身被杀、国家灭亡；程度轻的也会使国力衰弱宝座不稳。这样的人死后的谥号就是幽或厉，如先前的周幽王和周厉王，即使他们的后代子孙非常有孝心，但幽、厉的名号却永远也不会改掉。《诗经·大雅·荡》中说：'殷商的兴盛与衰亡就像一面镜子，它并不久远，仅仅是在夏代之后。'说的就这个意思。"

## ◎ 原文注释

〔1〕至：极，标准。〔2〕暴：残暴，凶恶。甚：过度，过分。

**孟子曰：“三代之得天下也以仁，其失天下也以不仁。国之所以废兴存亡者亦然。天子不仁，不保四海；诸侯不仁，不保社稷；卿大夫不仁，不保宗庙[1]；士庶人不仁，不保四体。今恶死亡而乐不仁，是犹恶醉而强酒[2]。”**

孟子说：“夏、商、周三代夺取天下的原因就在于施行仁政，这三个国家失去天下的原因也在于不施行仁政。一个国家的兴盛与衰退、存在与消亡也是这样的。天子如果不行仁道就难以保全天下；诸侯不行仁道就会难以保全自己的国家；中央及诸侯国的大臣不行仁道就难以保持自己的地位，士人与平民不守仁义就会自身难保。现在的人们不愿灭亡但又不喜欢讲仁义之道，就好比是怕喝醉却又要勉强喝酒一样。”

### ◎ 原文注释

〔1〕宗庙：供奉祖先的家庙，代指卿大夫的封地。

〔2〕强（qiǎng 抢）：勉强。

○品画鉴宝　斗·商　容酒器。侈口，阔体，颈腹相连，平底，三棱锥形足，口沿立双柱，工艺精湛，形制少见。

**孟子曰："爱人不亲，反其仁；治人不治，反其智；礼人不答，反其敬。行有不得者，皆反求诸己，其身正而天下归之。《诗》云：'永言配命，自求多福。'"**

孟子说："如果我爱护别人，别人却不亲近我，那么我就应该想想自己是否足够仁爱；国君要治理别人，人们却不愿被他治理，那么就应该想想自己的治理方式是否合适；你给别人行礼，人家却不愿意理睬你，那么就应该想想自己对人是否足够尊敬。做任何一件事情，要是没有达到预期的目的和效果，都需要反过来在自己的身上寻找原因，如果自身端正了，推行的又是正确的政策，天下的人都愿归顺你。《诗经·大雅·文王》篇里说：'永远遵从上天的意愿而有万岁之福，那就是他们自己寻求的更多的福泽。'"

○ 品画鉴宝　江山卧游图·清·程正揆

**孟子曰：“人有恒言，皆曰‘天下国家’。天下之本在国，国之本在家，家之本在身。”**

**孟子曰：“为政不难，不得罪于巨室[1]。巨室之所慕，一国慕之；一国之所慕，天下慕之；故沛然德教溢乎四海。”**

孟子说：“人们有句口头语，都说‘天下国家’。天下的根本在国，国的根本在家庭，家庭的根本则在每个人的身上。”

孟子说：“进行政事管理并不困难，只要不与那些贤明的贵族世家相冲突就行了。贵族世家所敬慕的，一国的人都会敬慕；一国的人所敬慕的，天下的人都会敬慕；因此德政就会浩浩荡荡遍及于整个天下。”

◎ **原文注释**

〔1〕巨室：大家，指影响大的世臣大夫之家。

◎品画鉴宝 青釉原始瓷尊·商

**孟子曰：“不仁者可与言哉？安其危而利其菑，乐其所以亡者。不仁而可与言，则何亡国败家之有？有孺子歌曰：‘沧浪之水清兮，可以濯我缨[1]；沧浪之水浊兮，可以濯我足。’孔子曰：‘小子听之！清斯濯缨，浊斯濯足矣，自取之也。’夫人必自侮，然后人侮之；家必自毁，而后人毁之；国必自伐，而后人伐之。《太甲》曰：‘天作孽，犹可违；自作孽，不可活[2]。’此之谓也。”**

孟子说：“跟不仁的人还能有什么话可说的呢？他们看着别人处于危险之中而无动于衷，还趁着别人处于灾难时而大发横财，专门喜欢干那些足以导致自己灭亡的事情。不仁的人如果还能听得进去别人的劝告，怎么还会有国家灭亡、家庭败亡的事情发生呢？以前有几个孩童歌唱道：‘沧浪河的水清澈啊，可用来洗我头上的丝带；沧浪河的水污浊啊，可用来洗我的双脚。’孔子听到后对他的学生们说：‘你们听着！清水可以洗濯头巾，浊水可以用来洗脚，这是由河水自身的特性来决定的啊！’由此可见，一个人自己不懂得去珍重自己的所作所为，才会招致别人的侮辱；一个家庭必是先有自我毁灭的原因，才会招致别人的摧残；一个国家必是先有自取灭亡的迹象，才会招致别的国家的征伐。《尚书·太甲》上说：‘我们对于上天降临的破坏，还可以躲避；对于自己所做的罪孽，却是逃脱不了的。’说的正是这个意思。”

### ◎ 原文注释

〔1〕缨：指系帽子的丝带。

〔2〕活：生存。

○ 品画鉴宝　杏坛弦歌图 · 明 · 诚意

**孟子曰：“桀纣之失天下也，失其民也；失其民者，失其心也。得天下有道[1]：得其民，斯得天下矣。得其民有道：得其心，斯得民矣。得其心有道：所欲与之聚之，所恶勿施尔也。民之归仁也，犹水之就下、兽之走圹也[2]。故为渊驱鱼者[3]，獭也；为丛驱爵者，鹯也[4]；为汤、武驱民者，桀与纣也。今天下之君有好仁者，则诸侯皆为之驱矣。虽欲无王，不可得已。今之欲王者，犹七年之病求三年之艾也[5]。苟为不畜，终身不得。苟不志于仁，终身忧辱，以陷于死亡。《诗》云：‘其何能淑[6]，载胥及溺[7]。’此之谓也。”**

孟子说：“桀、纣失去天下的原因，在于失去了天下百姓的支持；而他们失去百姓支持的原因，是因为失去了百姓的心。获得天下有一个必然的途径：只要得到老百姓的支持和拥护，就会获得天下。获得天下百姓的支持也有一个必由之途：只要获得了民心，就能得到百姓的支持。获取民心也有一个必然的途径：百姓所希望的，尽力去满足他们，并替他们积蓄起来；百姓所厌恶的，千万不能强行施加给他们。老百姓归顺具有德仁之心的君主，就像水往低处流、野兽往野地里奔走一样，是非常正常并且不可阻挡的。所以替水潭驱赶来鱼群的是水獭；替丛林赶来鸟群的是鹰隼；替商汤王、周武王赶来黎民百姓的是暴君夏桀和殷纣。当今之世，如果哪个君主实施了仁政，那么其他的诸侯都是在用自己的暴政替他驱赶来天下的百姓。这样即使你不愿称王于天下，恐怕也是不可能的。但现在那些希望一统天下的，就好比患了七年之久的大病需要用三年的陈艾来调治。如果平时不收集看病的艾草，那么一辈子也得不到。如果现在不下决心施行仁政，就会终身蒙羞受辱，直至死亡。《诗经·大雅·桑柔》篇说：‘他们怎么能够变好些呢？终归难逃淹死的命运。’说的正是这些不行仁政的人。”

### ◎ 原文注释

〔1〕道：方法。〔2〕圹：同“旷”，辽阔宽广。〔3〕驱：驱赶，驱逐。〔4〕鹯(zhān 毡)：一种猛禽。〔5〕艾：一种植物，可供灸病之用。〔6〕淑：善。〔7〕胥：互相。溺：淹死。

○ 品画鉴宝　龙形玉觿·西汉

**孟子曰：“道在迩而求诸远[1]，事在易而求诸难：人人亲其亲、长其长而天下平[2]。”**

**孟子曰：“居下位而不获于上，民不可得而治也。获于上有道：不信于友，弗获于上矣。信于友有道：事亲弗悦，弗信于友矣。悦亲有道：反身不诚，不悦于亲矣。诚身有道：不明乎善，不诚其身矣。是故诚者，天之道也；思诚者，人之道也。至诚而不动者，未之有也。不诚，未有能动者也。”**

孟子说：“道路明明是很近的而偏向远处寻找，事情本来很容易办到却偏偏要用最困难的方法来处理：如果人们都能亲爱自己的亲人，敬爱自己的长辈，那么天下就会太平了。”

孟子说：“职位低下的官吏不能赢得上级的信任和支持，是无法管理好百姓的。赢得上级的信任和支持是有办法的：对朋友守信，如果对朋友不讲信义，就无法取得上级的信任和支持。取信于朋友也是有方法的：爱护自己的亲人，不能侍奉父母让他们高兴，就不能取信于朋友。让父母高兴也是有方法的：就是自己要有诚敬之心，不是发自内心的虔诚和恭敬就不会让父母高兴。要使自己诚挚恭敬也是有办法的：就是要知善知恶，如果不知道什么是善，就不能使自己内心诚挚恭敬。所以诚是上天赋予人的根本品质；追求内心的诚是做人的根本原则。在诚的面前不被感动的人是没有的，没有诚心的人是不会感动别人的。”

## ◎ 原文注释

〔1〕迩：近。

〔2〕亲其亲、长其长：第一个“亲”“长”是动词，后一个“亲”“长”是名词。

**孟子曰：“伯夷辟纣[1]，居北海之滨，闻文王作，兴曰：‘盍归乎来！吾闻西伯善养老者。’太公辟纣[2]，居东海之滨，闻文王作兴，曰：‘盍归乎来！吾闻西伯善养老者。’二老者，天下之大老也，而归之，是天下之父归之也。天下之父归之，其子焉往？诸侯有行文王之政者，七年之内[3]，必为政于天下矣。”**

孟子说：“伯夷为躲避殷纣王，居住在北海边上，听说西方的周文王兴起，就说：‘为何不到他那里去呢！我听说周文王是一个尊重老人的君主。’姜太公为了躲避殷纣王，居住在东海边上，听说西方的周文王兴起，便说：‘为什么不去他那里呢！我听说周文王是个尊重老人的君主。’这两个人是全国最德高望重的老人。这二人归顺了周文王就等于是天下所有的父母长辈全归顺了周文王。既然天下所有的老人都归顺了文王，他们的后代儿孙们又能到哪里去呢？今天诸侯如果能够施行周文王的治国策略，七年之内必然能够掌握统治天下的权力。”

**◎ 原文注释**

〔1〕辟：避。

〔2〕太公：周代齐国的始祖。

〔3〕七年之内：不出七年。

**孟子曰："求也为季氏宰[1]，无能改于其德，而赋粟倍他日。孔子曰：'求非我徒也，小子鸣鼓而攻之可也！'由此观之，君不行仁政而富之，皆弃于孔子者也，况于为之强战！争地以战，杀人盈野；争城以战，杀人盈城，此所谓率土地而食人肉，罪不容于死。故善战者服上刑[2]，连诸侯者次之[3]，辟草莱、任土地者次之[4]。"**

孟子说："孔子的学生冉求担任鲁国大臣季氏的总管，不能提高季氏的品德行为，而征收的赋税却增加了一倍。孔子说：'冉求不再是我的门徒了，学生们可以鸣鼓攻击他。'由此可见，不辅佐自己的君主施行仁政，只会帮助君主搜刮聚集财富的人是被孔子所鄙弃的，更何况那些帮助君主四处征战的人呢！通过战争来取得土地，死人遍布田野；通过战争夺取城池，死人充满街道，这就是通过土地去吃人肉，其罪恶之深连死罪都难以抵消。所以好战的人罪恶最为深重，鼓动诸侯混战的人所受的罪罚稍轻一些，替君主驱使百姓开荒种地，增加赋税掠夺财富的人所受的罪罚再轻一等。"

## ◎ 原文注释

〔1〕求：冉求，孔子学生。

〔2〕服上刑：判以重刑，要受到十分严厉的惩罚。

〔3〕连诸侯：连结诸侯，在此有怂恿的意思。

〔4〕任土地：把土地分给百姓。

◎ 品画鉴室　斧车·东汉

○ 品画鉴宝　桃源问津图 · 清 · 钱彗安

**孟子曰：“存乎人者[1]，莫良于眸子。眸子不能掩其恶。胸中正，则眸子瞭焉[2]；胸中不正，则眸子眊焉[3]。听其言也，观其眸子，人焉廋哉[4]？”**

**孟子曰：“恭者不侮人，俭者不夺人[5]。侮夺人之君，唯恐不顺焉，恶得为恭俭[6]？恭俭岂可以声音笑貌为哉？”**

孟子说：“观察一个人，最好是看他的眼睛。因为眼睛不能掩盖人心中的丑恶。内心正直的人，眼睛是清晰明亮的；内心奸诈，心怀叵测的人，他的眼睛就混浊迷蒙的。一边听他说话，一边观察他的眼睛，这个人心术好坏又怎能掩盖得了呢？”

孟子说：“谦恭的人不会欺侮别人，勤俭的人不会掠夺别人。那些欺侮别人、掠夺别人的君主，唯恐别人不顺从自己，他们又如何能够做到谦恭、节俭呢？难道谦恭待人、勤俭生活的品质，是能凭好听的语言和虚伪的笑容做到的吗？”

## ◎ 原文注释

〔1〕存：考察，观察。〔2〕瞭：光明，明亮。〔3〕眊（mào 帽）：指眼睛朦胧不清。〔4〕廋（sōu 搜）：藏匿，躲藏。〔5〕夺：掠夺。〔6〕恶（wū 乌）：疑问词。为（wéi）：做作，表现。

**淳于髡曰[1]："男女授受不亲，礼与？"**

**孟子曰："礼也。"**

**曰："嫂溺，则援之以手乎？"**

**曰："嫂溺不援，是豺狼也。男女授受不亲，礼也；嫂溺，援之以手者，权也[2]。"**

**曰："今天下溺矣，夫子之不援，何也？"**

**曰："天下溺，援之以道；嫂溺，援之以手——子欲手援天下乎？"**

淳于髡说："男女之间不能直接通过手递接东西，这是礼制的规定吗？"

孟子说："是礼制的规定。"

淳于髡："那么，如果嫂子落到水里，可以伸手去救她吗？"

孟子说："嫂子落在水里，如果不伸手去援助，那这个人就等于是豺狼。接送东西时男女之间不可以亲自用手，这是正常的礼制约束；而嫂子落水后，伸手相拉则是一种变通的办法。"

淳于髡："现在天下的百姓都好比落在水里一般，那您为什么不加以援助呢？"

孟子说："天下的百姓落到水里，我只能用道来加以援助；而嫂子落水则伸手相助就可以——难道你想凭借双手之力来拯救天下的百姓吗？"

### ◎ 原文注释

〔1〕淳于髡：人名，战国时齐国有名的辩士。〔2〕权：权宜，变通。

○ 品画鉴宝 簪花仕女图·唐·周昉

○品画鉴宝　原始青瓷盘口鼎·战国

**公孙丑曰："君子之不教子，何也？"**

**孟子曰："势不行也。教者必以正，以正不行，继之以怒。继之以怒，则反夷矣。'夫子教我以正，夫子未出于正也。'则是父子相夷也[1]。父子相夷，则恶矣。古者易子而教之，父子之间不责善[2]。责善则离，离则不祥莫大焉。"**

公孙丑问："君子不亲自教育自己的儿子，这是什么原因呢？"

孟子回答道："这是由于遇到具体情况的时候君子亲自教育自己的儿子是行不通的呀！教育别人必须要用正确的道理和正确的方式，如果正确的方法达不到应有的效果，施教的人就会对被教育的人发火。一旦发火就会产生一些相反的效果。'您整天教育我应该遵循正确的行为道德规范，您这样却不是正确的道理和正确的方式！'如果这样，父子间就会互相伤害。父子间互相伤害很不好。所以古代的人通过交换孩子来进行教育，使父子间不会为了求好而相互责备。因为要求对方求好而相互责备，就会产生隔阂，父子间产生隔阂是很不吉祥的。"

◎ **原文注释**

〔1〕夷：伤害感情。

〔2〕责善：因为求善而相互责备。

**孟子曰："事孰为大？事亲为大。守孰为大[1]？守身为大。不失其身而能事其亲者，吾闻之矣；失其身而能事其亲者，吾未之闻也。孰不为事？事亲，事之本也；孰不为守？守身，守之本也。曾子养曾皙，必有酒肉。将彻[2]，必请所与；问有余，必曰：'有。'曾皙死，曾元养曾子，必有酒肉；将彻，不请所与；问有余，曰：'亡矣[3]。'将以复进也。此所谓养口体者也。若曾子，则可谓养志也。事亲若曾子者，可也。"**

孟子说："哪一种侍奉最重要呢？侍奉父母最重要。守护什么又是最重要的呢？坚守自己的信念而不陷于不义是最重要的。坚守信念的人能够奉养自己的亲人，这我听说过；品质操守迷失的人能侍奉自己的父母，这我从没听说过。哪个长者不该侍奉呢？赡养侍奉父母，是所有事情中最根本的。哪种好品德不该守护呢？保持自己的信念是所有应该坚持的东西中最根本的。以前，曾子赡养他的父亲，天天都有酒肉；撤下饭菜时，曾子总要请示一下剩下的饭菜给谁；如果曾皙问有无剩余的，曾子肯定回答说'有'。曾皙死后，曾子的儿子曾元赡养曾子同样是天天有酒有肉；撤下饭菜时却不再问剩下的给谁；如果曾子问有无剩余时，曾元回答说'没了。'实际上他是想把多余的留给下次。像这样的做法只是满足了父亲身体上的需求。像曾子却能兼顾父亲感情上的需要。侍奉父母如果能像曾子那样，就完全可以了。"

品画鉴宝 史速角·西周

## ◎ 原文注释

〔1〕守：守护。〔2〕彻：同"撤"，撤除。〔3〕亡（wú 无）：没有。

**孟子曰：“人不足与适也[1]，政不足间也[2]，唯大人为能格君心之非。君仁，莫不仁；君义，莫不义；君正，莫不正。一正君而国定矣。”**

**孟子曰：“有不虞之誉[3]，有求全之毁。”**

孟子说：“没有必要去指责那些当政小人的行为，也没必要去非议他的政务管理，只有那些品格高尚的人才能阻止君主的错误想法。君主如果仁爱，天下没有不仁爱的；君主如果遵守信义，天下人没有不遵循信义的；君主如果正直了，天下没有一个人不正直的。只要君主品行端正，整个天下就会安定。”

孟子说：“人往往会遇到一些意料之外的赞美，也会有求全责备的诋毁。”

### ◎ 原文注释

〔1〕适：同“谪”，指责，谴责。〔2〕间：评论，批评。〔3〕不虞：没料到。虞，预料。

**孟子曰：“人之易其言也[1]，无责耳矣[2]。”**

**孟子曰：“人之患，在好为人师。”**

孟子说：“一个人如果什么都轻易地说出口，就没有必要责备他了。”

孟子说：“人的共同缺点就在于喜欢做别人的老师。”

**◎ 原文注释**

〔1〕易：轻易。〔2〕无责：不值得责备。

**孟子谓乐正子曰：“子之从于子敖来，徒铺啜也[1]。我不意子学古之道，而以铺啜也！”**

**孟子曰：“不孝有三[2]，无后为大。舜不告而娶，为无后也，君子以为犹告也。”**

孟子对乐正子说：“你跟随子敖来到都城，只是口腹之乐罢了。我没想到你整天学习古人，竟然只是为了吃喝而已。”

孟子说：“世上有三种不孝敬父母的表现，其中没有子孙是最严重的。舜没有禀告父母就娶了妻子，那是因为他害怕没有儿子，所以贤明之人都觉得舜不禀告父母就像已经禀告了一样。”

### ◎ 原文注释

〔1〕铺啜（bū chuò 逋绰）：吃喝。

〔2〕不孝有三：即“三不孝”，一是阿意曲从，陷亲不义；二是家贫亲老，不为禄仕；三是不娶无子，绝先祖祀。其中，第三种，即没有子孙是最严重的不孝。

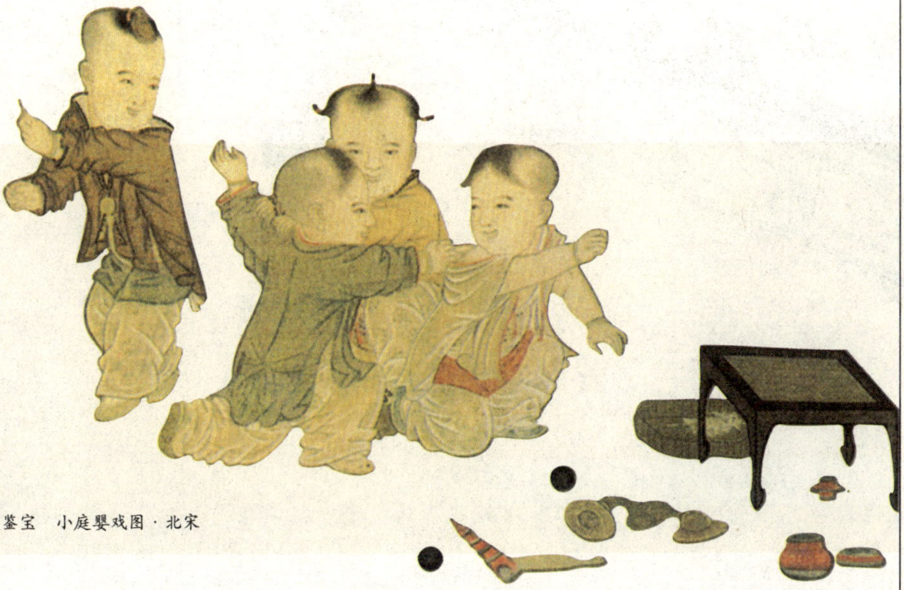

○ 品画鉴宝　小庭婴戏图 · 北宋

○ 品画鉴宝　孝经图 · 南宋 · 马和之

禪授光明心學切要九官公忠萬世大孝

帝舜

○ 舜帝像

舜帝姓姚，传说目有双瞳而取名“重华”，号有虞氏，故称虞舜。由于四岳的推举，尧命舜接替自己首领的职位，并把自己的女儿娥皇和女英许配给他。

**孟子曰：“仁之实[1]，事亲是也；义之实，从兄是也；智之实，知斯二者弗去是也；礼之实，节文斯二者是也[2]；乐之实，乐斯二者，乐则生矣；生则恶可已也，恶可已，则不知足之蹈之，手之舞之。”**

**孟子曰：“天下大悦而将归己[3]，视天下悦而归己，犹草芥也，惟舜为然。不得乎亲，不可以为人；不顺乎亲，不可以为子。舜尽事亲之道而瞽瞍厎豫，瞽瞍厎豫而天下化，瞽瞍厎豫而天下之为父子者定，此之谓大孝。”**

孟子说：“仁的实质是孝敬父母；义的实质是尊从兄长；智的实质是理解仁和义的根本含义并坚持两者，不违背它们；礼的实质是调节这两者，并加以修饰使之更容易实行；乐的实质是喜欢仁和义，这样欢愉就会从中产生；这种欢愉一发生就不会停止，这不会停止的欢愉能使人在不知不觉中手舞足蹈。”

孟子说：“天下百姓极为高兴地愿意归顺自己，轻视天下百姓的归附就如草芥一样，只有舜一人能做到。得不到父母的支持，就难以做人；不依从父母，就难以做子女。舜尽了一个儿子应尽的义务去侍奉自己的父亲瞽瞍，终于使瞽瞍高兴了，瞽瞍高兴了整个天下也就趋于好转，处理父亲与儿子关系的行为准则也就确定下来了，像舜的所作所为就是大孝。”

**◎ 原文注释**

〔1〕实：本质，实质。

〔2〕节文：文饰，调节。

〔3〕大：都。悦：指高兴，喜欢，心悦诚服。

# ·第捌卷·

## [离娄]下

○ 品画鉴宝　镶玉石鸟盖壶 · 西周

**孟子曰："舜生于诸冯，迁于负夏，卒于鸣条[1]，东夷之人也。文王生于岐周，卒于毕郢[2]，西夷之人也。地之相去也，千有余里；世之相后也，千有余岁。得志行乎中国，若合符节[3]。先圣后圣，其揆一也[4]。"**

孟子说："舜出生在诸冯，迁徙到负夏，在鸣条去世，从地理方位上来说舜是东方人。周文王出生在岐周，在毕郢去世，从地理方位上来说周文王是西方人。两个人在地理方位上相距一千多里，时间前后相差一千多年。但二人为王当政，意得志满之时，在国家中所实行的法令制度却像符节一样吻合。以前的圣人和后来的圣人，他们施政的基本准则是一致的。"

### ◎ 原文注释

〔1〕诸冯：与下文的"负夏""鸣条"，皆为地名。

〔2〕岐周：与下文的"毕郢"，都为地名。

〔3〕符节：古时发示印信的两种物件，多以铜、竹、角等制成龙、虎的形状，上面篆刻文字。

〔4〕揆（kuí 逵）：准则，标准。

**孟子告齐宣王曰："君之视臣如手足，则臣视君如腹心；君之视臣如犬马，则臣视君如国人；君之视臣如土芥，则臣视君如寇仇。"**

**王曰："礼，为旧君有服[1]，何如，斯可为服矣？"**

**曰："谏行言听，膏泽下于民[2]；有故而去，则君使人导之出疆，又先于其所往；去三年不反，然后收其田里。此之谓三有礼焉。如此，则为之服矣。今也为臣，谏则不行，言则不听，膏泽不下于民；有故而去，则君搏执之，又极之于其所往[3]；去之日，遂收其田里。此之谓寇仇。寇仇，何服之有？"**

孟子对齐宣王说道："国君视臣子如同自己的手足，臣子自然会将国君看做是自己的腹心；国君视臣子如同狗马，臣子就会把国君看做和一般人没有两样的人；国君如果把臣子当作泥土草芥一般看待，臣子就会把国君看做仇敌。"

宣王问道："礼制规定，离职的臣子应为过去的国君服一定时期的丧服，国君怎样对待臣子，臣子才肯为他服丧服呢？"

孟子回答说："臣子的直言规劝，在国君那里能得到执行；臣子的建议能够被采纳，使君主的恩泽施加于百姓；臣子不得不离开国境时，国君派人引导他出境，而且先派人到臣子要去的国家，做一番布置；臣子离开国家三年不返回这个国家，才没收臣子的田地里居。国君如果能够做到这几件事，这可以称为三有礼。这样，臣子就愿为国君服丧服了。如今，臣子的直言规劝在国君那里不能得到执行，建议国君不听从，政治上的恩泽又不能到达老百姓那里；臣子不得不离开国境时，国君就派人把他捆绑起来，并且先派人到臣子要去的地方让他受尽穷困；臣子一离开国家，国君就会立即没收他的田地房屋。这样的国君，就可以称作是如敌寇仇家。对敌寇仇家一样的国君，臣子哪会为他服丧服呢？"

**◎ 原文注释**

〔1〕旧君：已死去的君主。有服：服孝。〔2〕膏泽：指恩惠。〔3〕极：困，穷。是说处境十分困难。

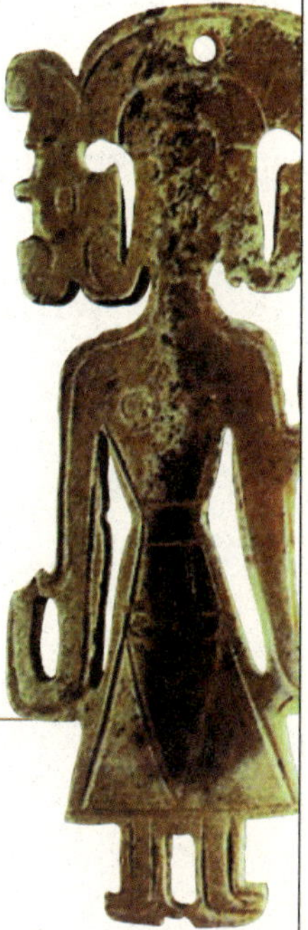

○ 品画鉴宝　龙凤冠人形玉佩 · 商

**孟子曰："无罪而杀士，则大夫可以去[1]；无罪而戮民，则士可以徙[2]。"**

**孟子曰："君仁，莫不仁；君义，莫不义。"**

**孟子曰："非礼之礼，非义之义，大人弗为。"**

孟子说："士人无罪而被杀，大夫可以离开这个国家；老百姓无罪而被杀，士人可以离开这个地方。"

孟子说："国君以仁为政，举国上下没有人不以仁行事的；国君以义为政，举国上下没有人不以义行事的。"

孟子说："不符合礼的'礼'，不符合义的'义'这些是有德行的君子所不做的。"

## ◎ 原文注释

〔1〕去：离，离开。

〔2〕徙（xǐ 洗）：迁移。

孟子曰：“中也养不中，才也养不才[1]，故人乐有贤父兄也。如中也弃不中，才也弃不才，则贤不肖之相去，其间不能以寸[2]。”

孟子说：“道德品质良好的人去教化那些道德品质不好的人；有才能的人去教化那些没有才能的人，所以人人都喜欢自己有贤能的父兄。如果道德品质良好的人，不去教育熏陶道德品质不好的；有才能的人，不去教育熏陶没有才能的人，那么贤能的人与不贤能的人它们之间的距离也就相近得不能以寸来计算了。”

◎ 原文注释

〔1〕中也养不中，才也养不才：是说前者不去教化后者，那就是放任不管，随其自流。

〔2〕不能以寸：不能用分寸去衡量了。

○ 品画鉴宝　变形几何纹尊 · 春秋

孟子曰：“人有不为也，而后可以有为。”

孟子曰：“言人之不善，当如后患何？”

孟子曰：“仲尼不为已甚者[1]。”

孟子说：“人只有对某些事情舍弃不干，然后才能有所作为。”

孟子说：“到处宣扬人家的不好，后患来时，该如何是好呢？”

孟子说：“孔子做人做事都不会过分。”

◎ 原文注释

〔1〕已：过分，过头。

○品画鉴宝　人物图·清·任熊

品画鉴宝　双龙谷纹玉璧·西汉

**孟子曰："大人者，言不必信，行不必果，惟义所在。"**

**孟子曰："大人者，不失其赤子之心者也[1]。"**

**孟子曰："养生者不足以当大事，惟送死可以当大事。"**

孟子说："有德行的人所说的话不一定句句都守信，所做的事情不一定每一件都贯彻执行，只要与义的道理不相违背，依照义的规范来行事就可以了。"

孟子说："有德行的人是那些能保持婴儿般天真纯朴的人。"

孟子说："奉养父母双亲不能看做是什么大事，只有按照礼的规定给父母送终，这才可以算得上是一件大事。"

## ◎ 原文注释

〔1〕赤子之心：专指纯洁单一，没有虚伪之念的心性。赤子，初生的婴儿。

**孟子曰："君子深造之以道，欲其自得之也。自得之，则居之安；居之安，则资之深；资之深，则取之左右逢其原，故君子欲其自得之也。"**

孟子说："君子遵循正确的方法来深造，这样就可以使自己获得道理。自己获得的道理，才可以牢固地掌握它而不产生动摇；不动摇才能积蓄得深厚；积蓄得深厚，才能取之不尽，左右逢源；所以君子要通过自己的努力来获得道理。"

○ 品画鉴宝　山窗研读图·清·原济

**孟子曰："博学而详说之，将以反说约也[1]。"**

**孟子曰："以善服人者，未有能服人者也；以善养人，然后能服天下。天下不心服而王者，未之有也。"**

**孟子曰："言无实不祥。不祥之实，蔽贤者当之。"**

孟子说："博学多问，详细地解说，然后融会贯通才能达到简约不繁地来述说大义的地步。"

孟子说："拿善来使人心服口服，这样做是不能够使人心服的；只有通过善的行为来教育人熏陶人，才能使天下所有的人心服口服。不能够使天下所有的人心服口服而能够统治天下的，那是从来没有过的事情。"

孟子说："言谈中没有什么实际内容，言不及义，这是不好的。这种不好的后果由阻碍贤者畅谈大义的人来承担。"

## ◎ 原文注释

〔1〕将以反说约也：是说在博学基础上能够提炼要点和大义。将，将要。约，提炼。

○ 品画鉴宝　圣迹之图 · 明　公元前484年，鲁国派人携礼物请孔子回国。孔子结束了周游列国的行程，回到鲁国。

**徐子曰：“仲尼亟称于水，曰：‘水哉，水哉[1]！’何取于水也？”**

**孟子曰：“源泉混混[2]，不舍昼夜，盈科而后进[3]，放乎四海。有本者如是，是之取尔[4]。苟为无本，七八月之间雨集，沟浍皆盈，其涸也，可立而待也。故声闻过情[5]，君子耻之。”**

徐子说：“孔子总是对水称道不已，常常感叹道：‘水啊，水啊！’对于水，孔子取它哪一点呢？”

孟子说：“泉水有本源，它汩汩而流，不分白天与黑夜，永不停息，把沟坎低洼之处注满之后，然后又继续向前奔流，最后归于浩瀚的大海中。有本有源的诸多事物都是这样，孔子得到的启示正是从这一点而来的。没有本源的事物，如七八月间的雨水，虽然能使大小沟渠注满，但它干涸也是很快的。所以名誉超过了实际，君子会把它当作羞耻。”

### ◎ 原文注释

〔1〕水哉，水哉：孔子赞叹水的话。〔2〕混混：水流大的样子。〔3〕盈：满。科：坎，洼地。〔4〕是之取尔：取这个而已。〔5〕声闻：名誉，名声。

○品画鉴宝　溪山飞瀑图·清·吴又和

**孟子曰："人之所以异于禽兽者几希，庶民去之，君子存之。舜明于庶物，察于人伦，由仁义行，非行仁义也。"**

孟子说："人和禽兽的不同之处只有那么一点，一般百姓都丢弃了它，而君子却保持住它。舜懂得世间一般事物的道理，了解人与人之间的常情，于是能够依照仁义之道来行事，而不是把仁义当作一种手段来使用。"

○ 品画鉴宝　牛尊 · 西周

**孟子曰："禹恶旨酒而好善言[1]。汤执中，立贤无方[2]。文王视民如伤，望道而未之见。武王不泄迩，不忘远。周公思兼三王，以施四事[3]；其有不合者，仰而思之，夜以继日；幸而得之，坐以待旦。"**

孟子说："大禹对美酒有厌恶之感，而对好的有价值的言论极为喜欢。商汤能够秉持中正之道，任用贤能之人不依照一定的常规。周文王对待老百姓，就像他们受到过伤害一样，只加以抚慰而不去侵扰他们，看见了"道"就如同没有看到一样。周武王不轻待朝中的大臣，不慢待朝廷之外的四方之臣。周公学习夏、商、周三代的君王，实现大禹、商汤、周文王、周武王曾经有过的盛事；如果同眼前有不符合的，就会仰面而思，夜以继日地思考；如果能够幸运地想通了一些，就会坐起来等待天亮，去实施自己所想好的内容。"

### ◎ 原文注释

〔1〕旨酒：美酒。〔2〕无方：没有常规。方，常规，常法。〔3〕施：实践。

◎品画鉴宝 鹿纹瓦当·战国

孟子曰："君子之泽五世而斩[1]，小人之泽五世而斩。予未得为孔子徒也，予私淑诸人也[2]。"

孟子曰："可以取，可以无取，取伤廉；可以与，可以无与，与伤惠；可以死，可以无死，死伤勇。"

孟子说："君子的道德风尚经过五代之后就会消失，小人的道德风尚经过五代之后也会消失。我没有成为孔子当时的门徒，我是私下从别人那里学习到孔子的道德风尚的。"

孟子说："可以取，也可以不取，取了就会损害廉洁；可以给，也可以不给，给了就会伤及恩惠的本义；可以死，也可以不死，死了就会有损于勇敢的本义。"

◎ **原文注释**

〔1〕泽：指对后代的影响。斩：断。〔2〕淑：取，学。

**逢蒙学射于羿[1]，尽羿之道，思天下惟羿为愈己[2]，于是杀羿。孟子曰：“是亦羿有罪焉。”**

**公明仪曰：“宜若无罪焉。”**

**曰：“薄乎云尔，恶得无罪？郑人使子濯孺子侵卫，卫使庾公之斯追之。子濯孺子曰：‘今日我疾作，不可以执弓，吾死矣夫！’问其仆曰：‘追我者谁也？’其仆曰：‘庾公之斯也。’曰：‘吾生矣。’其仆曰：‘庾公之斯，卫之善射者也；夫子曰吾生，何谓也？’曰：‘庾公之斯学射于尹公之他，尹公之他学射于我。夫尹公之他，端人也，其取友必端矣。’庾公之斯至，曰：‘夫子何为不执弓？’曰：‘今日我疾作，不可以执弓。’曰：‘小人学射于尹公之他，尹公之他学射于夫子。我不忍以夫子之道反害夫子。虽然，今日之事，君事也，我不敢废。’抽矢，扣轮，去其金，发乘矢而后反[3]。”**

逢蒙跟随羿学习射箭，学到了羿的射箭之术，便认为天下能超过自己的只有羿一个人，于是杀死了羿。孟子说：“羿有他的罪过。”

公孙仪说：“羿好像并没有罪过。”

孟子说：“只是罪过不大罢了，怎么能说他没有罪过呢？郑国曾派子濯孺子这个人侵略卫国，卫国便派庾公之斯这个人去追击他。子濯孺子说：‘今天我病了，连弓都拿不起来了，我看来活不成了！’又问驾车的人：‘追击我的是谁？’驾车的人回答说：‘是庾公之斯。’子濯孺子说道：‘我可以活命了。’驾车的人问道：‘庾公之斯是卫国最善于射箭的，您为什么说可以活命了啊？’子濯孺子说道：‘庾公之斯的箭术是从尹公之他那里学来的，尹公之他是从我这里学习的。尹公之他是个正派人，他的学生也一定是个正派人。’庾公之斯追上子濯孺子，看到子濯孺子没有拿起弓，就问道：‘先生您为什么不拿弓呢？’子濯孺子说：‘今天我病了，拿不起弓。’庾公之斯说：‘我跟从尹公之他学习射箭，尹公之他又跟从您学习射箭。我不忍心用先生您传授的箭术来伤害您。即便如此，今天你我之间的事情仍是国家公事，我不敢置之不顾。’于是他抽出箭，向车轮敲了几下弄去了箭头，射了四箭之后就返回去了。”

### ◎ 原文注释

〔1〕逄（pāng 逄）蒙：又作蓬蒙，羿的学生，后来帮助寒浞杀羿。

〔2〕羿：夏代有穷国的君主，善射。

〔3〕乘矢：指四支箭。乘，一辆车。古时四匹马拉一辆车。

**孟子曰：“天下之言性也[1]，则故而已矣。故者以利为本。所恶于智者，为其凿也[2]。如智者若禹之行水也，则无恶于智矣[3]。禹之行水也，行其所无事也。如智者亦行其所无事，则智亦大矣。天之高也，星辰之远也，苟求其故，千岁之日至[4]，可坐而致也。”**

孟子说：“天下都在讨论人性问题，关键是弄清人性所以然的问题就可以了。人性所以然这个问题是以顺其自然为根本的。我之所以厌恶耍弄聪明，因为聪明容易使人穿凿附会。如果聪明人能像禹疏导洪水那样使之顺畅地归入大海，那就不必厌恶聪明了。禹疏导洪水使之顺畅，这就是不穿凿附会顺其自然。如果聪明人能不穿凿附会顺其自然，那聪明也就不小了。天那么高，星辰那么遥远，只要弄清它们以往运动的规律，那么千年以后的冬至也可以坐着推测出来了。”

### ◎ 原文注释

〔1〕性：人的本性。〔2〕凿：穿凿附会。〔3〕恶：厌恶，讨厌。〔4〕日至：节令或冬至。

○ 品画鉴宝　治水石刻画 · 夏

**孟子曰："君子所以异于人者，以其存心也。君子以仁存心，以礼存心。仁者爱人，有礼者敬人。爱人者，人恒爱之；敬人者，人恒敬之。有人于此，其待我以横逆[1]，则君子必自反也：我必不仁也，必无礼也，此物奚宜至哉[2]？其自反而仁矣，自反而有礼矣，其横逆由是也，君子必自反也：我必不忠。自反而忠矣，其横逆由是也，君子曰：'此亦妄人也已矣。如此，则与禽兽奚择哉？于禽兽又何难焉？'是故君子有终身之忧，无一朝之患也。乃若所忧则有之：舜，人也；我，亦人也。舜为法于天下，可传于后世，我由未免为乡人也，是则可忧也。忧之如何？如舜而已矣。若夫君子所患则亡矣。非仁无为也，非礼无行也。如有一朝之患，则君子不患矣。"**

孟子说："君子和常人不同之处在于居心不同。君子的心中有仁，心中有礼。有仁心的人懂得爱别人，有礼的人懂得尊敬别人。以仁爱对待别人的人，别人会去爱他；懂得尊敬别人的人，别人会尊敬他。现在有一个人对我强暴无理，那么作为君子一定会自我反省：我肯定有不仁和无礼的地方，不然那人怎么会以强暴无理的态度对待我呢？如果反省以后认为自己确实是仁，确实有礼，那人的态度依然没有什么改变，君子一定会再反省自己是不是不忠。如果反省之后，认为自己确实忠心，那人的态度还没有改变，那么君子会说：'这个人不过是个蛮不讲理的人，那他这样同禽兽还有什么区别呢？对于像禽兽一样的人又有什么可责难的呢？'所以君子有终生的忧虑，却没有突然而来的担心。这样的忧虑是一直存在于内心的：舜是人，我也是人。舜是天下人的楷模，名传千古，我却不免是个普通人，这是一件让人忧虑的事情。忧虑之后该怎么办呢？应该尽心尽力向舜学习。那么君子别的也就自然没有什么可忧虑的。不做不仁的事情，不做不合礼仪的事情，即使有突然而来的祸患，君子也不会为之担心了。"

### ◎ 原文注释

〔1〕横（hèng）：放纵，专横。〔2〕奚：为何。宜：正好。

禹、稷当平世，三过其门而不入，孔子贤之[1]。颜子当乱世，居于陋巷，一箪食，一瓢饮，人不堪其忧，颜子不改其乐，孔子贤之。孟子曰：“禹、稷、颜回同道[2]。禹思天下有溺者，由己溺之也；稷思天下有饥者，由己饥之也，是以如是其急也。禹、稷、颜子易地则皆然。今有同室之人斗者，救之，虽被发缨冠而救之，可也；乡邻有斗者，被发缨冠而往救之，则惑也[3]；虽闭户可也。”

禹和稷处于太平之世，三过家门而不入，孔子称赞他们。颜回处于乱世，居住在狭窄的巷子里，一筐饭，一瓢水，过着别人难以忍受的艰苦生活，而颜子却自得其乐，孔子也称赞他。孟子说：“禹、稷、颜回这三人处世的基本准则是一致的。禹认为天下那些被水淹没的人好像是他自己造成似的；稷认为天下受饥饿的人好像是他自己造成的，所以他们才会急迫地去拯救百姓。假如禹、稷、颜回这三个人交换一下位置，那么颜回也会三过家门而不入，禹、稷也会过着自得其乐的艰苦生活。假使同屋的人互相斗殴，我要去制止他们的话，即使来不及束起头发，来不及结住帽带，披着头发顶着帽去制止他们，这是可以的；乡邻之间有斗殴的，我也披着头发顶着帽子，急匆匆地去制止他们，那就太糊涂了；面对这类事情即使关着门也是可以的。”

◎ 品画鉴宝 姜凡母鼎 · 西周

◎ **原文注释**

〔1〕贤：称赞。

〔2〕同道：共同遵行之道。

〔3〕被：同“披”，文中指披着头发。

**公都子曰："匡章，通国皆称不孝焉。夫子与之游，又从而礼貌之[1]，敢问何也？"**

**孟子曰："世俗所谓不孝者五：惰其四支，不顾父母之养，一不孝也；博弈好饮酒，不顾父母之养，二不孝也；好货财，私妻子，不顾父母之养，三不孝也；从耳目之欲，以为父母戮[2]，四不孝也；好勇斗很[3]，以危父母，五不孝也。章子有一于是乎？夫章子，子父责善而不相遇也。责善，朋友之道也；父子责善，贼恩之大者。夫章子岂不欲有夫妻子母之属哉？为得罪于父，不得近，出妻屏子[4]，终身不养焉。其设心以为不若是，是则罪之大者，是则章子已矣。"**

公都子说："举国上下都说匡章不孝，您却和他来往而且相当敬重他，敢问先生这是为什么呢？"

孟子说："世俗一般所认为的不孝，大致有五种情况：身体懒惰，不关心、不养活父母，这是不孝之一；喜欢下棋，爱好喝酒，不关心、不养活父母，这是不孝之二；贪爱财钱，偏爱妻子儿女，不关心、不养活父母，这是不孝之三；纵情于声色，生活不检点使父母因此受到羞辱，这是不孝之四；喜爱逞勇斗狠，危及到了父母的安危，这是不孝之五。章子在五种不孝之中占了哪一项呢？章子不过是父子之间以善相责，从而把关系弄僵了罢了。以善相责是朋友相处之道；父子之间如果以善相责，那就伤害感情了。章子难道不想夫妻、母子团聚吗？只是因为得罪了父亲不能和他亲近而已，章子因此也把妻子儿女都赶得远远的，一辈子都不让他们奉养自己。他想如果不这样做，那自己的罪过就更大了，这才是章子的处世之道呀。"

### ◎ 原文注释

〔1〕从：同"纵"。〔2〕戮：羞辱。〔3〕很：同"狠"。〔4〕屏（bǐng 丙）：驱逐。

**曾子居武城[1]，有越寇[2]。或曰：“寇至，盍去诸？”曰：“无寓人于我室，毁伤其薪木。”寇退，则曰：“修我墙屋，我将反。”寇退，曾子反。左右曰：“待先生如此其忠且敬也，寇至，则先去以为民望；寇退则反，殆于不可。”沈犹行曰：“是非汝所知也。昔沈犹有负刍之祸，从先生者七十人，未有与焉。”**

**子思居于卫，有齐寇。或曰：“寇至，盍去诸？”子思曰：“如伋去，君谁与守？”**

**孟子曰：“曾子、子思同道。曾子，师也，父兄也；子思[3]，臣也，微也。曾子、子思易地则皆然。”**

○品画鉴宝『左行议率』戈·战国

曾子居住在武城时，越国军队来侵犯。有人对曾子说：“敌寇就要来了，为什么不躲避一下呢？”曾子（临离开时）说：“你说得很对！但不要让寄居在我家里的人弄坏那些树木。”敌寇退走了，曾子说：“修理好我的房屋，我要回去居住。”敌寇退走后，曾子回到了武城。他身边的人说：“武城的人们对待您可谓恭敬有加，而敌寇来的时候，您却早早地离城而去，给老百姓做了个坏样子；敌寇退却了，您就早早地回到武城，这恐怕不妥当吧。”沈犹行说：“你们不知道其中的道理。从前曾先生住在我那里，有个负刍的人来作乱，服侍先生的七十个学生，却没有一个出事的（因为他们是老师是客人，我让他们先离开）。”

子思居住在卫国时，齐国军队来侵犯。有人对子思说：“敌寇来了，为什么不躲避一下呢？”子思说：“我如果也离开了，谁还和国君一起来守城呢？”

孟子说：“曾子、子思两个人做出抉择的道理是一致的。曾子是老师，也是前辈；子思是臣子，地位较低。如果把曾子、子思二人的位置交换一下，曾子同样也会留下，子思同样也会离开。”

**◎ 原文注释**

〔1〕武城：在今山东省。

〔2〕越寇：越国人入侵。

〔3〕子思：孔子的孙子，名伋。

齐人有一妻一妾而处室者。其良人出[1]，则必餍酒肉而后反。其妻问所与饮食者，则尽富贵也。其妻告其妾曰："良人出，则必餍酒肉而后反[2]；问其与饮食者，尽富贵也，而未尝有显者来，吾将瞷良人之所之也。"

蚤起，施从良人之所之[3]，遍国中无与立谈者。卒之东郭墦间，之祭者，乞其余；不足，又顾而之他，此其为餍足之道也。

其妻归，告其妾曰："良人者，所仰望而终身也，今若此！"与其妾讪其良人，而相泣于中庭。而良人未之知也，施施从外来[4]，骄其妻妾。

由君子观之，则人之所以求富贵利达者，其妻妾不羞也，而不相泣者，几希矣[5]。

齐国有个人家里有一妻一妾。丈夫每次外出，都吃得酒足饭饱才回来。妻子问与他一起吃饭的都是些什么人，他说都是一些有钱有势的人物。妻子起了疑心，对妾说："他每次外出，都酒足饭饱才回来；我问与他一起吃喝的都是些什么人，他回答说都是些有钱有势的人物，但我们却从来没见有达官显贵到我们家里，我打算看看我们的丈夫到底去什么地方。"

第二天清早，妻子悄悄地尾随在丈夫的后面，跟着丈夫走遍了全城，也没有发现有一个人站住和她丈夫说话。最后，丈夫来到了城东的坟地，在祭扫坟墓的人那里乞讨东西吃；当吃得不够时，又到别的地方去乞讨，这就是她丈夫吃饱喝足的办法。

妻子回到家中将所看见的告诉了妾："我们的丈夫，是我们应该仰望和终身依靠的人，现在他竟然是这个样子。"妻妾二人在庭院中一起咒骂起她们的丈夫，又禁不住一起哭泣起来。丈夫不知道发生了什么事情，像往日一样得意洋洋地从外面回来，又摆起了他的威风。

在君子看来，人们用来乞求升官发财的方法，能使他的妻妾不以为羞耻且还为之共同哭泣的，那简直就太少了。

### ◎ 原文注释

〔1〕良人：丈夫。

〔2〕餍（yàn 厌）：吃饱。

〔3〕施（yí 夷）：通"迤"，斜行，这里指暗中跟着他人的意思。

〔4〕施施（yíyí 夷夷）：指高兴自得。

〔5〕几希：很少。

○品画鉴宝　纨扇仕女图·清·闵贞　图中仕女神态娇弱，流露出一种夏日疲困的气息。树干的苍老虬蟠与女子的妩媚身姿，曲线交叉，相映相称，构成新颖别致的格局。

# ·第玖卷·

## [万章]上

**万章问曰：“舜往于田[1]，号泣于旻天[2]，何为其号泣也？”**

**孟子曰：“怨慕也。”**

**万章曰：“‘父母爱之，喜而不忘；父母恶之，劳而不怨。’然则舜怨乎？”**

**曰：“长息问于公明高曰[3]：‘舜往于田，则吾既得闻命矣；号泣于旻天，于父母，则吾不知也。’公明高曰：‘是非尔所知也。’夫公明高以孝子之心，为不若是恝[4]：我竭力耕田，共为子职而已矣[5]，父母之不我爱，于我何哉？帝使其子九男二女[6]，百官牛羊仓廪备，以事舜于畎亩之中，天下之士多就之者，帝将胥天下而迁之焉。为不顺于父母，如穷人无所归。天下之士悦之，人之所欲也，而不足以解忧；好色，人之所欲，妻帝之二女，而不足以解忧；富，人之所欲，富有天下，而不足以解忧；贵，人之所欲，贵为天子，而不足以解忧。人悦之、好色、富贵，无足以解忧者，唯顺于父母可以解忧。人少，则慕父母；知好色，则慕少艾[7]；有妻子，则慕妻子；仕则慕君，不得于君则热中。大孝终身慕父母。五十而慕者，予于大舜见之矣。”**

万章问道：“舜去田地里的时候，一边向天诉苦，一边哭泣，他为什么要这样呢？”

孟子答道：“因为舜既怨恨父母，又怀念父母。”

万章又问道：“（曾子说）：‘父母喜欢他，虽然高兴，他也不会因此而懈怠；父母讨厌他，虽然很忧愁，但他不会因此而怨恨。’那么，舜怨恨他的父母吗？”

孟子答道：“过去长息曾问公明高：‘舜到田地里去，我已理解了；但他对天泣诉，这样对他的父母，我却不理解是为了什么。’公明高说：‘这不是你能理解的。’公明高认为，孝子的心理是不能像这样无忧无虑的：我努力耕种田地，恭恭敬敬地尽我儿子的职责，父母不喜欢我，叫我又能怎么办呢？帝尧让他的子女——九男二女，和百官一起带着牛羊、粮食等东西，到田间为舜服务，天下的士人也有很多跑到舜那里去，尧也把天下禅让给了舜。可是因为得不到父母的欢心，舜就像走投无路的人找不着依靠一样。受到天下士人的喜爱，这是人人都希望的事情，却不足以消除舜的忧愁；美丽的女子，人人都想得到，舜娶了帝尧的两个女儿，却不足以使他消除忧愁；财富，是人人都梦寐以求的，舜已经富有天下，却不足以使他消除忧愁；尊贵的地位，是人人都希望得到的，他贵为君主，却不足以使他消除忧愁。受到人们的喜爱、美丽的女子、财富和尊贵，这一切都不能使他消除忧愁，唯有讨得父母的欢心才能消除他的忧愁。人在小的时候，依恋父母；懂得喜欢女子时，便想念年轻貌美的女子；有了妻子儿女，便沉湎于家庭之乐；做了官，便去讨好君主，如果得不到君主的欢心，内心便烦躁不安。只有最孝顺的人，才会一辈子想念父母。到了五十岁还想念父母，(这种情况）我在伟大的舜身上看到了。”

○ 品画鉴宝　彩陶长颈壶·马家窑文化　此为泥质陶，侈口，口沿外翻，短颈，鼓腹，腹下部内收，平底，腹中部有对称的环耳。

◎ **原文注释**

〔1〕往于田：去地里干活。〔2〕旻（mín民）天：天空。〔3〕长息：与下文的“公明高”，皆为人名。〔4〕恝（jiá荚）：无忧无愁的样子。〔5〕共：恭。〔6〕二女：指尧的两个女儿娥皇和女英。〔7〕少艾：指年轻美貌的女子。

万章问曰："《诗》云：'娶妻如之何？必告父母。'信斯言也，宜莫如舜。舜之不告而娶，何也？"

孟子曰："告则不得娶。男女居室，人之大伦也。如告，则废人之大伦，以怼父母[1]，是以不告也。"

万章曰："舜之不告而娶，则吾既得闻命矣；帝之妻舜而不告，何也？"

曰："帝亦知告焉，则不得妻也。"

万章曰："父母使舜完廪，捐阶[2]，瞽瞍焚廪。使浚井，出，从而揜之[3]。象曰：'谟盖都君咸我绩[4]，牛羊父母，仓廪父母，干戈朕，琴朕，弤朕[5]，二嫂使治朕栖[6]。'象往入舜宫，舜在床琴。象曰：'郁陶思君尔。'忸怩[7]。舜曰：'惟兹臣庶，汝其于予治！'不识舜不知象之将杀己与？"

曰："奚而不知也？象忧亦忧，象喜亦喜。"

曰："然则舜伪喜者与？"

曰："否。昔者有馈生鱼于郑子产[8]，子产使校人畜之池。校人烹之，反命曰：'始舍之，圉圉焉[9]；少则洋洋焉；悠然而逝。'子产曰：'得其所哉！得其所哉！'校人出，曰：'孰谓子产智？予既烹而食之，曰：得其所哉，得其所哉！'故君子可欺以其方，难罔以非其道。彼以爱兄之道来，故诚信而喜之，奚伪焉？"

万章问道："《诗经》说：'娶妻该怎么办？事先一定要告诉父母。'信奉这句话的人，应当没有比得上舜的了。但舜却事先没有告诉父母就娶了妻子，这是怎么回事呢？"

孟子答道："假如舜告诉了父母，那他就娶不成了。男婚女嫁，是人与人之间必然的关系。如果舜事先告诉了父母，那么这种关系在舜的身上便会被废弃，结果便会埋怨自己的父母，所以舜没有告诉父母。"

万章说：“舜事先不告诉父母而娶妻，这我已经懂了；不过，帝尧将自己的女儿嫁给舜，尧也没有告诉舜的父母，这又是什么道理呢？”

孟子说：“尧也清楚，如果事先说明了，那么他就嫁不成女儿了。”

万章说：“舜的父母派他去修仓库，等舜上到仓库顶后，他们却抽走了梯子，他的父亲瞽瞍还放火焚烧了仓库。后来又派舜去淘井，幸好舜事先逃出，不知情的瞽瞍却用土填住了井眼。舜的弟弟象说：‘谋害舜都是我的功劳，牛羊给父母，仓库给父母，盾和戟归我，琴归我，雕弓归我，两位嫂子她们要给我铺床叠被。’象向舜的居室走去，舜却坐在床边弹琴。象说：‘哎呀！我好想你呀。’但神情显得不好意思。舜说：‘我想念着那些臣下和百姓，你就替我管理他们吧。’我不明白，舜不知道象要杀他吗？”

孟子答道：“怎么会不知道呢？象忧愁，他也忧愁；象快乐，他也快乐。”

万章说：“那么，舜的喜悦是假装的？”

孟子说：“不是的。从前有个人给郑国的子产送了条活鱼，子产便让主管池沼的人将它蓄养起来。那个人却将鱼煮着吃了，并报告子产说：‘刚放进池塘时，鱼还要死不活的；过了一会，便摇摆起尾巴活动开了；突然间又游得不知去向了。’子产说：‘它到了好地方呀！它到了好地方呀！’那人出来后，便说：‘谁说子产聪明，我已经把鱼煮着吃了，他还说，它去了好地方呀，它去了好地方呀！’所以对于君子可以用合乎人情的方法骗他，而不能以违反常理的诡计欺骗他。象既然假装出敬爱兄长的样子来，舜因此便真诚地相信他，还非常高兴，为什么说是假装的呢？’

◎ **原文注释**

〔1〕怼（duì 队）：怨恨。〔2〕捐阶：撤掉梯子或去掉梯子。〔3〕揜（yǎn 奄）：通“淹”，覆盖，堵塞。〔4〕谟：谋。盖：害。绩：功劳，功绩。〔5〕弤（dǐ 抵）：弓名，雕弓。〔6〕栖：床，古代坐卧之具。〔7〕忸怩：惭愧，不好意思。〔8〕于：为，替，助。〔9〕圉圉（yǔ yǔ 雨雨）：指鱼在水中死气沉沉的样子。

**万章问曰：“象日以杀舜为事，立为天子则放之，何也？”**

**孟子曰：“封之也，或曰放焉。”**

**万章曰：“舜流共工于幽州[1]，放驩兜于崇山[2]，杀三苗于三危[3]，殛鲧于羽山，四罪而天下咸服，诛不仁也。象至不仁，封之有庳[4]。有庳之人奚罪焉？仁人固如是乎？在他人则诛之，在弟则封之？”**

**曰：“仁人之于弟也，不藏怒焉，不宿怨焉，亲爱之而已矣。亲之，欲其贵也；爱之，欲其富也。封之有庳，富贵之也。身为天子，弟为匹夫，可谓亲爱之乎？”**

**“敢问‘或曰放’者，何谓也？”**

**曰：“象不得有为于其国，天子使吏治其国而纳其贡税焉，故谓之‘放’。岂得暴彼民哉？虽然，欲常常而见之，故源源而来。‘不及贡，以政接于有庳。’此之谓也。”**

万章问道：“象每天都把谋杀舜作为自己的工作，舜成为天子后，却流放了他，这是什么道理呢？”

孟子答道：“其实是舜把象封为诸侯，不过有人说是流放罢了。”

万章说：“舜把共工流放到了幽州，把欢兜流放到崇山，把三苗国的国君赶到了三危，将鲧杀死在羽山，惩处了这四个罪犯，天下都归服了，因为这是讨伐了不仁之人的缘故。象是最不仁的人，舜却将有庳国分封给象。有庳国的老百姓有什么罪过呢？对其他的不仁之人就加以惩处，对自己的弟弟就封以国土。难道仁人可以这样做吗？”

孟子说：“仁人对于自己的弟弟，有怒气，不藏在心中；有怨恨，不留在胸中，那是因为喜爱弟弟罢了。亲近自己的弟弟，便要让他显贵；喜爱自己的弟弟，便要使他富有。舜把庳国分封给象，以使他变得既富且贵。自己作为天子，而弟弟却是一个老百姓，这可以说是亲近并喜爱自己的弟弟吗？”

万章说：“我冒昧地问先生，为什么有人说那是流放呢？”

孟子说：“象不能在他的国土上为所欲为，天子派遣了官吏帮他治理国家，缴纳贡税，所以有人说那是流放。难道他能侵扰他的百姓吗？即使这样，舜还是常常想见到象，象也不断地来见舜。《尚书》中说：‘不必等到规定的上朝纳贡时，才去相见，平常也可以假借朝政上的事来接待象。’就是这个意思。”

**◎ 原文注释**

〔1〕共工：水官名。幽州：在今密云县。〔2〕崇山：山名，在今湖北省。〔3〕三苗：国名。三危：在今甘肃省。〔4〕有庳（bì 币）：在今湖南省。

**咸丘蒙问曰[1]："语云：'盛德之士，君不得而臣，父不得而子。'舜南面而立，尧帅诸侯北面而朝之，瞽瞍亦北面而朝之。舜见瞽瞍，其容有蹙[2]。孔子曰：'于斯时也，天下殆哉，岌岌乎[3]！'不识此语诚然乎哉？"**

**孟子曰："否。此非君子之言，齐东野人之语也。尧老而舜摄也。《尧典》曰：'二十有八载，放勋乃徂落，百姓如丧考妣，三年，四海遏密八音[4]。'孔子曰：'天无二日，民无二王。'舜既为天子矣，又帅天下诸侯以为尧三年丧，是二天子矣。"**

**咸丘蒙曰："舜之不臣尧，则吾既得闻命矣。《诗》云：'普天之下，莫非王土；率土之滨，莫非王臣[5]。'而舜既为天子矣，敢问瞽瞍之非臣，如何？"**

**曰："是诗也，非是之谓也。劳于王事而不得养父母也。曰：'此莫非王事，我独贤劳也[6]。'故说《诗》者，不以文害辞，不以辞害志。以意逆志，是为得之。如以辞而已矣，《云汉》之诗曰：'周余黎民，靡有孑遗[7]。'信斯言也，是周无遗民也。孝子之至，莫大乎尊亲；尊亲之至，莫大乎以天下养。为天子父，尊之至也；以天下养，养之至也。《诗》曰：'永言孝思，孝思维则。'此之谓也。《书》曰：'祗载见瞽瞍[8]，夔夔齐栗，瞽瞍亦允若。'是为'父不得而子'也？"**

咸丘蒙问道："俗话说：'道德高尚的人，君王不能将他作为臣子，父亲不能将他当作儿子。'舜做了天子，尧便率诸侯面北朝拜他，舜的父亲瞽瞍也面北朝拜。舜看见瞽瞍，面容显得极为不安。孔子说：'在这个时候，天下危险得很了！'不知道这话说得对吗？"

孟子答道："不对。这不是君子的话，是齐国乡下人的话。尧在年老的时候，舜便摄政。《尧典》上说：'舜摄政二十八年后，尧去世，群臣就像死了自己的父母，服丧三年，老百姓也停止了各种音乐。'孔子说：'天上不会有两个太阳，人间也没有两个天子。'假若舜真的在尧死以前做了天子，同时又率天下诸侯为尧服丧三年，这就是同时有两个天子了。"

咸丘蒙说："舜不以尧为臣，我已领受您的教诲了。《诗经》又说：'天底下的土地，没有一块不是天子的；环绕土地的四周，没有一个人不是天子的臣民。'舜既然做了天子，瞽瞍不是臣民，请问这怎么讲呢？"

孟子说："这首诗，不是你说的那个意思。是说作者勤于国事以至于不能奉养父母。他说：'这些事没有一件不是天子的事，为什么只让我一人辛劳呢？'所以解说诗歌的人，不要拘泥于文字而误解言辞，也不要拘泥于言辞而误解本意。用自己的亲身体会去推测作者的本意，这就对了。如果拘于言辞，《云汉》诗中说过：'周朝剩余的百姓，没有一个存留下来。'信了这句话，那就是说周朝没有存留一个人，这可能吗？孝子的最高境界，没有超过尊敬自己双亲；尊敬双亲的极致，没有超过用天下来侍奉自己双亲。作为天子的父亲，那是尊贵到了极点；以天下来奉养双亲，那是奉养双亲的极致。《诗经》中说：'永远地讲究孝道，孝道便是天下的法则。'说的正是这个意思。《尚书》中也说：'舜恭敬谨慎地来见瞽瞍，态度小心恐惧，瞽瞍也因之真正顺理而行了。'这难道就是所谓的父亲不能以他为子吗？"

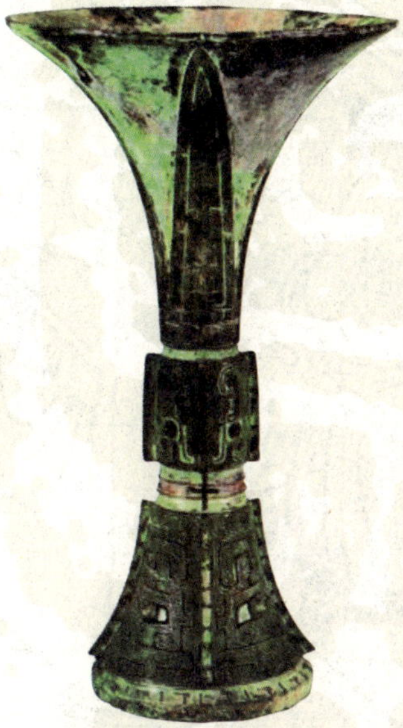

○品画鉴宝　父甲觚·商

## ◎ 原文注释

〔1〕咸丘蒙：孟子的弟子。

〔2〕蹙（cù 促）：局促不安。

〔3〕岌岌（jí 及），山高的样子。

〔4〕四海：指民间。遏：停止。密：通"谧"，安静。八音：指音乐。

〔5〕莫非：表示揣测或反问。非，不，不是。

〔6〕劳：劳苦。

〔7〕孑（jié 杰）：孤独，孤单。

〔8〕祗：恭敬。载：事。

**万章问曰："人有言：'至于禹而德衰，不传于贤，而传于子。'有诸？"**

**孟子曰："否，不然也。天与贤，则与贤；天与子，则与子。昔者，舜荐禹于天，十有七年，舜崩，三年之丧毕，禹避舜之子于阳城[1]，天下之民从之，若尧崩之后不从尧之子而从舜也。禹荐益于天，七年，禹崩，三年之丧毕，益避禹之子于箕山之阴[2]。朝觐讼狱者不之益而之启，曰：'吾君之子也。'讴歌者不讴歌益而讴歌启[3]，曰：'吾君之子也。'丹朱之不肖[4]，舜之子亦不肖。舜之相尧、禹之相舜也，历年多，施泽于民久。启贤，能敬承继禹之道。益之相禹也，历年少，施泽于民未久。舜、禹、益，相去久远。其子之贤不肖，皆天也，非人之所能为也。莫之为而为者，天也；莫之致而至者，命也。匹夫而有天下者，德必若舜、禹而又有天子荐之者，故仲尼不有天下。继世以有天下，天之所废，必若桀纣者也，故益、伊尹、周公不有天下。伊尹相汤以王于天下，汤崩，太丁未立，外丙二年，仲壬四年，太甲颠覆汤之典刑，伊尹放之于桐。三年，太甲悔过，自怨自艾，于桐处仁迁义。三年，以听伊尹之训己也，复归于亳[5]。周公之不有天下，犹益之于夏、伊尹之于殷也。孔子曰：'唐虞禅[6]，夏后、殷、周继，其义一也。'"**

万章问道："有人说：'到禹的时候，道德已经衰微了，天下没有传给圣贤之人，却传给了自己的儿子。'真是这样吗？"

孟子答道："不，不是这样的。上天要授给圣贤之人，便授给圣贤之人；上天要授给君主的儿子，便授给君主的儿子。从前，舜把禹推荐给上天，十七年后，舜死了，三年的服丧期一结束，禹为了让位于舜的儿子，自己便躲到了阳城，但是，天下的百姓跟随禹，就像当年尧死后他们不跟随尧的儿子却跟随舜一样。禹把益推荐给上天，七年后，禹去世了，三年的服丧期一完毕，益为了让位给禹的儿子，自己便躲避到箕山的北边去了。当时朝见天子的人和要打官司的人，都不去益那里，却去了启那里，他们说：'他是我们君主的儿子呀。'歌功颂德的人不歌颂益，却歌颂启，他们说：'他是我们君主的儿子呀。'尧的儿子丹朱不好，舜的儿子也不成器。舜辅佐尧、禹辅佐舜，时间长了，对老百姓施予恩惠的时间也长。启很贤明，能够认真地继承禹的美德。益辅佐禹，时间短，对老百姓施予恩惠的时间也短。舜、禹、益之间相距时间的长短，他们儿子的好坏，这都是上天安排的，不是人力所能做到的。没有人叫他们这样做，竟然这样做了，这是天意；没有人叫他们来，竟然来了，这也是天意。凭老百姓的身份而能得到天下的人，他的道德必然要像舜和禹一样，而且要有天子的推荐，所以孔子（虽然是圣人，因为没有天子的推荐）得不到天下。代代相传而得到天下的，上天如果要让他失去天下，则必须是像夏桀、殷纣王那样残暴的君主，所以益、伊尹、周公（虽然圣贤，因为所遇到的君主都不是夏桀、殷纣王那样）便得不到天下。伊尹帮助商汤统一了天下，商汤死后，太丁没来得及继位便死了，外丙在位二年，仲壬在位四年，到太甲的时候，因为他违背了商汤所立的法度，伊尹便将他流放到桐。三年之后，太甲悔过自新，对自己往日的行为非常悔恨，决心改过，于是就在桐地实行仁义。三年后，太甲完全听从伊尹对自己的教诲，便又回到亳都做了天子。周公之所以不能得到天下，正像益在夏朝、伊尹在殷朝不能得到天下的原因一样。孔子说：‘唐尧、虞舜以天下禅让给贤人，夏、商、周三代传位于子孙，实质上是相同的。’”

**◎ 原文注释**

〔1〕阳城：地名。

〔2〕阴：山北。

〔3〕启：夏禹之子。

〔4〕丹朱：人名，帝尧之子。

〔5〕亳（bó 博）：地名。

〔6〕禅（shàn 善）：把帝位让给贤者。

○ 品画鉴宝　镶嵌玉石提梁筒形卣·夏

**万章问曰：“人有言：‘伊尹以割烹要汤。’有诸？”**

**孟子曰：“否，不然。伊尹耕于有莘之野[1]，而乐尧舜之道焉。非其义也，非其道也，禄之以天下，弗顾也；系马千驷，弗视也。非其义也，非其道也，一介不以与人[2]，一介不以取诸人。汤使人以币聘之，嚣嚣然曰[3]：‘我何以汤之聘币为哉？我岂若处畎亩之中，由是以乐尧舜之道哉？’汤三使往聘之，既而幡然改曰：‘与我处畎亩之中，由是以乐尧舜之道，吾岂若使是君为尧舜之君哉？吾岂若使是民为尧舜之民哉？吾岂若于吾身亲见之哉？天之生此民也，使先知觉后知，使先觉觉后觉也。予，天民之先觉者也，予将以斯道觉斯民也。非予觉之，而谁也？’思天下之民，匹夫匹妇有不被尧舜之泽者，若己推而内之沟中。其自任以天下之重如此，故就汤而说之以伐夏救民[5]。吾未闻枉己而正人者也，况辱己以正天下者乎？圣人之行不同也，或远，或近，或去，或不去，归洁其身而已矣。吾闻其以尧舜之道要汤，未闻以割烹也。《伊训》曰：‘天诛造攻自牧宫，朕载自亳。’”**

万章问：“有人说：‘伊尹亲自做了厨师，切肉做菜侍奉商汤。’有这样的事吗？”

孟子答道：“不，不是这样的。伊尹在有莘国耕地种田时，以尧舜之道为乐。如果不合于义，不合于道，就算拿天下所有的财富给他作俸禄，他也不会回头看一看；即使有四千匹马拴在那里，他也不会看一眼。如果不合于义，不合于道，他不会给别人一点东西，也不从别人那里获取一点东西。商汤派人带着厚礼去聘请他，他平心静气地说：‘我为什么要接受呢？我为何不住在田野之中，行尧舜之道而自得其乐呢？’商汤又几次派人去请他，不久他便彻底改变了态度说：‘我与其住在田野之中，以尧舜之道作为自己的快乐，我为什么不去使现在的君主成为尧舜一样的君主呢？我为什么不去使现在的老百姓变成尧舜时代的老百姓呢？我为什么不去使尧舜时代的盛世再现呢？上天生育人民，就是要让先知先觉者使后知后觉者有所觉悟。我是百姓中的先觉者，就应该以尧舜之道使现在的老百姓有所觉悟。我不去让他们觉悟，那么又有谁去呢？’伊尹认为，如果天下的老百姓中，有一个男子或一个妇女没有受到尧舜之道的惠泽，便像是自己把他们推进了山沟中一样。他就是这样把天下的重担挑在了自己身上，所以到汤那里后，便劝说汤讨伐夏桀以拯救老百姓。我没有听说过先使自己屈曲，却能够匡正别人的，更何况先使自己遭受到侮辱，却能够匡正天下的？圣人的行为各有不同，有的疏远当时的君主，有的靠拢当时的君主，有的弃朝堂而去，有的舍不得朝堂，归根结底，他们必须做到自己干净，不沾污点。我听说过伊尹以尧舜之道求于汤，而没有听说过他做切肉烧菜的事情。《伊训》中说：‘上天的讨伐，起自夏桀的宫室，我呢，不过是从殷都亳开始打算此事罢了。’”

○ 品画鉴宝　孟母断机教子图·清·康涛

◎ 原文注释

〔1〕有莘：国名，在今河南省。

〔2〕一介：同“一芥”，一点点的意思。

〔3〕嚣嚣然：不在心，不动情，形容轻松悠闲的样子。

〔4〕说（shuì 税）：游说、劝服。

**万章问曰："或谓孔子于卫主痈疽[1]，于齐主侍人瘠环[2]，有诸乎？"**

**孟子曰："否，不然也。好事者为之也。于卫主颜雠由[3]。弥子之妻与子路之妻[4]，兄弟也。弥子谓子路曰：'孔子主我，卫卿可得也。'子路以告。孔子曰：'有命。'孔子进以礼，退以义，得之不得曰'有命'。而主痈疽与侍人瘠环，是无义无命也。孔子不悦于鲁、卫。遭宋桓司马将要而杀之[5]，微服而过宋[6]。是时孔子当厄，主司城贞子[7]，为陈侯周臣[8]。吾闻观近臣[9]，以其所为主；观远臣[10]，以其所主。若孔子主痈疽与侍人瘠环，何以为孔子？"**

万章问道："有人说，在卫国孔子住在卫灵公宠幸的宦官痈疽家里，在齐国时，也住在宦官瘠环的家里。有这样的事吗？"

孟子答道："不，不是这样。这都是好事之徒编造出来的。孔子在卫国时，住在颜雠由家里。弥子瑕的妻子和子路的妻子是姊妹。弥子瑕对子路说：'孔子在我家里住，我便可以得到卫国卿相的位置。'子路把这话告诉了孔子。孔子说：'天命决定一切。'孔子循礼法而进，依道义而退，所以他说得到官位与否都由'天命决定'。如果他住在痈疽和瘠环家里，这种行为便是无视礼义和天命。孔子在鲁国和卫国时不得志，又碰上宋国的桓司马准备拦截杀死他，他只好换了衣服悄悄走过宋国。此时，孔子正处在困难的境地，便住在了司城贞子的家里，做了陈侯周的臣子。我听说，观察朝中的臣子，只要看他所招待的客人；观察来朝的臣子，只要看他所寄居的主人，(就可以知道了)。如果孔子真的以痈疽和宦官瘠环为主人，那还算是孔子吗？"

### ◎ 原文注释

〔1〕主：动词，住……的家里。痈疽，是一名宦官，卫灵十分宠幸于他。〔2〕侍人：指宦官。瘠环：人名。〔3〕颜雠由：人名。〔4〕弥子：卫灵公的宠臣弥子瑕。〔5〕要（yāo 腰）：拦截，拦住。〔6〕微服：改变常服以避人耳目。〔7〕司城贞子：陈国人。〔8〕陈侯周：陈侯，名周。〔9〕近臣：在朝的臣子。〔10〕远臣：远方来做官的大臣。

**万章问曰：“或曰：‘百里奚自鬻于秦养牲者[1]，五羊之皮，食牛[2]，以要秦穆公，信乎？’**

**孟子曰：“否，不然。好事者为之也。百里奚，虞人也。晋人以垂棘之璧与屈产之乘，假道于虞以伐虢[3]。宫之奇谏，百里奚不谏，知虞公之不可谏而去，之秦，年已七十矣，曾不知以食牛干秦穆公之为污也[4]，可谓智乎？不可谏而不谏，可谓不智乎？知虞公之将亡而先去之，不可谓不智也。时举于秦，知穆公之可与有行也而相之[5]，可谓不智乎？相秦而显其君于天下，可传于后世，不贤而能之乎？自鬻以成其君，乡党自好者不为，而谓贤者为之乎？”**

万章问道：“有人说：‘百里奚以五张羊皮的价格，就把自己卖给了秦国养牲畜的人，靠替人家养牛，以此谋求秦穆公的重用。’这话可信吗？”

孟子答道：“不，不是这样的。这是好事之徒捏造出来的。百里奚是虞国人，晋国人以垂棘玉璧和屈地良马贿赂虞国，以借道虞国而攻打虢国。当时虞国的大臣宫之奇劝谏虞国国君，不要答应晋国的请求，百里奚没有这样做，因为他知道劝阻虞国国君没有用，于是他离开了虞国，去了秦国，此时已经七十岁了，他竟然不知道以替人养牛来得到秦穆公的重用是污浊的行为，这能说他聪明吗？知道劝阻不了便不劝阻，这能说他不聪明吗？预见虞公将要被灭，事先离开，这不能说他不聪明。当他在秦国，被举荐出来时，他知道秦穆公是位可以辅佐而且会大有作为的国君，因而便辅佐秦穆公，能说他不聪明吗？为秦国的卿相而使秦穆公名满天下，且足以流名于后世，不是贤能之人能做到这一点吗？卖了自己来成就国君，即使乡里中一般洁身自爱的人也不会这样做，怎么说贤能之人会这样做呢？”

### ◎ 原文注释

〔1〕鬻（yù）：卖。〔2〕食：饲养，喂养。〔3〕虢（guó 国）：周代国名。〔4〕曾：竟然，居然。〔5〕有行：有所抱负。

# ·第拾卷·

## [万章]下

**孟子曰：“伯夷，目不视恶色，耳不听恶声。非其君不事，非其民不使。治则进，乱则退。横政之所出[1]，横民之所止[2]，不忍居也。思与乡人处，如以朝衣朝冠坐于涂炭也。当纣之时，居北海之滨，以待天下之清也。故闻伯夷之风者，顽夫廉，懦夫有立志。**

**“伊尹曰：‘何事非君？何使非民？’治亦进，乱亦进，曰：‘天之生斯民也，使先知觉后知，使先觉觉后觉。予，天民之先觉者也。予将以此道觉此民也。’思天下之民，匹夫匹妇有不与被尧舜之泽者，若己推而内之沟中，其自任以天下之重也。**

**“柳下惠不羞污君，不辞小官。进不隐贤，必以其道。遗佚而不怨，厄穷而不悯。与乡人处，由由然不忍去也。‘尔为尔，我为我，虽袒裼裸裎于我侧，尔焉能浼我哉？’故闻柳下惠之风者，鄙夫宽[3]，薄夫敦。**

**“孔子之去齐，接淅而行[4]；去鲁，曰：‘迟迟吾行也，去父母国之道也。’可以速而速，可以久而久，可以处而处，可以仕而仕，孔子也。”**

**孟子曰：“伯夷，圣之清者也；伊尹，圣之任者也；柳下惠，圣之和者也；孔子，圣之时者也。孔子之谓集大成。集大成也者，金声而玉振之也[5]。金声也者，始条理也；玉振之也者，终条理也。始条理者，智之事也；终条理者，圣之事也。智，譬则巧也；圣，譬则力也。由射于百步之外也，其至，尔力也；其中，非尔力也。”**

孟子说：“伯夷，不用眼睛去看不好的东西，不用耳朵去听不好的声音。不是他喜欢的君王就不侍奉，不是他喜欢的老百姓就不使唤。天下太平，则出来做事；天下混乱时，则隐居。只要是暴政横行的国家，有暴民居住的地方，他都不肯去住。他觉得和乡下的人在一起，就像穿戴着礼服官帽坐在泥土和炭灰上一样。商纣当王时，他居住在北海之滨，等待天下太平的时候。因此只要听到过伯夷高风亮节的人，即使是贪得无厌的人都会廉洁起来，懦弱的人也会变得坚强不屈。”

“伊尹说：‘有什么君主，不能去侍奉的？有什么百姓，不能去使唤的？’所以天下太平的时候出来做官，天下混乱的时候也出来做官，说：‘上苍生育了黎民百姓，就是让那些先知先觉的人来引导那些后知后觉的人。我是百姓中先知先觉的人，我将用尧舜之道来引导那些后知后觉的人。’他想：天下所有的百姓中，要是有一个男人或是妇人没能得到尧舜之道的恩泽，就像是自己把他们推入山沟之中，这便是他自己挑起天下重担的决心。

○伊尹像 伊尹，商初重臣之一，原名伊挚，尹为官名。伊尹自幼聪明颖慧，勤学上进，虽耕于有莘国之野，却乐尧舜之道，因研究三皇五帝和大禹王等英明君王的施政之道而远近闻名。

“柳下惠不认为侍奉昏君是可耻的，也不会因为官小就不去做。身在朝廷，不隐藏自己的才干，却一定不背弃自己的行事原则。即使遭到遗弃也不埋怨，即使身无分文，也不愁苦。和乡下的人在一起，高兴得都不想离去。‘你是你，我是我，就算你在我身边袒胸露背，又怎么能污染了我呢？’因此只要听到过柳下惠风节的人，即使是胸襟狭小的人都会开阔起来，吝啬的人也会变得厚道。

“孔子离开齐国，还没等淘完米就走了；离开鲁国时，却说：‘我们慢点走吧，因为这是要远离祖国了。’应该即刻走便即刻走，应该坚持做便坚持做，应该留下便留下，应该做官便做官，这便是孔子啊！”

孟子又说：“伯夷是圣人中的高洁之人；伊尹是圣人中的负责之人；柳下惠是圣人中的随和之人；孔子则是圣人中的识时务之人。孔子可以把他叫作集大成者。‘集大成’的含义，就如同奏乐先要敲击钟，然后再用玉磬结尾。首先敲击钟，是梳理节奏的开始；再用玉磬结尾，是梳理节奏的完结。梳理的开始关键在于智，梳理的完结关键在于圣。智就像技巧一样，圣就像气力一样。犹如在百步之外射箭，如果射到了，是因为你的力量；如果射中了，却不是你的力量了。”

### ◎ 原文注释

〔1〕横政：暴政。

〔2〕横民：暴民。

〔3〕鄙：指心胸狭窄。

〔4〕接淅：捞起水中正在被淘的米。

〔5〕金声：铸钟发出的声音。玉振：指玉磬的余韵。

○ 品画鉴宝　醉吟先生五友图·清·王树谷

北宫锜问曰[1]："周室班爵禄也[2]，如之何？"

孟子曰："其详不可得闻也，诸侯恶其害己也，而皆去其籍。然而轲也，尝闻其略也。天子一位[3]，公一位，侯一位，伯一位，子、男同一位，凡五等也。君一位，卿一位，大夫一位，上士一位，中士一位，下士一位，凡六等。天子之制，地方千里，公、侯皆方百里，伯七十里，子、男五十里，凡四等。不能五十里，不达于天子，附于诸侯，曰附庸。天子之卿受地视侯，大夫授地视伯，元士受地视子[4]、男。大国地方百里，君十卿禄，卿禄四大夫，大夫倍上士，上士倍中士，中士倍下士，下士与庶人在官者同禄，禄足以代其耕也。次国地方七十里，君十卿禄，卿禄三大夫，大夫倍上士，上士倍中士，中士倍下士，下士与庶人在

**官者同禄，禄足以代其耕也。小国地方五十里，君十卿禄，卿禄二大夫，大夫倍上士，上士倍中士，中士倍下士，下士与庶人在官者同禄，禄足以代其耕也。耕者之所获，一夫百亩。百亩之粪，上农夫食九人，上次食八人，中食七人，中次食六人，下食五人。庶人在官者，其禄以是为差。”**

北宫锜问道：“周朝所制定的官爵和俸禄的分配制度是什么样子的？”

孟子答道：“想详细知道已经不可能了，因为诸侯憎恨那些对自己不利的制度，就把相关的文献都销毁了。不过我曾大略听到过一些。天子为一级，公爵一级，侯爵一级，伯爵一级，子爵和男爵共为一级，总共五级。君为一级，卿一级，大夫一级，上士一级，中士一级，下士一级，总共六级。天子亲自掌管的土地纵横有一千里，公和侯各一百里，伯七十里，子爵和男爵各五十里，总共四级。一个国家的土地不到五十里，便不能与天子直接有交往，而附属于诸侯，称为‘附庸’。天子的大臣得到的封地就像侯一样大，大夫得到的封地就像伯，元士得到的封地就像子爵和男爵。公侯大国拥有的土地是一百里，君王的俸禄是卿的十倍，卿的俸禄是大夫的四倍，大夫的俸禄是上士的两倍，上士的俸禄是中士的两倍，中士的俸禄是下士的两倍，下士的俸禄则和在公家做事的庶民相当，所得的这些俸禄也刚好等同于他们耕种所得到的收入。中等国家的土地是七十里，君主的俸禄是卿的十倍，卿的俸禄是大夫的三倍，大夫的俸禄是上士的两倍，上士的俸禄是中士的两倍，中士的俸禄是下士的两倍，下士的俸禄则和在公家做事的庶民相当，所得的这些俸禄也刚好等同于他们耕种所得到的收入。小国家的土地是五十里，国君的俸禄是卿的十倍，卿的俸禄是大夫的两倍，大夫的俸禄是上士的两倍，上士的俸禄是中士的两倍，中士的俸禄是下士的两倍，下士的俸禄则和在公家做事的庶民相当，所得到的这些俸禄也刚好等同于他们耕种所得的收入。耕种所得的收入，是一夫一妇分田百亩。百亩田地的耕种收入，上等的农民可以养活九个人，其次的可以养活八个人，中等的可以养活七个人，再其次的可以养活六个人，下等的可以养活五个人。在公家做事的老百姓所得到的俸禄也根据这个等级来制定。”

### ◎ 原文注释

〔1〕北宫锜：卫国人。〔2〕班：规定等级，规定等列。〔3〕一位：一个等级。〔4〕视：比照，对比。

○ 品画鉴宝　武士头像·秦

万章问曰："敢问友。"

孟子曰："不挟长[1]，不挟贵，不挟兄弟而友。友也者，友其德也，不可以有挟也。孟献子，百乘之家也，有友五人焉：乐正裘、牧仲，其三人则予忘之矣。献子之与此五人者友也，无献子之家者也。此五人者，亦有献子之家，则不与之友矣。非惟百乘之家为然也[2]，虽小国之君亦有之。费惠公曰：'吾于子思，则师之矣；吾于颜般，则友之矣；王顺、长息，则事我者也。'非惟小国之君为然也，虽大国之君亦有之。晋平公之于亥唐也，入云则入，坐云则坐，食云则食。虽蔬食菜羹，未尝不饱，盖不敢不饱也。然终于此而已矣，弗与共天位也，弗与治天职也，弗与食天禄也。士之尊贤者也，非王公之尊贤也。舜尚见帝，帝馆甥于贰室[3]，亦飨舜，迭为宾主，是天子而友匹夫也。用下敬上[4]，谓之贵贵；用上敬下，谓之尊贤。贵贵尊贤，其义一也。"

万章问道："请问交友的原则。"

孟子答道："不倚仗自己年岁大，不倚仗自己地位高，不倚仗自己兄弟的富贵。交朋友，是因朋友的品德而结交他，心中不能有任何倚仗的念头。孟献子是位有一百辆车的大夫，

他有五个朋友：乐正裘、牧仲，其他三人，我不记得了。孟献子与这五个人相交，心中并不存在自己是大夫的想法。这五个人的心中如果存在孟献子是大夫的想法，那就不会和他交朋友了。不仅仅有一百辆车的大夫是这样，即使小国的国君也有朋友。费惠公说：‘我对于子思，则以他为老师；对于颜般，则以他为朋友；至于王顺和长息，则以他们为侍奉我的人。’不仅仅小国的国君这样，大国的国君也有朋友。晋平公对于亥唐，亥唐让他进去，他就进去；让他坐，他就坐；让他吃饭，他就吃饭。即使是糙米饭野菜汤，晋平公也不曾饿过，他不敢不吃饱。然而晋平公也只是做到这一点罢了，却不同他共有官位，不同他一起治理国家，不同他共享俸禄，这只是一般士人尊敬贤人的态度，而不是王公尊敬贤人的做法。舜拜见帝尧，帝尧让他这位女婿住在别宫，也请舜吃饭，互为客人和主人，这是以天子之尊同老百姓交友的范例。以卑下的地位去尊敬高贵的人，叫作尊重贵人；以高贵的地位去尊敬地位卑下的人，叫作尊敬贤人。尊重贵人和尊敬贤人，道理是一样的。”

### ◎ 原文注释

〔1〕挟：倚仗，凭借。〔2〕非：不是。惟：只有。〔3〕贰室：副宫。尧将女儿嫁给舜，舜即尧之“甥”。尧让舜居于副宫之中，以宾礼相待。〔4〕用：以。

万章问曰："敢问交际何心也[1]？"

孟子曰："恭也。"

曰："'却之却之为不恭'，何哉？"

曰："尊者赐之，曰：'其所取之者义乎，不义乎？'而后受之，以是为不恭，故弗却也。"

曰："请无以辞却之，以心却之，曰：'其取诸民之不义也。'而以他辞无受，不可乎？"

曰："其交也以道，其接也以礼，斯孔子受之矣。"

万章曰："今有御人于国门之外者，其交也以道，其馈也以礼，斯可受御与[2]？"

曰："不可。《康诰》曰：'杀越人于货，闵不畏死，凡民罔不譈[3]。'是不待教而诛者也。殷受夏，周受殷，所不辞也；于今为烈，如之何其受之？"

曰："今之诸侯取之于民也，犹御也。苟善其礼际矣，斯君子受之，敢问何说也？"

曰："子以为有王者作，将比今之诸侯而诛之乎？其教之不改而后诛之乎？夫谓非其有而取之者盗也，充类至义之尽也[4]。孔子之仕于鲁也，鲁人猎较，孔子亦猎较。猎较犹可，而况受其赐乎？"

曰："然则孔子之仕也，非事道与？"

曰："事道也。"

"事道奚猎较也[5]？"

曰："孔子先簿正祭器，不以四方之食供簿正。"

曰："奚不去也？"

曰："为之兆也。兆足以行矣，而不行，而后去，是以未尝有所终三年淹也。孔子有见行可之仕，有际可之仕，有公养之仕。于季桓子，见行可之仕也；于卫灵公，际可之仕也；于卫孝公，公养之仕也。"

万章问道："请问交际时，应当秉持什么样的心态？"

孟子答道："应该有恭敬之心。"

万章问道："'一再拒绝别人的礼物是不恭敬。'这是为什么呢？"

孟子答道："地位尊贵的人有所赐予，如果自己先问：'他取得这种礼物合乎义呢，还是不合乎义呢？'想了以后才接受，这是不恭敬，所以不要拒绝。"

万章问道："请问，拒绝别人的礼物，不明白地说出，只是在心里不接受，然后在心里说：'这是他取自老百姓的不义之财呀。'因而以别的借口拒绝，难道不可以吗？"

孟子答道："如果他以正当的理由送礼，按规定的礼节送礼，那孔子也会接受他的礼物的。"

万章问道："假如现在有人在国都郊外拦路抢劫别人的财物，他也以正当的理由送礼，他赠我礼物也依礼节而行，这样的赃物我可以接受吗？"

孟子答道："不可以接受。《康诰》中说：'杀死别人，抢夺财物，顽悍不怕死，这种人，没有人不怨恨的。'这是不必先去教育就可以诛杀的。殷商接受了夏朝的这种法律，周朝又延续了殷商的做法，没有改变；现在更是要继承这种做法，怎么能够接受呢？"

万章问道："如今的诸侯，他们从老百姓那里获取财物，也和拦路抢劫一般。如果把交际的礼节搞好了，君子也就接受了，请问这又是什么道理？"

孟子答道："你认为若有圣王兴起，对待现在的诸侯是一律同等看待全部诛杀呢？还是先行教育，如果不改悔，然后诛杀呢？而且不是自己的东西却占有，把这种行为称为抢劫，这只是把'抢劫'的含义扩大到尽头罢了。孔子在鲁国做官时，鲁国人在田猎中争夺猎物，孔子也争夺猎物。争夺猎物都可以做，更何况接受赐予呢？"

万章问道："那么，孔子做官，难道不是为了行道吗？"

孟子答道："是为了行道。"

万章问道："既然为了行道，那为什么还要争夺猎物呢？"

孟子答道："孔子先用文书规定家里所用的器物和祭礼用品，不用别处的食物来供祭祀。"

万章问道："孔子为什么不辞官而去呢？"

孟子答道："孔子做官先得试一下。试行的结果，如果他的学说可以行得通，但君主却不肯施行，这样才会离开，所以孔子在一个国家中不曾停留三年。孔子因可以行道而做官，也因为君主对他的礼遇而做官，也因为国君养贤而做官。对于鲁国的季桓子，是因为可以行道而做官；对于卫灵公，是因为礼遇而做官；对于卫孝公，是因为国君养贤而做官。"

### ◎ 原文注释

〔1〕交际：用礼物相互招待。交，交互，交相。〔2〕御：拦路抢劫。〔3〕譈（duì 对）：怨恨、憎恶。〔4〕充类：推广到极点。〔5〕猎较：抢夺猎物。

○ 品画鉴宝　八公图 · 唐 · 陈闳

**孟子曰："仕非为贫也，而有时乎为贫；娶妻非为养也，而有时乎为养。为贫者，辞尊居卑，辞富居贫。辞尊居卑，辞富居贫，恶乎宜乎？抱关击柝[1]。孔子尝为委吏矣[2]，曰：'会计当而已矣。'尝为乘田矣[3]，曰：'牛羊茁壮长而已矣'。位卑而言高，罪也；立乎人之本朝，而道不行，耻也。"**

孟子说："做官不是因为贫困，但有时也是因为贫困；娶妻不是因为要赡养父母，但有时也是因为要赡养父母。因为贫困而做官，就应拒绝高官居于低位，就应拒绝多的俸禄而接受薄禄，那么居于什么位置才算合适呢？像门卒、打更这样的小吏都行。孔子曾经做过主管仓库的小吏，他说：'账都算对了。'他也曾经做过主管牲畜的小吏，他说：'牛羊都壮实地长大了。'职位低下，却议论朝廷大事，这是罪过；在君主的朝廷上做官，自己的主张却得不到执行，这是耻辱的事情。"

### ◎ 原文注释

〔1〕柝（tuò 拓）：打更用的梆子。〔2〕委吏：负责仓廪的小吏。〔3〕乘田：负责六畜饲料的小吏。

万章曰："士之不托诸侯，何也？"

孟子曰："不敢也。诸侯失国，而后托于诸侯，礼也；士之托于诸侯，非礼也。"

万章曰："君馈之粟，则受之乎？"

曰："受之。"

"受之何义也？"

曰："君之于氓也[1]，固周之[2]。"

曰："周之则受，赐之则不受，何也？"

曰："不敢也。"

曰："敢问其不敢何也？"

曰："抱关击柝者，皆有常职以食于上。无常职而赐于上者，以为不恭也。"

曰："君馈之，则受之，不识可常继乎？"

曰："缪公之于子思也，亟问，亟馈鼎肉[3]。子思不悦。于卒也，摽使者出诸大门之外[4]，北面稽首再拜而不受[5]，曰：'今而后知君之犬马畜伋。'盖自是台无馈也[6]。悦贤不能举，又不能养也，可谓悦贤乎？"

曰："敢问国君欲养君子，如何斯可谓养矣？"

曰："以君命将之[7]，再拜稽首而受。其后廪人继粟，庖人继肉，不以君命将之。子思以为鼎肉，使己仆仆尔亟拜也，非养君子之道也。尧之于舜也，使其子九男事之，二女女焉，百官牛羊仓廪备，以养舜于畎亩之中，后举而加诸上位[8]，故曰王公之尊贤者也。"

万章问道："士不能像寓公那样依靠诸侯生活，这是为什么呢？"

孟子答道："不敢那样。诸侯丧失了自己的国家，然后在别的国家做寓公，这是合于礼的；士如果做寓公，是不合于礼的。"

万章问道："国君如果赠给他谷粟，可以接受吗？"

孟子答道："可以接受。"

万章问道："根据是什么？"

孟子答道："国君对于外来的百姓，本来就应该周济他。"

万章问道："周济他，可以接受，赐予他，就不接受，这是为什么呢？"

孟子答道："不敢接受。"

万章问道："他不敢接受，什么道理？"

孟子答道："门卒、打更者都有固定的工作，才敢接受上面的给养。如果没有固定的职位，却去接受上面的赐予，这被认为是不恭敬的。"

万章问道：“国君赐予他，他就接受，不知道会不会经常如此？”

孟子答道：“鲁缪公对于子思，经常不断地问候，屡次送给他鼎中的肉。子思非常不高兴。最后一次，子思将缪公的仆人赶到大门之外，面向北先磕头后作揖，拒绝接受问候和鼎中的肉，然后说：‘现在我才知道，国君把我当狗马牲畜一样蓄养。’大概从此以后，鲁缪公再也没有赏赐过子思礼物。喜欢贤人，却不能重用他，又不能有礼貌地关照他的生活，这可以说是喜欢贤人吗？”

万章问道：“请问国君想要关照贤人，怎么样做才能叫关照呢？”

孟子答道：“先把君主的旨意传达给他，他先作揖后稽首，然后才接受君主的旨意。然后管理仓库的人经常送来谷粟，掌供膳食的人经常送来肉食，这些就用不着再去传述君主的旨意了。子思认为为了一块肉而屡次不断地让他作揖稽首，这不是养活君子的方式。尧对于舜，让他的九个儿子向他学习，还把两个女儿嫁给他，各种官吏、牛羊以及仓库无不具备，使舜在四野之中得到了无微不至的照顾，然后提拔他使他处于很高的职位。所以说：这是王公尊贤的典范。”

○ 品画鉴宝　薛仲簠·春秋

## ◎ 原文注释

〔1〕氓：由外国迁来的平民。

〔2〕固：本来。周：周济，接济。

〔3〕亟：指次数多。馈：赠送。鼎肉：熟肉或生肉。

〔4〕摽（biāo 鳔）：挥、赶。

〔5〕稽首：古代跪拜礼节。

〔6〕台：卑贱的职位，这里指主管使令之人。

〔7〕将：送。

〔8〕加：同“居”，所处的地位。

万章曰："敢问不见诸侯，何义也？"孟子曰："在国曰市井之臣，在野曰草莽之臣，皆谓庶人。庶人不传质为臣[1]，不敢见于诸侯，礼也。"

万章曰："庶人，召之役，则往役；君欲见之，召之，则不往见之，何也？"

曰："往役，义也；往见，不义也。且君之欲见之也，何为也哉？"

曰："为其多闻也，为其贤也。"

曰："为其多闻也，则天子不召师，而况诸侯乎！为其贤也，则吾未闻欲见贤而召之也。缪公亟见于子思，曰：'古千乘之国以友士，何如？'子思不悦，曰：'古之人有言曰，事之云乎，岂曰友之云乎？'子思之不悦也，岂不曰：'以位，则子君也，我臣也，何敢与君友也？以德，则子事我者也，奚可以与我友？'千乘之君，求与之友而不可得也，而况可召与？齐景公田，招虞人以旌，不至，将杀之。'志士不忘在沟壑，勇士不忘丧其元。'孔子奚取焉？取非其招不往也。"

曰："敢问招虞人何以？"

曰："以皮冠[2]。庶人以旃[3]，士以旂，大夫以旌。以大夫之招招虞人，虞人死不敢往。以士之招招庶人，庶人岂敢往哉？况乎以不贤人之招招贤人乎？欲见贤人而不以其道，犹欲其入而闭之门也。夫义，路也；礼，门也。惟君子能由是路，出入是门也。《诗》云：'周道如底，其直如矢。君子所履，小人所视[4]。'"

万章曰："孔子'君命召，不俟驾而行'，然则孔子非与？"

曰："孔子当仕有官职，而以其官召之也。"

○品画鉴宝 兽面纹玉带钩·战国

万章问道："请问士不去拜见诸侯，这是什么道理？"

孟子答道："没有官职的人，住在都市便叫'市井之臣'，住在田野就叫'草莽之臣'，这些人都叫作老百姓。老百姓不送见面礼而为臣下，不敢去拜见诸侯，这是合于礼的。"

万章问道："老百姓，召唤他去服劳役，他便去服劳役；君主如果要接见他便召唤他，却不去拜见，这又是为什么呢？"

孟子答道："去服劳役是应该的，去谒见是不应该的。再说君主想接见他，这为的是什么？"

万章说："为的是他识见广博，品德高尚。"

孟子说："如果为的是他识见广博，那么天子还不能随便召唤老师，更何况于诸侯呢？如果为的是他品格高尚，那我不曾听说过想同贤人相见而去随便召唤的。鲁缪公屡次想见子思，说：'古代有一千辆战车的国君，想同士人交朋友，怎么办呢？'子思很不高兴，说：'古代人这样说：是国君以士为师吧，哪里是说要与他交朋友呢？'子思的不高兴，难道不是这个意思：'论地位，你是国君，我是臣子，哪里能和国君交朋友呢？论道德，你是向我学习的人，怎么可以和我交朋友呢？'拥有一千辆兵车的国君同他交朋友都不可能做到，何况召唤呢？齐景公打猎，用羽毛装饰的旗子召唤管理山泽的官员，他不来，便准备杀他。有志之士不怕身死沟壑，勇敢的人不怕掉脑袋。孔子对管理山泽的官员取他哪一点呢？就是取他不是自己应该接受的召唤之礼，便至死不去。"

万章问道："请问召唤管理山泽的官员应该用什么呢？"

孟子答道："用皮帽子。召唤老百姓用红绸曲柄旗，召唤士用带铃铛的旗，召唤大夫用五色羽毛装饰的旗。用召唤大夫的礼节去召唤管理山泽的官员，官员死也不敢前往；用召唤士的礼节去召唤老百姓，老百姓怎么敢去呢？更何况用召唤不贤之人的礼节去召唤贤人呢？所以，想接见贤人却不遵规矩礼仪，这就像要让别人进来却关闭着大门一样。义好比是大路，礼好比是大门。只有君子能由这一条道路行走，由这处大门出入。《诗经》中说：'大路平如磨刀石，犹如箭杆一样直，此路只有君子走，小人随后所效法。'"

万章问道："孔子听说国君召唤，便不等车马驾好就自己先行走去，这样的话，孔子不是错了吗？

孟子答道："那是因为孔子正在做官，有职位，国君是用他担任的官职召唤他。"

## ◎ 原文注释

〔1〕传质：是指传送的礼物。质，初次见面所送的礼物，同"贽"。〔2〕皮冠：打猎时用来保暖御寒的皮帽子，通常加在礼冠之上。〔3〕旃（zhān沾）：用帛制的曲柄旗。〔4〕底：同"砥"，质地细的磨刀石。视：仿效，效法。

**孟子谓万章曰：“一乡之善士，斯友一乡之善士。一国之善士，斯友一国之善士。天下之善士，斯友天下之善士。以友天下之善士为未足，又尚论古之人[1]。颂其诗[2]，读其书，不知其人可乎？是以论其世也，是尚友也。”**

孟子对万章说：“一个乡的优秀人物和另一个乡的优秀人物交朋友，全国性的优秀人物和全国性的优秀人物交朋友，天下的优秀人物和天下的优秀人物交朋友。认为和天下的优秀人物交朋友还不够，便又追塑历史，评论古代的人物。诵读他们的诗篇，研究他们的著作，却不解他们的为人，这可以吗？所以，要讨论他们在那个时代的所作所为，这就是和古代的人交朋友呀。”

◎ **原文注释**

〔1〕尚：同“上”，上溯。

〔2〕颂：同“诵”，吟诵，朗读。

○品画鉴宝　女史箴图·东晋·顾恺之

**齐宣王问卿。孟子曰："王何卿之问也？"**

**王曰："卿不同乎？"**

**曰："不同。有贵戚之卿，有异姓之卿。"**

**王曰："请问贵戚之卿？"**

**曰："君有大过则谏，反复之而不听，则易位[1]。"**

**王勃然变乎色[2]。**

**曰："王勿异也。王问臣，臣不敢不以正对[3]。"**

**王色定，然后请问异姓之卿。**

**曰："君有过则谏，反复之而不听，则去。"**

齐宣王问关于公卿的事情。孟子说："大王问的是哪一种类型的公卿呢？"

宣王问道："公卿还有不相同的吗？"

孟子答道："不相同。有与王室同宗的公卿，也有不属于王族的公卿。"

宣王说："我请问与王室同宗的公卿。"

孟子说："君王若有重大的过错，他便劝谏君王；若屡次劝谏还不听从，那就把他废了，改立别人。"

宣王立即变了脸色。

孟子说："大王不要奇怪。大王问我，我不敢不老实回答。"

宣王的脸色又恢复了正常，然后请问非王族的公卿。

孟子说："若是君王有过错，他便劝谏；如果劝谏多次还不听从，那他就弃位离去。"

### ◎ 原文注释

〔1〕易位：指另立新王。〔2〕勃然：突然。〔3〕正：实，诚。

# · 第拾壹卷 ·

## [告子]上

**告子曰："性犹杞柳也[1]，义犹桮棬也[2]；以人性为仁义，犹以杞柳为桮棬。"**

**孟子曰："子能顺杞柳之性而以为桮棬乎？将戕贼杞柳而后以为桮棬也？如将戕贼杞柳而以为桮棬，则亦将戕贼人以为仁义与[3]？率天下之人而祸仁义者，必子之言夫！"**

告子说："人的本性就像杞柳树，义就像杯盘；把人的本性纳于仁义之中，就好像用杞柳来作杯盘。"

孟子说："你是顺着杞柳的本性制作杯子呢？还是伤害杞柳的本性来制作杯子呢？如果是要伤害杞柳的本性来制作杯子，那也是要伤害人的本性然后将之纳于仁义吗？让天下的人来残害仁义的，一定是你的学说！"

○ 品画鉴宝　铁笛图 · 明 · 吴伟

## ◎ 原文注释

〔1〕杞（qǐ 启）柳：一种树木，可高七八丈。

〔2〕桮棬：盛羹、注酒等用的器皿，这里指曲木制成的盂类饮器。

〔3〕戕（qiāng 枪）贼：伤害，损害。

○ 品画鉴宝　轺车 · 东汉

**告子曰："性犹湍水也[1]，决诸东方则东流，决诸西方则西流。人性之无分于善不善也，犹水之无分于东西也。"**

**孟子曰："水信无分于东西[2]，无分于上下乎？人性之善也，犹水之就下也。人无有不善，水无有不下。今夫水，搏而跃之，可使过颡[3]；激而行之，可使在山。是岂水之性哉？其势则然也。人之可使为不善，其性亦犹是也。"**

告子说："人性就像湍急的流水，在东边决开口便向东流去，在西边决开口便向西流去；人的本性没有什么善与不善的区别，就像水的流向本来没有什么东西之分一样。"

孟子说："水的流向的确不分东西，可是难道它没有上下之分吗？人性的善，就像水要往低处流一样，人没有不趋向于善的，水没有不向低处流的。现在如果拍击水，使它溅起来，便可以高过人的头顶；如果引导它向上，便可以流向高山。这难道是水的本性吗？是外在的力量使它这样的。人可以使他做坏事，本性改变就像改变水的流向一样。"

### ◎ 原文注释

〔1〕湍：急流的水。〔2〕信：诚，真。〔3〕颡（sǎng 桑）：额头，脑门。

**告子曰：“食、色，性也[1]。仁，内也，非外也；义，外也，非内也。”**

**孟子曰：“何以谓仁内义外也？”**

**曰：“彼长而我长之，非有长于我也；犹彼白而我白之，从其白于外也，故谓之外也。”**

**曰：“异于白马之白也，无以异于白人之白也。不识长马之长也，无以异于长人之长与？且谓长者义乎？长之者义乎？”**

**曰：“吾弟则爱之，秦人之弟则不爱也，是以我为悦者也，故谓之内。长楚人之长，亦长吾之长，是以长为悦者也[2]，故谓之外也。”**

**曰：“耆秦人之炙[3]，无以异于耆吾炙，夫物则亦有然者也，然则耆炙亦有外与[4]？”**

告子说：“饮食男女，是人的本性。仁是内在的东西，而不是外在的东西；义是外在的东西，不是内在的东西。”

孟子说：“为什么说仁是内在的，而义是外在的呢？”

告子说：“他的年纪大，我才去尊敬他；他的年纪大并不是我的本心之意。就像有东西是白色的，我才认为它是白色的，白色并不是存在于我内心的东西，所以说义是外在的东西。”

孟子说：“白马的白和白人的白没有什么不同。不知道对老马的怜悯之心和对年纪大的人的尊敬之心有没有不同呢？你说义是存在于年纪大的人一边呢？还是存在于尊敬年纪大的人一边呢？

告子说：“如果是我自己的弟弟，我便爱他；如果是秦人的弟弟，我便不会爱他，这是由我自己内心的高兴与否决定的，所以仁是内在的。尊敬楚国年纪大的人，也尊敬我自己亲人中年纪大的人，这是由年纪大的人而决定的，所以说义是外在的。”

孟子说：“喜欢吃秦国人的烤肉，和喜欢吃自己的烤肉没有什么不同，任何事物都是这样，这么说来，喜欢吃烤肉的本性也是外在的吗？”

### ◎ 原文注释

〔1〕性：本性。〔2〕悦：喜爱。〔3〕耆：同“嗜”，嗜好，喜欢，偏爱。〔4〕炙（zhì 制）：烤肉。

**孟季子问公都子曰：“何以谓义内也？”**

**曰：“行吾敬，故谓之内也。”**

**“乡人长于伯兄一岁，则谁敬？”**

**曰：“敬兄。”**

**“酌则谁先？”**

**曰：“先酌乡人[1]。”**

**“所敬在此，所长在彼，果在外，非由内也。”**

**公都子不能答，以告孟子。**

**孟子曰：“‘敬叔父乎？敬弟乎？’彼将曰：‘敬叔父。’曰：‘弟为尸[2]，则谁敬？’彼将曰：‘敬弟。’子曰：‘恶在其敬叔父也？’彼将曰：‘在位故也。’子亦曰：‘在位故也。庸敬在兄，斯须之敬在乡人。’”**

**季子闻之，曰：“敬叔父则敬，敬弟则敬，果在外，非由内也。”**

**公都子曰：“冬日则饮汤，夏日则饮水，然则饮食亦在外也。”**

孟季子问公都子：“为什么说义是内在的呢？”

公都子答道：“恭敬从我的内心发出，然后在行动上表现出来，所以说义是内在的。”

孟季子问道：“如果本乡人有人比你哥哥大一岁，那么你恭敬谁呢？”

公都子答道：“恭敬我的哥哥。”

孟季子问道：“如果一起饮酒，那么你是先给谁斟酒呢？”

公都子答道：“当然是先给本乡的年长者。”

孟季子说：“这样说来，你心里恭敬的是你的哥哥，在行动上却先对本乡年长者行礼，可见义是外在的，而不是内在的。”

公都子不知该怎样回答，便把这件事告诉了孟子。

孟子说：“你可以问：‘你是先尊敬叔父呢？还是先尊敬弟弟呢？’他肯定会说：‘当然是尊敬叔父。’你又

○ 品画鉴宝　节符图 · 春秋

问：‘如果弟弟做了受祭的代表，那又要先尊敬谁呢？’他肯定会说：‘当然是先尊敬弟弟了。’你再问：‘那为什么你却说先尊敬叔父呢？’他会说：‘那是因为弟弟处于应当先受尊敬的地位。’那你也说：‘那是由于本乡的年长者处于应当先给斟酒的地位。平常的尊敬在于哥哥，暂时的尊敬在于本乡的年长者。’”

孟季子听到了孟子的话，便说：“对叔父的尊敬是尊敬，对弟弟的尊敬也是尊敬，毕竟都是外在的，不是由内心发出的。”

公都子说：“冬天喝热水，夏天喝凉水，这么说来，难道饮食也是外在的吗？”

◎ 原文注释

〔1〕酌：饮酒，斟酒。

〔2〕尸：古代祭祀时代表死者受祭的人。

公都子曰：“告子曰：‘性无善无不善也。’或曰：‘性可以为善，可以为不善，是故文武兴，则民好善；幽厉兴，则民好暴。’或曰：‘有性善，有性不善，是故以尧为君而有象，以瞽瞍为父而有舜，以纣为兄之子且以为君，而有微子启、王子比干。’今曰性善，然则彼皆非与？”

孟子曰：“乃若其情，则可以为善矣，乃所谓善也。若夫为不善，非才之罪也。恻隐之心，人皆有之；羞恶之心，人皆有之；恭敬之心，人皆

**有之；是非之心，人皆有之。恻隐之心，仁也；羞恶之心，义也；恭敬之心，礼也；是非之心，智也。仁义礼智，非由外铄我也[1]，我固有之也，弗思耳矣。故曰：求则得之，舍则失之。或相倍蓰而无算者[2]，不能尽其才者也。《诗》曰：'天生蒸民[3]，有物有则。民之秉夷，好是懿德。'孔子曰：'为此诗者，其知道乎！故有物必有则，民之秉夷也，故好是懿德[4]。'"**

公都子说："告子说：'人的本性没有什么善与不善的区别。'也有人说：'人的本性可以变得善良，也可以变得不善良。'所以周文王、周武王兴起，老百姓便趋向于善；周幽王、周厉王兴起，老百姓便趋向于横暴。'也有人说：'有的人本性善良，有的人本性不善良，所以有尧这样的圣君，也有象这样的百姓；有瞽瞍这样的坏父亲，也有舜这样的好儿子；纣这样坏的侄儿，还让他做君王，也有微子启、王子比干这样好的叔父和臣子。'现在先生说的'人的本性是生来善良的'，难道他们说的都错了吗？"

孟子说："每个人的本性，可以使它趋向于善良，这就是我所说的人的本性都是善良的意思。至于有些人不善良，这并不是他本性的过错。同情之心，每个人都有；羞耻之心，每个人都有；恭敬之心，每个人都有；是非之心，每个人都有。同情之心就是仁，羞耻之心就是义，恭敬之心就是礼，是非之心就是智。这么说来，仁义礼智不是别人给予的，而是人内心本来就有的，那些不善的人只不过是不向内心探求罢了。所以说：'如果探求就会得到，如果不探求就会失去。'人与人之间有相差一倍、五倍甚至无数倍的，根本的原因就是没有充分发挥他们本性的缘故。《诗经·大雅·烝民》上说：'上天生育众民，任何事物都有规律。百姓的本性，是喜爱美好品德的。'孔子说：'写这首诗的人是真正懂得道的啊！天下的事物都有它的规律，老百姓的本性，是喜爱美好品德的。'"

### ◎ 原文注释

〔1〕铄（shuò 硕）：销，熔化，此引申为赋予。

〔2〕蓰（xǐ 洗）：五倍。

〔3〕蒸民：众民。蒸，《诗》原作"烝"。引诗出自《诗经·大雅·烝民》。

〔4〕好（hào 耗）：喜爱。懿：美德。

**孟子曰："富岁子弟多赖，凶岁子弟多暴，非天之降才尔殊也，其所以陷溺其心者然也。今夫麰麦[1]，播种而耰之[2]，其地同，树之时又同，浡然而生，至于日至之时[3]，皆熟矣。虽有不同，则地有肥硗[4]，雨露之养，人事之不齐也。故凡同类者，举相似也，何独至于人而疑之？圣人与我同类者。故龙子曰：'不知足而为屦[5]，我知其不为蒉也[6]。'屦之相似，天下之足同也。口之于味，有同耆也。易牙，先得我口之所耆者也。如使口之于味也，其性与人殊，若犬马之与我不同类也，则天下何耆皆从易牙之于味也？至于味，天下期于易牙，是天下之口相似也。惟耳亦然。至于声，天下期于师旷，是天下之耳相似也。惟目亦然。至于子都[7]，天下莫不知其姣也。不知子都之姣者，无目者也。故曰：口之于味也，有同耆焉；耳之于声也，有同听焉；目之于色也，有同美焉。至于心，独无所同然乎？心之所同然者何也？谓理也，义也，圣人先得我心之所同然耳。故理义之悦我心，犹刍豢之悦我口[8]。"**

孟子说："丰收的年份，少年子弟大多懒惰；灾荒的年份，少年子弟大多强暴，并不是他们天生的资质不同，是由于外在的环境使他们的本性变坏的。就拿大麦来打个比方，播种之后盖好土，如果土地肥力相同，播种的时间又相同，它们旺盛地生长，到夏至的时候，都会成熟。如果有什么不同，那是由于土地的肥瘠，雨水的多少，人工的勤懒不一样造成的。所以说一切同类的事物，在根本上是一致的，为什么一说到人就怀疑这个道理呢？圣人和我，同样都是一类的。所以龙子说：'编草鞋，即使不知道脚的大小，我也不会把草鞋编成筐子。'这是由于人脚的形状是相同的。人的口舌对于味道，也会有相同的嗜好。易牙比我们先知道这一点。如果某个人的口味和常人，就像狗马和我们人类不属于同类一样，那样的话，天下的人为什么都追随易牙的口味呢？谈到口味，天下人都希望能和易牙一样，这是由于天下人的口味大体相同的缘故。谈到音乐，天下人都希望能和师旷一样，这是由于天下人的听觉大体相同的缘故。人的眼睛也是这样。一说到子都，天下人都知道他的美丽。不知道子都美丽的人，是没有长眼睛的人。所以说：人的口舌对于味道，有相同的嗜好；人的耳朵对于音乐，有相同的嗜好；人的眼睛对于美色，有相同的审美感。唯独人心没有相同之处吗？那么心的相同之处在哪呢？其实就是理，就是义，圣人早就知道我们人类的心有相同之处。所以说，理义使我快乐，就像猪狗牛羊的肉合于我的口味一样。"

◎ **原文注释**

〔1〕 麰(móu谋) 麦：大麦。〔2〕 耰(yōu忧)：一种榔头状的农具，用于捣碎土块、平整土地。这里则指播种之后，用耰平土盖上种子。〔3〕日至：夏至。〔4〕硗(qiāo敲)：土地贫瘠，不肥沃。〔5〕屦 (jù具)：草鞋。〔6〕蒉 (kuì愧)：盛土的竹筐。 〔7〕子都：古时的美男子。〔8〕刍豢：指家畜。

**孟子曰："牛山之木尝美矣[1]，以其郊于大国也，斧斤伐之，可以为美乎？是其日夜之所息，雨露之所润，非无萌蘖之生焉，牛羊又从而牧之，是以若彼濯濯也[2]。人见其濯濯也，以为未尝有材焉，此岂山之性也哉？虽存乎人者，岂无仁义之心哉？其所以放其良心者，亦犹斧斤之于木也，旦旦而伐之，可以为美乎？其日夜之所息，平旦之气，其好恶与人相近也者几希，则其旦昼之所为[3]，有梏亡之矣[4]。梏之反复，则其夜气不足以存；夜气不足以存，则其违禽兽不远矣。人见其禽兽也，而以为未尝有才焉者，是岂人之情也哉？故苟得其养，无物不长；苟失其养，无物不消。孔子曰：'操则存，舍则亡，出入无时，莫知其乡[5]。'惟心之谓与？"**

孟子说："牛山上的树木曾经很茂盛，可是由于它们生长在大都城的郊外，经常用斧子去砍伐，它们还能够生长得茂盛吗？实际上这些树木时时刻刻都在生长，阳光雨露不断地滋润，不是没有新枝嫩条长出来，而是由于长出的新枝嫩条被放牧的牛羊吃掉了，所以山就变成了光秃秃的样子。人们看到山光秃秃的样子，就认为山上不曾生长过树木，难道牛山本来就是这样的吗？在某些人的身上，难道内心里不曾有过仁义吗？之所以丧失了他的本心，就像是树木被斧子砍伐掉一样，如果天天砍伐，还能够长得茂盛吗？他夜里生长出来的善心，所养的意气，他的好恶感和别人相差无几，可是第二天他的所作所为，又将那些好恶感搅乱，让它丧失。如果不断地消失，那么他黑夜里便不可能再生出善心；黑夜里不能再生出善心，那么他便和禽兽相差不远了。别人把他当禽兽看待，以为他不曾有过善心，这难道是他的本性吗？所以如果能够得到滋养，就没有不生长的东西；如果得不到滋养，就没有不消亡的东西。孔子说：'抓住它，就得到它；放弃它，就会丢失；出入没有定时，也不知道它何去何从。'这大概说的就是仁心吧。"

### ◎ 原文注释

〔1〕牛山：山名。〔2〕濯（zhuó 酌）濯：光秃秃、没有草木的样子。〔3〕旦昼：白天。〔4〕梏亡：因受搅乱而丧失。梏（gū 固），通"搅"。〔5〕乡：通"向"，所向，趋向的意思。

**孟子曰：“无或乎王之不智也。虽有天下易生之物也，一日暴之[1]，十日寒之，未有能生者也。吾见亦罕矣，吾退而寒之者至矣，吾如有萌焉何哉？今夫弈之为数，小数也[2]，不专心致志，则不得也。弈秋，通国之善弈者也。使弈秋诲二人弈。其一人专心致志，惟弈秋之为听。一人虽听之，一心以为有鸿鹄将至[3]，思援弓缴而射之[4]。虽与之俱学，弗若之矣。为是其智弗若与？曰：非然也。”**

孟子说：“国君不聪明，一点也不感到奇怪。天下即使有最容易生长的植物，如果晒它一天，冻它十天，它也不会再生长了。最近我和国君见面的次数少了，我一离开国君，那些小人便到了他的身边，即使他有善心萌芽，我又能怎么样呢？就拿下棋来说，虽然只是个小小的技艺，可如果不集中精力，也是学不会。弈秋是全国最擅长下棋的。如果让他教两个人下棋，其中一个人全神贯注，只听弈秋的讲授。另外一个人，虽然听着弈秋的讲授，心里却想着有一只天鹅飞来，怎样去拉弓射它。这样，即使他和那个人一起学习下棋，他的成绩也不会和那个人一样的。是因为他没有那个人聪明吗？回答说：当然不是。”

○ 品画鉴宝　耀州窑青釉刻花牡丹纹围棋子盒·宋　此盒由盒体和盖顶配套扣合而成。在盖顶和盒体周壁均饰有刻花牡丹纹。刻花牡丹纹样犀利、圆活、生动、流畅，具有耀州窑刻花工艺的独特风格。

**◎ 原文注释**

〔1〕暴：同“曝”（pū 瀑），晒。

〔2〕数：同“术”，技巧，技术，技艺。

〔3〕鸿鹄（hú 胡）：天鹅。

〔4〕缴（zhuó 琢）：系在箭上便于收回的绳，借代箭。

孟子曰："鱼，我所欲也；熊掌，亦我所欲也。二者不可得兼，舍鱼而取熊掌者也。生，亦我所欲也；义，亦我所欲也。二者不可得兼，舍生而取义者也。生亦我所欲，所欲有甚于生者，故不为苟得也[1]；死亦我所恶，所恶有甚于死者，故患有所不辟也[2]。如使人之所欲莫甚于生，则凡可以得生者，何不用也？使人之所恶莫甚于死者，则凡可以辟患者，何不为也？由是则生而有不用也，由是则可以辟患而有不为也，是故所欲有甚于生者，所恶有甚于死者。非独贤者有是心也，人皆有之，贤者能勿丧耳。一箪食，一豆羹[3]，得之则生，弗得则死，嘑尔而与之[4]，行道之人弗受；蹴尔而与之[5]，乞人不屑也。万钟则不辨礼义而受之。万钟于我何加焉？为宫室之美、妻妾之奉、所识穷乏者得我与[6]？乡为身死而不受[7]，今为宫室之美为之；乡为身死而不受，今为妻妾之奉为之；乡为身死而不受，今为所识穷乏者得我而为之，是亦不可以已乎？此之谓失其本心。"

孟子说："鱼是我想得到的，熊掌也是我想得到的，如果两者不能同时得到，那就不要鱼而要熊掌。生命是我所热爱的，义也是我所热爱的，如果两者不能同时拥有，那我就舍弃生命而选择取义。生命是我所热爱的，但我所热爱的东西还有超过生命的，所以我不做苟且偷生的事情；死亡是我所憎恶的，但我所厌恶的东西还有超过死亡的，所以有些祸患我不会躲避。如果人们所热爱的没有超过生命的，那么一切可以得以生存的办法，有什么不可以用呢？如果人们所厌恶的没有超过死亡的，那么一切可以避免祸患的办法，有什么不可做的呢？这样做便可以得以生存，却不去做；这样做便可以得以避免祸害，也不去做。由此可知，还有比生命更宝贵的东西，还有比死亡更可恶的东西。这种心不仅贤人有，每个人都有，只是贤人没有丧失它罢了。一筐饭，一碗汤，能够得到便可以活命，不能得到便会死亡，（在这种情况下）如果吆喝着给与别人，就是过路的饥饿之人也不会接受；如果用脚踢给别人，就是乞丐也不会接受。有的人不问万钟这样高的俸禄合不合礼义，便接受了。万钟这样高的俸禄对我能有什么增益呢？是为了得到华丽的住宅、妻妾的侍奉和我所认识的穷苦人的感激吗？以前宁肯死亡也不接受的，现在却为了得到华丽的住宅而接受了；以前宁肯死亡也不接受的，现在却为了得到妻妾的侍奉而接受了；以前宁肯死亡也不接受的，现在却为了得到所认识的穷人的感激而接受了，这些不也可以停止了吗？这便叫作丧失了人的本性。"

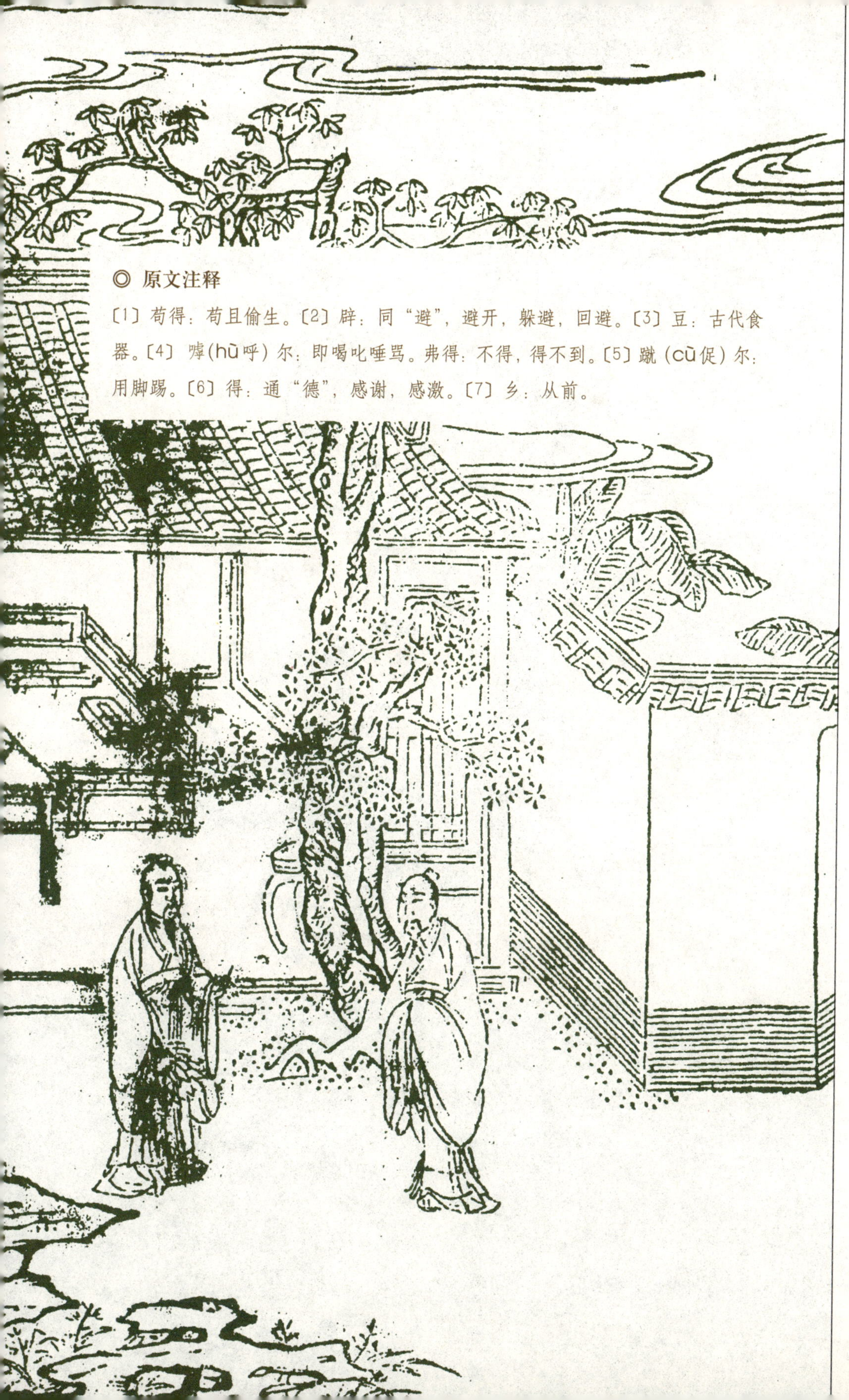

◎ **原文注释**

〔1〕苟得：苟且偷生。〔2〕辟：同“避”，避开，躲避，回避。〔3〕豆：古代食器。〔4〕嘑(hū呼）尔：即喝叱唾骂。弗得：不得，得不到。〔5〕蹴（cù促）尔：用脚踢。〔6〕得：通“德”，感谢，感激。〔7〕乡：从前。

○ 品画鉴宝 牛耕图 · 东汉

孟子曰：“仁，人心也；义，人路也。舍其路而弗由，放其心而不知求，哀哉！人有鸡犬放，则知求之，有放心而不知求。学问之道无他，求其放心而已矣。”

孟子说：“仁是人的心，义是人的路。放弃正道不走，丧失了自己的善心却不去找回，真是可悲啊！人们对于丢失的鸡狗，都知道要找回；对于丢失了的善心，却不知道去找回。求学问没有别的方法，就是把丧失了的善心找回来罢了。”

◎ 品画鉴宝　驭车出行图 · 东汉

**孟子曰："今有无名之指，屈而不信，非疾痛害事也，如有能信之者[1]，则不远秦、楚之路，为指之不若人也。指不若人，则知恶之；心不若人，则不知恶，此之谓不知类也[2]。"**

孟子说："假设现在有个人，他的无名指不能伸直，不痛也不妨碍做事，可是如果有人能医治，即使不远千里跑到秦国、楚国，也在所不惜，为的是自己的无名指不如别人。无名指不如别人，都感到耻辱；心性不如别人，却不感到耻辱，这种人真是不知轻重。"

### ◎ 原文注释

〔1〕信：通"伸"，伸直。〔2〕不知类：不懂轻重缓急的区别。

○ 品画鉴宝　玉冲牙·春秋

**孟子曰：“人之于身也，兼所爱。兼所爱，则兼所养也。无尺寸之肤不爱焉，则无尺寸之肤不养也。所以考其善不善者，岂有他哉？于己取之而已矣。体有贵贱，有小大。无以小害大，无以贱害贵[1]。养其小者为小人，养其大者为大人。今有场师，舍其梧槚[2]，养其樲棘，则为贱场师焉。养其一指而失其肩背，而不知也，则为狼疾人也[3]。饮食之人，则人贱之矣，为其养小以失大也。饮食之人无有失也，则口腹岂适为尺寸之肤哉[4]？**

孟子说：“人对自己的身体，哪一部分都爱护。都爱护，就全面保养。没有一寸的皮肤不爱护，没有一寸的皮肤不保养。看一个人保养得好还是不好，难道还有别的办法吗？只要看他注意保养身体的哪一部分就行了。人的身体有重要的部分，有次要的部分；有小的部分，也有大的部分。不要因为保养小的部分而损害大的部分，也不要因为保养次要的部分而损害重要的部分。保养小的部分的是小人，保养大的部分的是君子。现在，假如有一个园艺家，丢下梧桐和楸树不管，而去培养酸枣和荆棘，那么他就是一个很糟糕的园艺家。如果有人只保养他的一个手指，却不去管他的肩膀和脊背，自己却还不知道，这就是一个糊涂的人。只讲究吃喝的人，人们轻视他，因为他只保养了小的部分，而忽视了对大的部分的保养。如果讲究吃喝的人没有忘记思想的培养，那么他养护的岂止只是口腹？”

## ◎ 原文注释

〔1〕贵：显贵，地位尊贵。大而贵者为心志，小而贱者为口腹。〔2〕梧：梧桐。槚（jiǎ 假）：木名，即梓。〔3〕狼疾：同“狼藉”，是指杂乱的样子，在文中引申为糊涂。〔4〕适：通“啻”（chì 翅），仅仅，唯一。

公都子问曰："钧是人也[1]，或为大人，或为小人，何也？"

孟子曰："从其大体为大人，从其小体为小人。"

曰："钧是人也，或从其大体，或从其小体，何也？"

曰："耳目之官[2]，不思而蔽于物，物交物，则引之而已矣。心之官则思，思则得之，不思则不得也。此天之所与我者。先立乎其大者，则其小者不能夺也。此为大人而已矣。"

公都子问道："同样是人，有的人是君子，有的人却是小人，这是为什么？"

孟子回答说："追求满足身体重要部分的人是君子，追求满足身体次要部分的人是小人。"

公都子问道："同样是人，有人追求满足身体重要部分的需要，有人追求满足身体次要部分的需要，这是为什么呢？"

孟子回答说："耳朵、眼睛这些器官不能思考，所以常常被外界的事物所蒙蔽，外界的事物相互交错，纷繁复杂，将耳朵、眼睛引入歧途。心的功能就是思考，思考就会有所得，不思考就不会有所得。这是上天对我们人类特有的恩赐。所以先要把心这个器官树立起来，那么次要器官也不会被外物所蒙蔽了。这样就会成为君子。"

◎ **原文注释**

〔1〕钧：同"均"，同样。

〔2〕官：器官，这里指功能、官能。

○ 品画鉴宝　贤母图·清·康寿

**孟子曰："欲贵者，人之同心也。人人有贵于己者，弗思耳矣[1]。人之所贵者，非良贵也。赵孟之所贵，赵孟能贱之。《诗》云：'既醉以酒，既饱以德。'言饱乎仁义也，所以不愿人之膏粱之味也[2]；令闻广誉施于身，所以不愿人之文绣也[3]。"**

孟子说："人人都希望获得尊贵的地位，这是普遍的心理。每个人都有自己值得尊贵的东西，只不过没有思考过罢了。别人给予的尊贵，并不是真正的尊贵。赵孟所尊贵的东西，赵孟同样也能轻贱它。《诗经》上说：'美酒已经喝醉，仁德已经饱了。'这是说拥有仁义之德，就已经很富足了，也就不会再羡慕别人的山珍海味了；自己的好名声到处传播，也就不会再羡慕别人的锦绣衣服了。"

◎ 品画鉴宝 双兽耳彩绘陶壶·战国

### ◎ 原文注释

〔1〕弗：副词，不。思：想，思考。耳矣：罢了。

〔2〕愿：羡慕。膏粱：精美的食物。

〔3〕文绣：古时有爵位等级之人穿的有文绣的衣服。文，彩色交错。

○ 品画鉴宝 耘织图·三耘 图中描绘的是几位农夫在田间耕作时的情景，田边有一人在观望。

**孟子曰：“仁之胜不仁也，犹水胜火。今之为仁者，犹以一杯水救一车薪之火也；不熄，则谓之水不胜火，此又与于不仁之甚者也[1]。亦终必亡而已矣。”**

**孟子曰：“五谷者，种之美者也。苟为不熟，不如荑稗[2]。夫仁，亦在乎熟之而已矣。”**

**孟子曰：“羿之教人射，必志于彀；学者亦必志于彀[3]。大匠诲人必以规矩[4]，学者亦必以规矩。”**

孟子说：“仁胜过不仁，就像水能扑灭火一样。现在行仁的人太少，就像用一杯水去扑灭一车木柴所燃起的火；如果火不能熄灭，就说水不能扑灭火。这反而助长了那些最不仁的人，最终他也会丧失自己所行的那一点点仁。”

孟子说：“五谷是庄稼中的好品种，如果没有收成，还不及荑和稗子。行仁，就在于使之有所收获。”

孟子说：“羿教人射箭，交待一定要拉满弓；学习的人也一定要拉满弓。高明的工匠教导人，交待一定要遵循规矩，学习的人也一定要遵循规矩。”

## ◎ 原文注释

〔1〕与：同“助”，助长。〔2〕荑稗：就是稗草，用来当饲料的一种草。〔3〕必：一定。志于彀：期望将弓拉满。彀，指满弓。〔4〕诲（huì会）：教，导。

# ·第拾贰卷·

## [告子]下

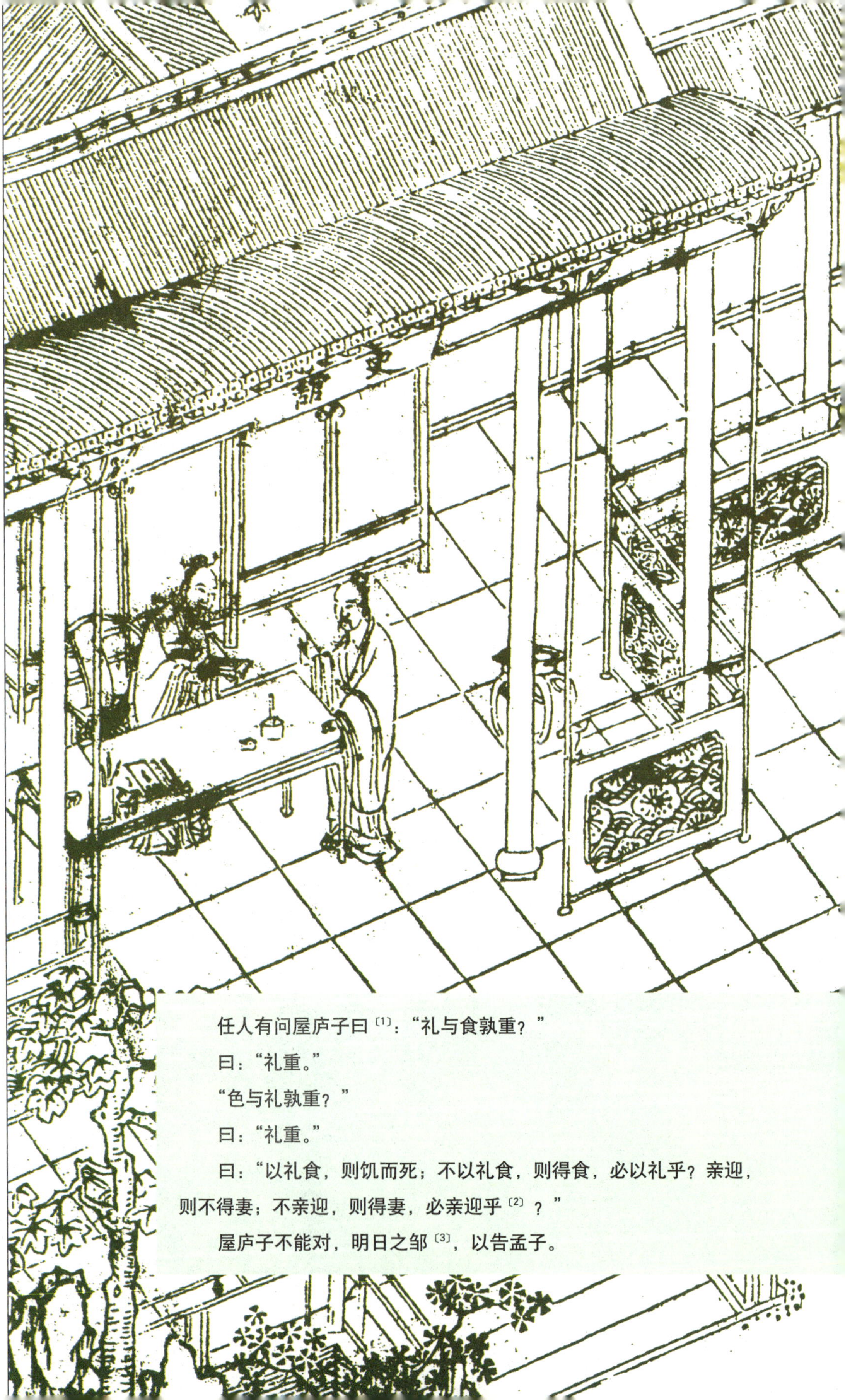

任人有问屋庐子曰[1]：“礼与食孰重？”

曰：“礼重。”

“色与礼孰重？”

曰：“礼重。”

曰：“以礼食，则饥而死；不以礼食，则得食，必以礼乎？亲迎，则不得妻；不亲迎，则得妻，必亲迎乎[2]？”

屋庐子不能对，明日之邹[3]，以告孟子。

**孟子曰：“於答是也，何有？不揣其本，而齐其末，方寸之木可使高于岑楼[4]。金重于羽者，岂谓一钩金与一舆羽之谓哉[5]？取食之重者与礼之轻者而比之，奚翅食重？取色之重者与礼之轻者而比之，奚翅色重[6]？往应之曰：‘紾兄之臂而夺之食[7]，则得食；不紾，则不得食，则将紾之乎？逾东家墙而搂其处子，则得妻；不搂，则不得妻，则将搂之乎？’”**

任国有一个人问屋庐子说：“礼和吃饭哪个更重要呢？”

屋庐子回答说：“当然礼更重要。”

那人又问：“娶妻和礼哪个更重要？”

屋庐子回答说：“当然礼更重要。”

那人问：“如果按照礼义去找饭吃，就会饿死；不按礼义去找饭吃，就会得到吃的，还一定要按礼义去做吗？如果依照亲迎之礼，就娶不到妻子；不依照亲迎之礼，就能娶到妻子，还一定要依照亲迎之礼吗？”

屋庐子不知该怎样回答，第二天到邹国，把这件事告诉了孟子。

孟子说：“回答这个问题有什么难的？如果不考虑房屋基础的高低是不是一样高，而只比较房顶的高度，那么一寸厚的方木可以使它高过尖角高楼。金属比羽毛重，难道说三钱重的金属比一车羽毛还要重吗？拿吃饭的重要性和礼的细节相比，岂止显出吃饭的重要性？拿娶妻的重要性和礼的细节比较，岂止显出娶妻的重要性？你去告诉他说‘扭住你哥哥的胳膊，抢夺他的饭，就会得到吃的；如果不扭，就得不到吃的，那还要扭吗？翻越东邻的墙去搂抱人家的女儿，就会得到妻子；如果不去搂抱，就不会得到妻子，那还要去搂抱吗？’”

## ◎ 原文注释

〔1〕任：古国名。

〔2〕亲迎：古代的婚姻制度，新郎在结婚时必须亲自去新娘家中迎亲。

〔3〕邹：古国名。

〔4〕岑楼：带尖角的高楼。

〔5〕一钩金：比喻很轻。钩，衣带钩。

〔6〕翅：同“啻”（chì 翅），止，仅仅。

〔7〕紾（zhěn 诊）：扭转，弯曲。

**曹交问曰："'人皆可以为尧舜'，有诸？"**

**孟子曰："然[1]。"**

**"交闻文王十尺，汤九尺，今交九尺四寸以长，食粟而已，如何则可？"**

**曰："奚有于是？亦为之而已矣。有人于此，力不能胜一匹雏[2]，则为无力人矣；今曰举百钧，则为有力人矣。然则举乌获之任，是亦为乌获而已矣。夫人岂以不胜为患哉？弗为耳。徐行后长者谓之弟，疾行先长者谓之不弟。夫徐行者，岂人所不能哉？所不为也。尧舜之道，孝弟而已矣。子服尧之服，诵尧之言，行尧之行，是尧而已矣。子服桀之服，诵桀之言，行桀之行，是桀而已矣。"**

**曰："交得见于邹君，可以假馆[3]，愿留而受业于门。"**

**曰："夫道若大路然，岂难知哉？人病不求耳[4]。子归而求之，有余师。"**

曹交问道："人人都可以成为尧舜，有这句话吗？"

孟子回答说："有。"

曹交问道："我听说周文王身高一丈，商汤身高九尺，现在我曹交身高九尺四寸多，仅能吃饭罢了，要怎样做才可以成为尧舜那样的人呢？

孟子回答说："这有什么呢？只要去做就行了。如果有个人连一只小鸡也提不起来，那他是个没有力气的人；如果能够举起三千斤重的东西，那他就是个有力气的人。如果能举起大力士乌获所举的重量，那他就是乌获那样的大力士了。人怎么能以不能胜任为担忧呢？只是不去做罢了。跟在年长的人后面慢慢地走，叫作'悌'；在年长的人前面快步地走，叫作'不悌'。慢慢地走，难道是人所不能做到的吗？只不过是不去做罢了。尧舜之道也不过就是'孝'和'悌'罢了。如果你像尧那样穿衣服，像尧那样说话，像尧那样做事，那你便和尧一样了。如果你像夏桀那样穿衣服，像夏桀那样说话，像夏桀那样做事，那你便和夏桀一样了。"

曹交说："我想拜见邹国国君，向他借个住的地方，希望能留在先生您的门下学习。"

孟子说："学习的方法就像大路一样，难道说很难了解吗？人们只是不去寻求罢了。你回去自己寻求吧，老师多得很呢。"

### ◎ 原文注释

〔1〕诸：此，这种。然：对的，是的。〔2〕一匹雏：一只小鸡。〔3〕假馆：借到一个住所。〔4〕病：只怕。

○品画鉴宝　砺剑图·明·黄济

**公孙丑问曰："高子曰：'《小弁》，小人之诗也。'"**

**孟子曰："何以言之？"**

**曰："怨。"**

**曰："固哉，高叟之为《诗》也！有人于此，越人关弓而射之[1]，则己谈笑而道之；无他，疏之也。其兄关弓而射之，则己垂涕泣而道之；无他，戚之也[2]。《小弁》之怨，亲亲也。亲亲，仁也。固矣夫，高叟之为《诗》也！"**

**曰："《凯风》何以不怨？"**

**曰："《凯风》，亲之过小者也。《小弁》，亲之过大者也。亲之过大而不怨，是愈疏也；亲之过小而怨，是不可矶也。愈疏，不孝也；不可矶[3]，亦不孝也。孔子曰：'舜其至孝矣，五十而慕。'"**

公孙丑问道："高子说：'《小弁》这首诗是小人写的'。"

孟子说："为什么这样说呢？"

公孙丑说："因为诗中有怨恨之情。"

孟子说："高老先生理解诗真是太机械了！假如有个人，越国人张弓射他，他可以有说有笑地讲述这件事；这是因为越国人和他关系疏远的缘故。如果他的兄长张弓射他，他便会泪流满面地讲述这件事；这是因为兄长是他亲人的缘故。《小弁》诗中的怨恨之情，正是热爱亲人的缘故。热爱亲人就是仁。高老先生理解诗真是太机械了！"

公孙丑问道："《凯风》这首诗为什么没有怨恨之情呢？"

孟子答道："《凯风》这首诗没有怨恨之情，是因为母亲的过错小；《小弁》所以有怨恨之情，是因为父亲的过错大。如果父母的过错大，却不怨恨，就是更加疏远父母的表现；如果父母的过错小，就去怨恨，就是以小过激起大怒。更加疏远父母是不孝，以小过激起大怒也是不孝。孔子说：'舜是最孝顺的人了，五十岁还依恋父母。'"

### ◎ 原文注释

〔1〕关弓：张开弓。〔2〕戚：亲，亲戚。〔3〕矶（jī 机）：激怒。

**宋牼将之楚[1]，孟子遇于石丘[2]，曰：“先生将何之？”**

**曰：“吾闻秦楚构兵[3]，我将见楚王说而罢之。楚王不悦，我将见秦王说而罢之。二王我将有所遇焉。”**

**曰：“轲也请无问其详，愿闻其指[4]。说之将何如？”**

**曰：“我将言其不利也。”**

**曰：“先生之志则大矣，先生之号则不可[5]。先生以利说秦、楚之王，秦、楚之王悦于利，以罢三军之师，是三军之士乐罢而悦于利也。为人臣者怀利以事其君，为人子者怀利以事其父，为人弟者怀利以事其兄，是君臣、父子、兄弟终去仁义，怀利以相接，然而不亡者，未之有也。先生以仁义说秦、楚之王，秦、楚之王悦于仁义而罢三军之师，是三军之士乐罢而悦于仁义也。为人臣者怀仁义以事其君，为人子者怀仁义以事其父，为人弟者怀仁义以事其兄，是君臣、父子、兄弟去利，怀仁义以相接也，然而不王者，未之有也。何必曰利？”**

宋牼要到楚国去，孟子在石丘碰着他，于是孟子问道：“先生要到哪里去呢？”

宋牼说：“我听说秦国和楚国要打仗，我要去劝楚王罢兵。如果楚王不愿意罢兵，我就去劝秦王罢兵。两个国王中，我总能说动一个的。”

孟子说：“我不想问得太仔细，只想听您说个大概意思。你打算怎样去劝说他们呢？”

宋牼说：“我打算用打仗的坏处来劝说他们。”

孟子说：“先生的志向很好，可是先生这样的提法却不行。先生用利来劝说秦王和楚王，秦王和楚王因为高兴有利而罢兵，这就将使军队的官兵乐于罢兵而趋向于利。做臣子的抱着获利的心态去侍奉君主，做儿子的抱着获利的心态去侍奉父亲，做弟弟的抱着获利的心态去侍奉兄长，这最终会使君臣之间、父子之间、兄弟之间失掉仁义，抱着获利的心态对待对方，这样做国家不灭亡的从来没有过。先生如果用仁义去劝说秦王和楚王，秦王和楚王因为高兴仁义而罢兵，这就会使军队的官兵喜悦仁义而乐于罢兵。做臣子的抱着仁义去侍奉君主，做儿子的抱着仁义去侍奉父亲，做弟弟的抱着仁义侍奉兄长，这最终会使君臣之间、父子之间、兄弟之间去掉获利之心，抱着仁义对待对方，这样做国家不以德政统一天下的，也是从来没有过的事情。为什么一定要以‘利’为原因呢？”

## ◎ 原文注释

〔1〕宋牼(kēng 坑)：宋国人。战国时著名学者。

〔2〕石丘：地名。

〔3〕构兵：交战。

〔4〕指：意图。

〔5〕号：观点，看法。

**孟子居邹，季任为任处守[1]，以币交[2]，受之而不报。处于平陆，储子为相，以币交，受之而不报。他日，由邹之任，见季子；由平陆之齐，不见储子。屋庐子喜曰：“连得间矣[3]。”问曰：“夫子之任见季子，之齐不见储子，为其为相与？”**

**曰：“非也。《书》曰：‘享多仪，仪不及物曰不享，惟不役志于享[4]。’为其不成享也。”**

**屋庐子悦。或问之。屋庐子曰：“季子不得之邹，储子得之平陆。”**

孟子住在邹国的时候，季任留守在任国，代理国政，他送帛给孟子要与他交朋友，孟子接受了礼物却没有回礼。孟子住在平陆的时候，储子当时是齐国的卿相，也送帛给孟子要与他交朋友，孟子也接受了礼物却没有回礼。有一天，孟子由邹国到任国，拜访了季子；由平陆到齐国，却不拜访储子。屋庐子高兴地说：“我可找到先生的不是了。”便问孟子道：“先生到任国，拜访季子；到齐国，却不拜访储子，是因为他是齐国的卿相吗？”

孟子说：“不是。《尚书》上说：‘用食物供奉神主，最可贵的是礼仪，如果礼仪不周，贡物虽多那也叫作没有供奉，因为供奉的人并不诚心。’这是因为他没有完成供奉的缘故。”

屋庐子非常高兴。有人问起这事。屋庐子说：“季子不能去邹国，而储子却能够亲身去平陆，他为什么不亲自去送呢？”

○ 品画鉴宝　镶嵌龙纹敦·春秋

### ◎ 原文注释

〔1〕处守：留守。

〔2〕以币交：用厚礼交朋友。币，礼品。

〔3〕间：漏洞、空隙。

〔4〕惟：因为。

淳于髡曰："先名实者，为人也；后名实者[1]，自为也。夫子在三卿之中[2]，名实未加于上下而去之[3]，仁者固如此乎？"

孟子曰："居下位，不以贤事不肖者，伯夷也；五就汤、五就桀者，伊尹也；不恶污君，不辞小官者，柳下惠也。三子者不同道，其趋一也。一者何也？曰：仁也。君子亦仁而已矣，何必同？"

曰："鲁缪公之时，公仪子为政，子柳、子思为臣，鲁之削也滋甚。若是乎贤者之无益于国也！"

曰："虞不用百里奚而亡，秦穆公用之而霸。不用贤则亡，削何可得与？"

曰："昔者王豹处于淇，而河西善讴；绵驹处于高唐，而齐右善歌；华周、杞梁之妻善哭其夫，而变国俗。有诸内，必形诸外。为其事而无其功者，髡未尝睹之也。是故无贤者也；有则髡必识之。"

曰："孔子为鲁司寇，不用，从而祭，燔肉不至，不税冕而行[4]。不知者以为为肉也，其知者以为为无礼也。乃孔子则欲以微罪行[5]，不欲为苟去。君子之所为，众人固不识也。"

淳于髡说："重视名誉功业的，是为了济世救民；轻视名誉功业的，是为了独善其身。先生您身为齐国的三卿之一，上辅君王下济臣民的名誉和功业都没有建立就离开了，仁人是这样的吗？"

孟子说："处在卑贱的地位，不以贤人的身份去侍奉不贤之人，这是伯夷的做法；五次去商汤那里，五次去夏桀那里，这是伊尹的做法；不厌恶污浊的君主，不拒绝微贱的职位，这是柳下惠的做法。这三个人的做法不同，目的却是一样的。一样是指什么呢？是指'仁'。君子只要仁就行了，为什么一定要做法相同呢？"

淳于髡说："鲁缪公的时候，公仪子主持国政，子柳、子思都为朝中之臣，鲁国却更加削弱，这就是贤人对于国家毫无益处的例子！"

孟子说："虞国不用百里奚而亡了国，秦穆公任用了他便成为了诸侯霸主。如果不用贤人便会亡国，岂止是国力削弱？"

淳于髡说："从前，王豹住在淇水边上，河西的人便都会唱歌；绵驹住在高唐，齐国西部的人便都会唱歌；华周、杞梁的妻子哭他们的丈夫很悲哀，国家风俗因此而改变。内心存在什么便会在外表显示出来。做事情却不见结果，我从来没有见过这样的事情。所以是没有贤人，如果真的有贤人，我一定会知道的。"

孟子说："孔子做鲁国司寇的时候，不被重用，跟随着去祭祀，祭祀的烤肉不见送来，来不及摘掉帽子就匆匆离开了。不了解孔子的人，还以为他是为争祭肉

而离开的；了解孔子的人，知道他是因为鲁国失礼而离开的。至于孔子本人，却要自己背一点小罪名而离开，不想随便离开。君子的所作所为，不是一般人所能知道的。”

### ◎ 原文注释

〔1〕先名实者：注重名誉功业的人。先，注重。后名实者：轻视名誉功业的人。后，轻视。

〔2〕三卿：指上卿、亚卿、下卿。

〔3〕上下：国君和百姓。

〔4〕税（tuō 脱）：通“脱”，去掉，解下。冕：礼帽，祭祀时用。

〔5〕欲以微罪行：承担一点罪名而远去。微罪，小的过失，指孔子不愿彰显父母之国君相的过失。

孟子曰："五霸者[1]，三王之罪人也[2]；今之诸侯，五霸之罪人也；今之大夫，今之诸侯之罪人也。天子适诸侯曰巡狩，诸侯朝于天子曰述职。春省耕而补不足，秋省敛而助不给。入其疆，土地辟，田野治，养老尊贤，俊杰在位，则有庆；庆以地。入其疆，土地荒芜，遗老失贤，掊克在位[3]，则有让。一不朝，则贬其爵；再不朝，则削其地；三不朝，则六师移之。是故天子讨而不伐，诸侯伐而不讨。五霸者，搂诸侯以伐诸侯者也，故曰：五霸者，三王之罪人也。五霸，桓公为盛。葵丘之会，诸侯束牲载书而不歃血[4]。初命曰：诛不孝，无易树子，无以妾为妻。再命曰：尊贤育才，以彰有德。三命曰：敬老慈幼，无忘宾旅。四命曰：士无世官，官事无摄，取士必得，无专杀大夫。五命曰：无曲防[5]，无遏籴，无有封而不告。曰：凡我同盟之人，既盟之后，言归于好。今之诸侯皆犯此五禁，故曰：今之诸侯，五霸之罪人也。长君之恶，其罪小；逢君之恶，其罪大。今之大夫，皆逢君之恶，故曰：今之大夫，今之诸侯之罪人也。"

孟子说："春秋五霸，相对于三王来说，是有罪之人；现在的诸侯，相对于春秋五霸来说，也是有罪之人；现在的大夫，相对于现在的诸侯来说，又是有罪之人。天子到诸侯那里去叫'巡狩'，诸侯朝拜天子叫'述职'。天子春天视察耕种情况，赈济贫穷的人，秋天视察收获情况，赈济歉收的人。进入诸侯的领地，如果土地得以开垦，庄稼种得很好，老人得到赡养，贤人得到尊重，俊杰之士列于朝廷，就给他赏赐；赏给他土地。进入诸侯的封疆，如果土地荒芜，老人被遗弃，贤人不被任用，聚敛钱财的人位列朝廷，那就责罚他。诸侯一次不朝拜，就降低他的爵位；两次不朝拜，就削减他的封地；三次不朝拜，就率领军队前去讨伐。所以天子用武叫'讨'不叫'伐'，诸侯用武叫'伐'不叫'讨'。春秋五霸是挟持诸侯来'伐'诸侯的人，所以说：春秋五霸，相对于三王来说，是有罪的人。春秋五霸之中，齐桓公最强大。葵丘之盟时，各路诸侯捆绑着牺牲，只是把盟约放在上

面，因为相信诸侯不敢违约便没有歃血。第一条辞命说：讨伐不孝之人，不随便废立太子，不立妾为妻。第二条辞命说：尊敬贤人，培养人才，表彰有仁德的人。第三条辞命说：尊敬老人，慈爱幼小，不懈怠贵宾和旅客。第四条辞命说：士人的官职不世袭，不身兼数职，任用士人一定能胜任，不独断地杀戮大夫。第五条辞命说：不到处设防，不禁止邻国采购粮食，不要有所封赏而不报告。最后说：凡是参加的国家，订立盟约后，恢复友好交往。现在的诸侯都违背了这五条禁令，所以说：现在的诸侯，相对于春秋五霸来说，也是有罪之人。如果君主有过错，臣子因为顺从而助长这种过错，这罪行还算小的；如果君主有过错，臣下还阿谀逢迎，这罪行就大了。现在的大夫都逢迎君主的不对之处，所以说：现在的大夫，相对于现在的诸侯来说，又是有罪之人。”

## ◎ 原文注释

〔1〕五霸：春秋时代先后称霸的五位诸侯，分别是齐桓公、宋襄公、晋文公、秦穆公、楚庄王。一说为齐桓公、晋文公、楚庄王、吴王阖闾、越王勾践。

〔2〕三王：指夏、商、周三个朝代的帝王，分别是夏禹、商汤、周文王和周武王。

〔3〕掊（pǒu）克：聚。

〔4〕束牲：赵岐注：“束缚其牲”。古代定盟常用牺牲，或杀，或不杀。载书：古时盟约。歃血：在盟会时，饮血或涂血于口旁，以表示诚意。

〔5〕曲防：遍筑堤防。

鲁欲使慎子为将军。孟子曰："不教民而用之，谓之殃民。殃民者，不容于尧、舜之世。一战胜齐，遂有南阳，然且不可。"

慎子勃然不悦曰[1]："此则滑厘所不识也。"

曰："吾明告子。天子之地方千里；不千里，不足以待诸侯。诸侯之地方百里；不百里，不足以守宗庙之典籍。周公之封于鲁，为方百里也；地非不足，而俭于百里[2]。太公之封于齐也，亦为方百里也；地非不足也，而俭于百里。今鲁方百里者五，子以为有王者作，则鲁在所损乎？在所益乎？徒取诸彼以与此，然且仁者不为，况于杀人以求之乎？君子之事君也，务引其君以当道，志于仁而已。"

鲁国想让慎子做将军。孟子说："不先教导老百姓却让他们去打仗，这就叫作残害老百姓。残害老百姓的人，在尧舜那个时代是不会被容纳的。即使一次作战胜了齐国，从而得到南阳之地，这样还是不可以。"

慎子突然脸色不高兴地说："我不知道你说的是什么意思。"

孟子说："我明明白白地告诉你。天子的土地方圆一千里；不到一千里，便不足以接待诸侯。诸侯的土地方圆一百里；不到一百里，便不足以奉守祖宗的礼法制度。周公被封于鲁国的时候，土地应该方圆一百里；土地并不是不够，但实际却不够一百里。太公被封于齐国的时候，土地也应该方圆一百里；土地并不是不够，但实际却不够一百里。现在鲁国的大小五倍于方圆一百里的土地，你认为如果有圣王兴起，鲁国的土地会有所减少呢，还是会有所增加呢？不用兵力而白白地从那个国家获得土地，仁人不干这样的事情，更何况杀人来求得土地呢？君子侍奉君主，一定要引导他趋向正路，专心于行仁政就行了。"

### ◎ 原文注释

〔1〕勃然：盛怒的样子。〔2〕俭：少，止。

**白圭曰：“吾欲二十而取一，何如？”**

**孟子曰：“子之道，貉道也[1]。万室之国，一人陶，则可乎？”**

**曰：“不可，器不足用也。”**

**曰：“夫貉，五谷不生，惟黍生之；无城郭、宫室、宗庙、祭祀之礼，无诸侯币帛饔飧[2]，无百官有司，故二十取一而足也。今居中国，去人伦，无君子，如之何其可也？陶以寡，且不可以为国，况无君子乎？欲轻之于尧、舜之道者，大貉小貉也；欲重之于尧、舜之道者，大桀小桀也。”**

白圭说：“我想把税率定为二十分之一，怎么样？”

孟子说：“你的政治，是貉国的政治。如果一个拥有万户的国家，只有一个人制作陶器，能行吗？”

白圭说：“当然不行，陶器会不够用的。”

孟子说：“貉国，不产五谷，只产糜子；没有城墙、宫殿、宗庙、祭祀的礼仪，也没有各国之间的相互往来，致送礼物和宴飨；也没有各种衙署和官吏，所以二十分之一的税率就足够了。现在地处中国，如果也像貉国一样，去掉人情伦常，没有官吏，那怎么能行呢？制作陶器的人少，尚且不能使一个国家搞好，更何况没有官吏呢？想要比尧舜十分之一的税率低的，那是大貉小貉之国的政治；想要比尧舜十分之一的税率高的，那是大桀小桀之国的政治。”

○品画鉴宝　镶嵌几何纹高柄方壶·春秋

## ◎ 原文注释

〔1〕貉（mò 陌）：又作“貊”，对东北地区少数民族的称呼。

〔2〕饔飧：熟食，在此指以饮食招待客人。

○品画鉴宝　大禹治水图玉山·清

白圭曰："丹之治水也愈于禹[1]。"

孟子曰："子过矣。禹之治水，水之道也，是故禹以四海为壑[2]。今吾子以邻国为壑。水逆行，谓之洚水。洚水者[3]，洪水也，仁人之所恶也。吾子过矣！"

白圭说："我治理水患比大禹高明。"

孟子说："你错了。大禹治理水患，是顺着水的本性，所以禹让水流进了大海。现在，你治理水患却让水流向邻近的国家。水逆向流行叫作洚水。所谓洚水就是洪水，这是有仁爱之心的人最厌恶的。所以说你错了。"

## ◎ 原文注释

〔1〕丹之治水：白圭（名丹）治水的办法，注重于筑堤防。

〔2〕壑（hè 贺）：沟壑。

〔3〕洚（jiàng 酱）水：洪水泛滥。

**鲁欲使乐正子为政[1]。孟子曰："吾闻之，喜而不寐。"**

**公孙丑曰："乐正子强乎？"**

**曰："否。"**

**"有知虑乎？"**

**曰："否。"**

**"多闻识乎？"**

**曰："否。"**

**"然则奚为喜而不寐？"**

**曰："其为人也好善。"**

**"好善足乎？"**

**曰："好善优于天下，而况鲁国乎？夫苟好善，则四海之内，皆将轻千里而来告之以善[2]；夫苟不好善，则人将曰：'訑訑[3]，予既已知之矣。'訑訑之声音颜色，距人于千里之外[4]。士止于千里之外，则谗谄面谀之人至矣[5]。与谗谄面谀之人居，国欲治，可得乎？"**

**孟子曰："君子不亮[6]，恶乎执[7]？"**

鲁国想让乐正子治理国政。孟子说："我听到这事，高兴得睡不着觉。"

公孙丑问道："是因为乐正子很坚强吗？"

孟子答道："不是。"

公孙丑问道："是因为乐正子有聪明的主张吗？"

孟子答道："不是。"

公孙丑问道："是因为乐正子见多识广吗？"

孟子答道："不是。"

公孙丑问道："那为什么会高兴得睡不着觉？"

孟子答道："他为人喜欢听取善言。"

公孙丑问道："喜欢听取善言就足够了吗？"

孟子答道："喜欢听取善言，来治理天下都绰绰有余，何况是仅仅治理一个鲁国呢？如果喜欢听取善言，天下的人都会从千里以外赶来把善言告诉他；如果不喜欢听取善言，那别人就会学他的样子说：‘呵呵！这个我早已知道了。’呵呵的声音，得意的面色就会把别人拒于千里之外。士人在千里之外停步不前，那些阿谀奉承的人就会来到。同阿谀奉承的人一起共事，想把国家治理好，可能吗？”

孟子说：“君子如果不讲诚信，怎么能有操守呢？”

### ◎ 原文注释

〔1〕乐正子：人名。

〔2〕轻：容易，轻视；以……为易。

〔3〕訑訑（yí yí 夷夷）：自满的样子，模仿自以为是的表情。

〔4〕距：通“拒”，拒绝。

〔5〕谗（chān 蝉）：说他人的坏话。谄（chǎn 产）：献媚，奉承。谀（yū 鱼）：用甜言蜜语奉承。

〔6〕亮：同“谅”，诚信，诚实。

〔7〕恶（wū 乌）：疑问词，怎么、哪、岂。

**陈子曰："古之君子何如则仕？"**

**孟子曰："所就三[1]，所去三[2]。迎之致敬以有礼；言，将行其言也，则就之。礼貌未衰，言弗行也，则去之。其次，虽未行其言也，迎之致敬以有礼，则就之。礼貌衰[3]，则去之。其下，朝不食，夕不食，饥饿不能出门户。君闻之，曰：'吾大者不能行其道，又不能从其言也，使饥饿于我土地，吾耻之。'周之，亦可受也，免死而已矣。"**

陈子问道："古代的君子在怎么样的情况下才出来做官呢？"

孟子回答说："出来做官的情况有三种，辞去官职的情况也有三种。有礼貌且恭敬地迎接；他有建议，便按照他的建议执行，这样的话就出来做官。礼貌虽然没有减少，但建议却得不到执行，这样的话就辞去官职。其次，虽然不执行自己的建议，但还能有礼貌且恭敬地迎接，这样的话也出来做官。礼貌如果减少，便辞去官职。最次的情况，早晨没饭吃，晚上没饭吃，饿得走不出房间。君主知道了，便说：'我在大的方面没有实行他的学说，又不能听从他的建议，使他在我的国土上忍饥挨饿，我感到非常羞耻。'于是君主周济他，这也可以接受，只是为了免于死亡罢了。"

## ◎ 原文注释

〔1〕就：就职、赴任。〔2〕去：辞官、退隐。〔3〕衰：衰减、减少。

○ 品画鉴宝　洹子孟姜壶·春秋

孟子曰："舜发于畎亩之中[1]，傅说举于版筑之间[2]，胶鬲举于鱼盐之中[3]，管夷吾举于士[4]，孙叔敖举于海[5]，百里奚举于市[6]。故天将降大任于是人也，必先苦其心志，劳其筋骨，饿其体肤，空乏其身，行拂乱其所为，所以动心忍性，曾益其所不能[7]。人恒过，然后能改；困于心，衡于虑[8]，而后作；徵于色[9]，发于声，而后喻。入则无法家拂士，出则无敌国外患者，国恒亡。然后知生于忧患而死于安乐也。"

孟子说："舜是从田间被提拔上来的，傅说是从筑墙的人中被提拔上来的，胶鬲是从鱼盐贩子中被提拔上来的，管夷吾是从狱官的手里释放出来而被重用的，孙叔敖是从海边被推举出来的，百里奚是从集市上被提拔出来的。所以上天如果要把重大任务交给某个人，一定会先磨炼他的意志，劳累他的筋骨，使他的身体饥饿，备受穷困之苦，一言一行都不能如愿以偿，这样做的目的，是为了使他的心意受到震动，使他的性情坚忍，使他的能力得以增强。人经常是犯了错误，然后才能改正；心志困苦，思虑阻塞，然后才能奋发有为；表现在脸上，吐露在言语中，然后别人才会理解。一个国家，在内没有依法度的大臣和直言相谏的臣子，在外没有实力相当的邻国和外患的忧虑，国家就会灭亡。然后就可以知道忧患使人生存，安逸享乐会使人死亡。"

○傅说像　傅说是我国殷商时期卓越的政治家、军事家、思想家及建筑科学家，被高宗武丁尊为『圣人』。

### ◎ 原文注释

〔1〕舜发于畎（quǎn犬）亩之中：舜曾在历山耕种。发，兴。畎亩，农田。〔2〕傅说（yuè悦）：贤人，因筑墙而被武丁提拔。举：举荐，提拔。〔3〕胶鬲举于鱼盐之中：胶鬲从鱼盐行业中被提拔。〔4〕管夷吾：即管仲。士：狱官。〔5〕孙叔敖举于海：孙叔敖从海滨被提拔。〔6〕百里奚举于市：百里奚从交易场所被提拔。〔7〕曾：同"增"，增加。〔8〕衡于虑：思想被阻塞。〔9〕徵：表露。

# ·第拾叁卷·

## [尽心]上

**孟子曰：“尽其心者，知其性也。知其性，则知天矣。存其心，养其性，所以事天也。夭寿不贰，修身以俟之[1]，所以立命也。”**

孟子说：“尽量张大自己善良的本心，这就懂得了人的本性。懂得了人的本性，就懂得天命了。保持人的本心，培育人的本性，这就是对待天命的方法。短寿，长寿，都不三心二意，培养身心，安待天命，这就是人安身立命的方法。”

## ◎ 原文注释

〔1〕俟（sì 四）：等待。

○ 品画鉴宝　山水图 · 明 · 文嘉

图中山峦叠障，云遮雾连，杂树挺立，江水泛波麓树从间，房屋书斋，有文人捧卷读书。

**孟子曰：“莫非命也，顺受其正；是故知命者，不立乎岩墙之下。尽其道而死者，正命也[1]；桎梏死者，非正命也。”**

孟子说：“没有什么不是命运，只要顺理而行，所受的便是正命；所以懂得命运的人不会站在危墙的下面。尽心行道而死的人，所受的是正命；有罪而死的人，所受的不是正命。”

### ◎ 原文注释

〔1〕正命：天定的命令。

孟子曰："求则得之，舍则失之，是求有益于得也，求在我者也。求之有道，得之有命，是求无益于得也，求在外者也。"

孟子曰："万物皆备于我矣。反身而诚，乐莫大焉。强恕而行[1]，求仁莫近焉。"

孟子曰："行之而不著焉[2]，习矣而不察焉，终身由之而不知其道者，众也[3]。"

孟子曰："人不可以无耻。无耻之耻[4]，无耻矣。"

孟子说："探求就能得到，舍弃便会失去，这种探求是有益于收获的，因为所探求的东西就在我本身之内。循道而探求，能否获得则听从于命运，这种探求是无益于收获的，因为所追求的对象存在于我本身之外。"

孟子说："一切东西我都具备了。反身自省，自己是忠诚踏实的，那就没有比这更大的快乐了。不懈地按恕道行事，到达仁的途径没有比这更快捷的了。"

孟子说："做了却不明白其中的道理；习惯了却不知道其所以然；一辈子都按照这样的方式去做，却不知道其中的道理，这种人是一般的人。"

孟子说："人不可以没有羞耻感，不知羞耻的那种羞耻，才是真正的不知羞耻呀！"

### ◎ 原文注释

〔1〕强恕而行：努力按照恕道去做。强，强行。恕，恕道。

〔2〕不著：不明白其中的道理。

〔3〕众：平常人，普通人。

〔4〕之：到。

○ 品画鉴宝 净名居士像·清·罗聘

○ 品画鉴宝 陶鼎·战国

**孟子曰："耻之于人大矣，为机变之巧者，无所用耻焉。不耻不若人，何若人有？"**

**孟子曰："古之贤王好善而忘势，古之贤士何独不然？乐其道而忘人之势，故王公不致敬尽礼，则不得亟见之。见且由不得亟，而况得而臣之乎？"**

孟子说："羞耻对于人来说意义重大，那些搞阴谋诡计，干奸诈机谋事情的人，是不会羞耻的。不以不如别人为羞耻，那怎么能赶上别人呢？"

孟子说："古代的贤能君主喜好善，因而忘记了自己的权势；古代的贤能之士何尝不是这样呢？沉湎于自己的道，因而就忘记了别人的权势，所以王公如果不对他恭敬尽礼，就不能和他多次见面。相见的次数尚且不多，更何况要他作为臣下呢？"

**孟子谓宋勾践曰[1]：“子好游乎[2]？吾语子游。人知之，亦嚣嚣[3]；人不知，亦嚣嚣。”**

**曰：“何如斯可以嚣嚣矣？”**

**曰：“尊德乐义，则可以嚣嚣矣。故士穷不失义，达不离道。穷不失义，故士得己焉。达不离道，故民不失望焉。古之人得志，泽加于民；不得志，修身见于世。穷则独善其身，达则兼善天下。”**

孟子对宋勾践说：“你喜欢游说吗？我告诉你游说的原则。别人了解我，我自得其乐；别人不了解我，我也自得其乐。”

宋勾践问：“怎么样才能够自得其乐呢？”

孟子答道：“尊德乐义，就可以自得其乐了。所以士人困窘时，不丢弃义；得志时，不离开道。困窘时不失义，所以自得其乐；得志时不离开道，所以百姓不失望。古代的人，得志时就施恩惠于百姓；不得志就修身养性，以此出现于世人面前。困窘时就独善其身，得志就普施恩惠于天下。”

### ◎ 原文注释

〔1〕宋勾践：人名。

〔2〕游：游说。

〔3〕嚣嚣（xiāo 消）：自得的样子。

**孟子曰：“待文王而后兴者[1]，凡民也。若夫豪杰之士，虽无文王犹兴。”**

**孟子曰：“附之以韩魏之家[2]，如其自视欿然[3]，则过人远矣。”**

**孟子曰：“以佚道使民，虽劳不怨。以生道杀民，虽死不怨杀者。”**

孟子说：“等到周文王出来时才振作发奋的人，那是一般的百姓。至于那些豪杰之士，即使没有周文王，也能奋发起来。”

孟子说：“把春秋时韩魏两家大臣的财富给一个人，如果他不自满，这样的人就远远超出一般人。”

孟子说：“为了使老百姓生活幸福而役使他们，老百姓即使劳苦也不怨恨。为了老百姓的生存而杀人，那人即使被杀也不会怨恨杀他的人。”

### ◎ 原文注释

〔1〕兴：兴起，振作。

〔2〕韩魏之家：晋国时韩、魏两家大臣。

〔3〕欿（kǎn 砍）：不足，即不自满。

○ 品画鉴宝　斫琴图·东晋·顾恺之

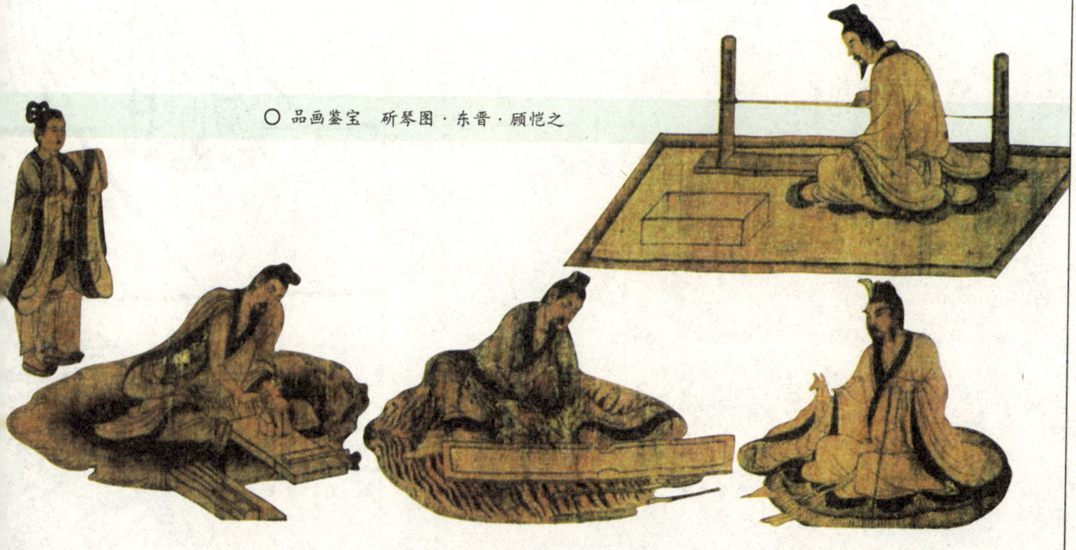

孟子曰："霸者之民，驩虞如也[1]；王者之民，皞皞如也[2]。杀之而不怨，利之而不庸[3]，民日迁善而不知为之者。夫君子所过者化，所存者神，上下与天地同流，岂曰小补之哉？"

孟子说："霸主的老百姓欢喜快乐；圣王的老百姓怡然自得。即使杀了这些百姓他们也不怨恨，得到好处也不知是谁的功绩；老百姓一天天向好的方向发展，也不知是谁让他们如此。圣人经过的地方，百姓得到教化；圣人居处之地，教化作用更是神奇，上与天，下与地同时运转，怎么能说是轻微的补益呢？"

◎ 原文注释

〔1〕驩虞：同"欢娱"，喜乐兴奋。

〔2〕皞皞（hào hào浩浩）：坦然自得的样子。

〔3〕庸：功劳。这里是动词，酬功，酬谢。

**孟子曰："仁言，不如仁声之入人深也[1]。善政[2]，不如善教之得民也。善政民畏之[3]，善教民爱之。善政得民财，善教得民心。"**

孟子说："仁德的言语赶不上仁德的声望深入人心，良好的政治赶不上良好的教化那样得民心。良好的政治，老百姓怕它；良好的教育，老百姓爱它。良好的政治可以获取老百姓的财富，良好的教育能得到老百姓的心。"

### ◎ 原文注释

〔1〕仁言：仁德的语言。仁声，仁德的声望。〔2〕善政：良好的政治。〔3〕畏：怕。

○ 品画鉴宝　丽人行·北宋·李公麟

**孟子曰："人之所不学而能者，其良能也；所不虑而知者，其良知也**[1]**。孩提之童**[2]**，无不知爱其亲者；及其长也，无不知敬其兄也。亲亲，仁也；敬长，义也。无他，达之天下也。"**

孟子说："人不用学习便可以做到，这是良能；不用思考便可以知道，这是良知。小孩子没有不爱他的父母的，等他长大了，没有不知道尊敬兄长的。亲爱自己的父母是仁，尊敬自己的兄长是义，没有其他原因，因为这两种品德能通行于天下。"

### ◎ 原文注释

〔1〕良能：天生具备的才能。良知：先天具备的知觉。

〔2〕孩提之童：开始会笑的幼儿。

孟子曰："舜之居深山之中，与木石居，与鹿豕游，其所以异于深山之野人者几希；及其闻一善言，见一善行，若决江河，沛然莫之能御也。"

孟子说："舜居住在深山的时候，与树木和石头同处，和鹿、野猪为伴，跟深山中的其他老百姓没有什么不同；等到他听见一句好的话，看见一种好的行为，(就积极推行)，(这种力量)像江河决口一样，洪大得没有什么能阻止住他。"

○ 品画鉴宝　江乡春晓图 · 清 · 王原祁

○ 品画鉴宝　豆·春秋

**孟子曰：“无为其所不为，无欲其所不欲，如此而已矣。”**

**孟子曰：“人之有德慧术知者，恒存乎疢疾[1]。独孤臣孽子[2]，其操心也危[3]，其虑患也深，故达[4]。”**

**孟子曰：“有事君人者，事是君则为容悦者也；有安社稷臣者，以安社稷为悦者也；有天民者，达可行于天下而后行之者也；有大人者，正己而物正者也。”**

孟子说：“不要让人做不想做的事，不要让人贪求不想要的东西，这样就行了。”

孟子说：“人有德行、智慧、谋略、知识，是因为人经常有灾患。只有势力单薄的臣子、地位低下的庶子，他们时常心怀不安，思虑灾患之事非常深刻，所以才能通晓事理。”

孟子说：“侍奉君主的人，把侍奉君主当作快乐的；安定江山社稷的臣子，是以江山社稷的安定为乐事的人；有不在职位而保全天理的人，是知道自己的道可以通行于天下才去推行的人；圣人，是那种先正己，外在的事物便随着端正了的人。”

## ◎ 原文注释

〔1〕疢（chèn衬）疾：灾患。〔2〕孤臣：势力单薄的臣属。孽子：地位低的庶子。〔3〕危：不安。〔4〕达：通达。

○ 品画鉴宝　联禁龙纹壶·战国

**孟子曰："君子有三乐，而王天下不与存焉。父母俱存，兄弟无故[1]，一乐也；仰不愧于天，俯不怍于人[2]，二乐也；得天下英才而教育之，三乐也。君子有三乐，而王天下不与存焉！"**

孟子说："君子有三种乐事，不过，统治天下不在其中。父母亲都安康，兄弟没有灾患，这是第一种乐事；抬头不愧于天，低头不愧于人，这是第二种乐事；能够教育天下的优秀人才，这是第三种乐事。所以君子有三种乐事，但称王于天下不在其中。"

## ◎ 原文注释

〔1〕无故：没有灾祸。〔2〕怍（zuò 坐）：惭愧。

**孟子曰：“广土众民，君子欲之，所乐不存焉；中天下而立，定四海之民，君子乐之，所性不存焉。君子所性，虽大行不加焉[1]，虽穷居不损焉，分定故也。君子所性，仁、义、礼、智根于心，其生色也睟然[2]，见于面，盎于背，施于四体，四体不言而喻。”**

孟子说：“广袤的国土，众多的人口，是君子所希望的事情，然而他的乐趣不在这上面；处于天下的中央，使天下的老百姓能够安居乐业，君子快意于此，然而他的本性不在这里。君子的本性，即使他的主张大行天下，也不会因此而膨胀；即使他不得志而隐居，也不会因此所减缩，因为本性已经固定的原因。君子的本性，仁、义、礼、智扎根于心中，流露出的神情平和柔润，它表现于君子的颜面，表现于君子的肩背，延及于君子四肢的动作，四肢不必等他的吩咐，就知道该怎么做了。”

### ◎ 原文注释

〔1〕大行：远大理想抱负。〔2〕睟(suì 碎)然：清和润泽之貌。

○ 品画鉴宝 市井图·元

**孟子曰：“伯夷辟纣，居北海之滨，闻文王作，兴曰：‘盍归乎来？吾闻西伯善养老者。’太公辟纣，居东海之滨，闻文王作，兴曰：‘盍归乎来？吾闻西伯善养老者。’天下有善养老，则仁人以为己归矣。五亩之宅，树墙下以桑，匹妇蚕之，则老者足以衣帛矣。五母鸡，二母彘，无失其时，老者足以无失肉矣。百亩之田，匹夫耕之，八口之家足以无饥矣。所谓西伯善养老者，制其田里，教之树、畜，导其妻子，使养其老。五十非帛不暖，七十非肉不饱。不暖不饱，谓之冻馁。文王之民，无冻馁之老者，此之谓也。”**

孟子说：“伯夷躲避殷纣王，居于北海之滨，听说周文王兴起来了，兴奋地说：‘为什么不到西伯那儿去呢？我听说西伯是个能好好奉养老人的人。’太公躲避殷纣王，住在东海之滨，听说周文王兴起来了，兴奋地说：‘为什么不到西伯那里去呢？我听说西伯是个能好好奉养老人的人。’天下有善于养老的人，那么仁人便把他作为自己的依靠。五亩大的院落，如果在墙下种植桑树，妇女养蚕，那么年老之人便足以穿丝帛了。五只母鸡，两头母猪，饲养它们，适时繁殖，那么年老之人便完全可以有肉吃了。百亩大的田地，男子来耕种，八口人的家庭便足以能吃饱。人们所说的西伯善于养老，就在于他制定土地制度，引导人们去种桑畜牧，引导老百姓奉养自己的老人。人到五十岁时，不穿丝帛便感觉不到暖和；七十岁，不吃肉便觉得吃不饱。穿不暖、吃不饱，这叫受冻挨饿。周文王的百姓中，没有受冻挨饿的老人，说的就是这个意思。”

○ 品画鉴宝 · 绿釉陶楼 · 东汉

○品画鉴宝 溪山图·明·徐贲

**孟子曰："孔子登东山而小鲁，登泰山而小天下。故观于海者难为水，游于圣人之门者难为言。观水有术，必观其澜。日月有明，容光必照焉[1]。流水之为物也，不盈科不行；君子之志于道也，不成章不达[2]。"**

孟子说："孔子登上东山，便以为鲁国太小了；登上泰山，便觉得整个天下也小了。所以见过海洋的人，别的什么水也都不算水了；对于曾在圣人门下学习过的人，别的什么议论都难以吸引他了。欣赏水是有方法的，（懂得的人）一定要看它壮阔的波澜。太阳和月亮都有光明，一点小的缝隙都必定要照到。流水不把凹地流满，是不会再往前流的；君子有志于道，没有达到一定的程度，便不会通达。"

◎ **原文注释**

〔1〕容光：小缝隙。

〔2〕成章：在此指一定成就。

孟子曰：“鸡鸣而起，孳孳为善者[1]，舜之徒也；鸡鸣而起，孳孳为利者，蹠之徒也。欲知舜与蹠之分，无他，利与善之间也[2]。”

孟子说：“鸡一叫就起来，尽心尽力行善的，是舜一类的人；鸡叫便起，汲汲钻营求利的，是盗跖一类的人。如果想知道舜与盗跖的差别，没有别的，只是求利求善的不同罢了。”

◎ **原文注释**

〔1〕孳孳（zī zī 资资）：同“孜孜”，勤勉努力的样子。

〔2〕间（jiàn 见）：区别，不同。

**孟子曰："杨子取为我[1]，拔一毛而利天下，不为也。墨子兼爱，摩顶放踵利天下[2]，为之。子莫执中。执中为近之。执中无权，犹执一也。所恶执一者，为其贼道也，举一而废百也。"**

孟子说："杨子主张为我，拔一根毫毛而有利于天下，这样的事都不愿意做。墨子主张兼爱，摩秃头顶，走破脚跟，只要有利于天下，都肯做。子莫主张中道，主张中道也可以了。但如果主张中道却不灵活，不懂得变通，那便是执拗于一点。之所以反对执拗于一点，是因为它有损于仁义之道，只取一点而放弃了其余的。"

○ 墨子像
墨子，名翟，战国时期著名的思想家、教育家、军事家，墨家学派的创始人。

### ◎ 原文注释

〔1〕取：主张，奉行。

〔2〕摩顶放踵：因为劳苦而从头到脚都是病。放（fǎng 仿），到，至。

**孟子曰：“饥者甘食，渴者甘饮，是未得饮食之正也，饥渴害之也。岂惟口腹有饥渴之害？人心亦皆有害。人能无以饥渴之害为心害，则不及人不为忧矣。”**

**孟子曰：“柳下惠不以三公易其介[1]。”**

孟子说：“饥饿的人觉得任何食物都美味可口，干渴的人觉得任何饮料都甜美。不知道饮料、食物的正常滋味，其原因在于受了饥饿干渴的损害。难道受饥饿干渴损害的仅仅只有口舌、肚腹吗？人心也会受这种损害。如果人们不使自己的心志受到饥饿干渴那样的损害，那么赶不上别人也不会忧虑了。”

孟子说：“柳下惠不因为做了大官而改变自己的操守。

◎ **原文注释**

〔1〕易：换，交换。介：节操。

**孟子曰："有为者辟若掘井，掘井九轫而不及泉[1]，犹为弃井也[2]。"**

**孟子曰："尧、舜，性之也[3]；汤、武，身之也[4]；五霸，假之也。久假而不归，恶知其非有也？"**

孟子说："做事情就像打井，打六七丈深还没有看见泉水，那它仍是一口废井。"

孟子说："尧舜实行仁义，是本性使然；商汤、周武王实行仁义，就要身体力行；春秋时五霸实行仁义，则是假借仁义，以此谋利。但是，如果久借不还，你又怎么能知道他们本来是没有仁义的呢？"

## ◎ 原文注释

〔1〕轫：同"仞"，量词，七尺或八尺为一仞。

〔2〕犹为：还是。

〔3〕性：人的本性，天性。这里为动词，指尧舜天性浑全，不假修习。

〔4〕身：亲身，亲自。这里指汤、武修身体道，以复其性。

**公孙丑曰："伊尹曰：'予不狎于不顺[1]，放太甲于桐，民大悦[2]。太甲贤，又反之，民大悦。'贤者之为人臣也，其君不贤，则固可放与？"**

**孟子曰："有伊尹之志，则可；无伊尹之志，则篡也[3]。"**

公孙丑说："伊尹说过：'我不愿亲近违逆礼义的人，所以把太甲流放到桐邑，老百姓都非常高兴。等到太甲变好了，又恢复他的王位，老百姓也非常高兴。'贤人作为臣子，他的君主不好，就可以放逐吗？"

孟子说："如果有伊尹那样的心迹，就可以；没有伊尹那样的心迹，那便是篡位了。"

### ◎ 原文注释

〔1〕狎（xiá 霞）：亲昵，亲近。〔2〕悦：高兴。〔3〕篡：篡权、篡位。

---

**王子垫问曰："士何事？"**

**孟子曰："尚志。"**

**曰："何谓尚志？"**

**曰："仁义而已矣。杀一无罪，非仁也；非其有而取之，非义也。居恶在[1]？仁是也；路恶在？义是也。居仁由义，大人之事备矣。"**

王子垫问道："士人干什么事呢？"

孟子答道："士人要提高自己的志向。"

王子垫又问："怎样才能使自己的志向高尚？"

孟子答道："施行仁与义就行了。杀一个无罪的人，这不是仁；不是自己的却拿了，这不是义。居住之处在哪里呢？在于仁；行走的路在哪里呢？在于义。居住于仁，行走依义，君子的任务便完成了。"

### ◎ 原文注释

〔1〕恶（wū）：疑问代词，怎么，如何，何。

○ 品画鉴宝　临韩熙载夜宴图·明·唐寅　图中韩熙载敞胸袒腹，盘膝坐在椅子上，手执扇子，身旁身后各有女伎侍立。座前有一女伎手执笏板歌唱。韩熙载神态闲和，却又似惆怅失意。

**孟子曰："仲子，不义与之齐国而弗受，人皆信之。是舍箪食豆羹之义也。人莫大焉亡亲戚君臣上下。以其小者信其大者，奚可哉[1]？"**

孟子说："陈仲子，假若不合道义地把齐国给他，他也不会接受，别人都相信这话。但是，他那种义不过是舍弃一筐饭一碗汤的义。人的罪过没有超过不要父兄君臣尊卑的了，（而陈仲子却这样做了）。因为一个人有小节操，便相信他有大节操，这怎么可以呢？"

### ◎ 原文注释

〔1〕奚：怎么。

○ 品画鉴宝　人物龙凤图 · 战国

**桃应问曰：“舜为天子，皋陶为士，瞽瞍杀人，则如之何？”**

**孟子曰：“执之而已矣。”**

**“然则舜不禁与？”**

**曰：“夫舜恶得而禁之？夫有所受之也。”**

**“然则舜如之何？”**

**曰：“舜视弃天下犹弃敝蹝[1]。窃负而逃，遵海滨而处，终身䜣然[2]，乐而忘天下。”**

桃应问道：“舜为天子，皋陶为法官，如果舜的父亲瞽瞍杀了人，那该怎么办呢？”

孟子答道：“把他抓起来就是了。”

桃应又问：“那么舜不阻止吗？”

孟子答道：“舜怎么会阻止呢？皋陶的权力是有所承受的。”

桃应问道：“那么舜又该怎么办呢？”

孟子答道：“舜看待丢弃天子之位跟扔掉烂鞋子一样。（如果那样的话），舜会偷偷地背着父亲逃走，沿着海边住下来，一辈子都很快乐，把天子之位也会忘掉的。”

○品画鉴宝 青铜夔纹觚·商

### ◎ 原文注释

〔1〕蹝（xǐ 洗）：通“履”，草鞋。

〔2〕䜣（xīn 心）：同“欣”，快乐，欢乐。

**孟子自范之齐[1]，望见齐王之子，喟然叹曰：“居移气，养移体，大哉居乎！夫非尽人之子与？”**

**孟子曰：“王子宫室、车马、衣服多与人同，而王子若彼者，其居使之然也；况居天下之广居者乎[2]？鲁君之宋，呼于垤泽之门[3]。守者曰：‘此非吾君也，何其声之似我君也？’此无他，居相似也。”**

孟子从范地来到齐国，远远看见齐王的儿子，长叹道：“环境能改变气质，奉养改变体质，环境真重要呀！他难道不也是人的儿子吗？”

孟子说：“王子的住所、车马和衣服大半与别人相同，为什么王子却是那样呢？就因为他所居处的环境使他这样的；更何况以仁为自己处所的人呢？鲁国的国君来到宋国，在宋国的东南城门下呼喊。守门人说：‘他不是我的君主啦，为何他的声音和我的国君声音那么相似呢？没有别的缘由，只因为环境相似罢了。’”

### ◎ 原文注释

〔1〕范：地名。〔2〕广居：原义宽广的房子，在此指施行仁爱的环境。〔3〕垤（dié 牒）泽之门：宋国的南城门。

○ 品画鉴宝　柴门送客图·明·周臣

**孟子曰：“食而弗爱[1]，豕交之也；爱而不敬[2]，兽畜之也。恭敬者，币之未将者也[3]。恭敬而无实，君子不可虚拘。”**

孟子说：“养活人却不爱人，无异于养猪；喜欢却不恭敬，等于养牲畜。恭敬之心应当在送礼物以前就具备了的。只有恭敬的表面形式，却没有恭敬的内在实质，君子便不能被这种虚假的恭敬迷惑。”

### ◎ 原文注释

〔1〕弗：没有。〔2〕敬：恭敬，尊敬。〔3〕将：送。

**齐宣王欲短丧。公孙丑曰："为期之丧，犹愈于已乎？"**

**孟子曰："是犹或紾其兄之臂，子谓之姑徐徐云尔。亦教之孝悌而已矣。"**

**王子有其母死者，其傅为之请数月之丧。公孙丑曰："若此者何如也？"**

**曰："是欲终之而不可得也，虽加一日愈于已。谓夫莫之禁而弗为者也。"**

齐宣王想要缩短服丧的时间。公孙丑说："守孝一周年，不是还比完全不守孝的人强吗？"

孟子说："这好比有人在扭他兄长的胳膊，你却说慢慢地扭吧。只要教导他孝顺父母尊敬兄长就行了。"

王子死了母亲，王子的老师替他请求服丧几个月。公孙丑问道："像这样的事情，又怎么样呢？"

孟子说："这是王子想守孝三年，却没办法做得到，那么，即使多服丧一天也比不服丧要好，这是对那些没有人禁止他守孝自己却不守孝的人说的。"

**孟子曰："君子之所以教者五：有如时雨化之者，有成德者，有达财者[1]，有答问者，有私淑艾者[2]。此五者，君子之所以教也。"**

孟子说："君子进行教育的方法有五种：有像及时雨那样润泽万物的，有成全其品德的，有培养其才能的，有答疑解难的，还有让后人追慕学习的，这就是君子的五种教育方式。"

◎ **原文注释**

〔1〕达：发展、培养。财：同“才”，人才。

〔2〕私淑艾（yì义）：私下向所敬仰之人学习，而没有直接受教。私，私自。淑，善于，善。艾，治，修治。

○ 品画鉴宝　观瀑图　明　张中正

公孙丑曰："道则高矣美矣，宜若登天然，似不可及也。何不使彼为可几及而日孳孳也？"

孟子曰："大匠不为拙工改废绳墨，羿不为拙射变其彀率。君子引而不发，跃如也。中道而立，能者从之。"

公孙丑说："道，很高深，很完美，大概像登天一样，似乎不能够触摸得着。为什么不使它变得可以触摸得到而使别人每天去努力追求呢？"

孟子说："高超的工匠不会因为拙劣的工人而去改变、废弃规矩，羿也不会因为拙劣的射手而去改变拉弓的标准。君子拉满弓却不放箭，只作出跃跃欲试的样子。君子站立在道的中间，有能力的人便跟从他学习。"

○品画鉴宝　梅石图·明·陈洪绶

**孟子曰："天下有道，以道殉身；天下无道，以身殉道[1]；未闻以道殉乎人者也[2]。"**

孟子说："天下清明，'道'也就会得以实行；天下无道，君子也就不惜为'道'而殉命；没有听说过歪曲'道'以迁就王侯的。"

### ◎ 原文注释

〔1〕以身殉道：指为了信仰而不惜殉命。道，信仰。

〔2〕未闻：没有听说。

**公都子曰：“滕更之在门也[1]，若在所礼，而不答，何也？”**

**孟子曰：“挟贵而问，挟贤而问，挟长而问[2]，挟有勋劳而问，挟故而问，皆所不答也。滕更有二焉。”**

公都子说：“滕更在先生门下的时候，似乎应该以礼待之，而先生却不回答他的问题，为什么呢？”

孟子说：“依凭着自己的尊贵地位而问，依凭着自己的贤能而问，依凭着自己年高而问，仗着自己的功劳而问，仗着自己是老朋友而问，这些我都不会回答。这五条之中，滕更就占了两条，（所以我不回答他）。”

### ◎ 原文注释

〔1〕滕更：滕君的弟弟。〔2〕挟（xié 协）：倚仗，依恃。

○ 品画鉴宝　商尊·西周

孟子曰："于不可已而已者[1]，无所不已。于所厚者薄，无所不薄也。其进锐者[2]，其退速。"

孟子说："对于不能停止的事情却让它停止下来，那就没有什么不可以停止的了。对于应当厚待的人却轻慢他，那就没有谁不可以轻慢的了。前进迅速的人，后退也就迅速。"

◎ 原文注释

〔1〕已：止。〔2〕锐：利，迅速。

○ 品画鉴宝　休园图·清·王云

孟子曰："君子之于物也，爱之而弗仁；于民也，仁之而弗亲。亲亲而仁民，仁民而爱物。"

孟子说："君子对于万物，爱惜它们却不用仁德对待它们；对于天下百姓，用仁对待他们却不亲近他们。君子要先亲爱自己的亲人，进而仁爱百姓；先仁爱百姓，然后爱惜万物。"

**孟子曰："知者无不知也，当务之为急；仁者无不爱也，急亲贤之为务。尧舜之知而不遍物，急先务也；尧、舜之仁不遍爱人，急亲贤也。不能三年之丧，而缌[1]、小功之察[2]；放饭流啜[3]，而问无齿决[4]，是之谓不知务。"**

孟子说："智者没有什么是不知道的，但是先忙于眼前重要之事；仁者没有不仁爱的，但是必定先爱亲人和贤人。尧舜的智慧不能遍知万物，因为他们急于知道首要的任务；尧舜的仁德不能爱所有的人，因为他们急于爱亲人和贤人。如果不能为父母守三年孝，却对于缌麻三月、小功五月的丧期细致讲求；在长者面前大口吃饭，大口喝汤，却讲究不用牙齿咬断干肉，这叫作不识大体。"

### ◎ 原文注释

〔1〕缌（sī 思）：缌麻三月的孝服，五服中最轻的一种。

〔2〕小功：服孝五月的孝服。察：即仔细讲求。

〔3〕放饭流啜：大吃大喝。啜（chuò 绰），饮。

〔4〕齿决：用牙齿咬断。

○ 品画鉴宝　彩陶双耳罐 · 辛店文化

# ·第拾肆卷·

## [尽心]下

**孟子曰：“不仁哉，梁惠王也！仁者以其所爱及其所不爱，不仁者以其所不爱及其所爱。”**

**公孙丑问曰：“何谓也？”**

**“梁惠王以土地之故，糜烂其民而战之，大败；将复之，恐不能胜，故驱其所爱子弟以殉之，是之谓以其所不爱及其所爱也。”**

孟子说：“梁惠王真是不仁德呀！仁人把他对待喜爱的人的恩惠推广到他不喜爱的人身上，不仁的人将他对待不喜爱的人的恶行推及到他喜爱的人身上。”

公孙丑问道：“这话是什么意思呢？”

孟子答道：“梁惠王因为要扩张土地，役使他所不喜爱的百姓去作战，结果大败，梁惠王还想再战，又怕不能获胜，于是便驱使他喜欢的子弟上战场去送死，这便叫作把他对待不喜爱的人的恶行推及到他喜爱的人身上。”

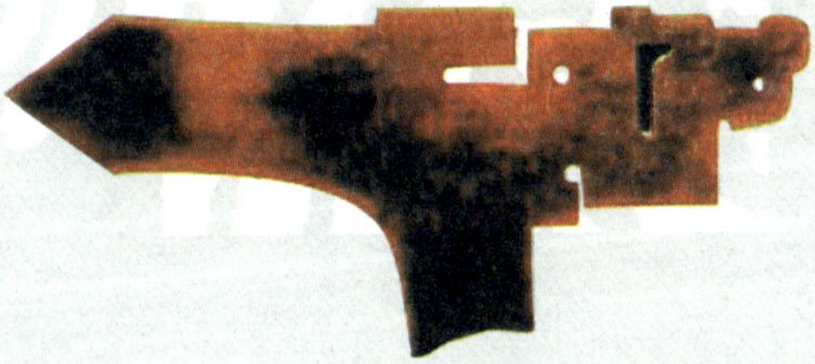

○ 品画鉴宝　龙形黄玉刀·战国　此玉刀凹刃，器身狭长，短柄，双面刃，刀尖上翘，背脊上雕锯齿形扉棱，近背处两面以阴线饰龙纹，刀身后端近柄处有穿孔。

**孟子曰：“春秋无义战。彼善于此，则有之矣。征者，上伐下也，敌国不相征也。”**

孟子曰：“春秋时代没有什么正义的战争。至于那国的君主比这国的君主要好一些，那是有的。征，是指上讨伐下，同级别的诸侯国家之间是不能互相征讨的。”

○ 品画鉴宝　象纹方鼎·商
饪食器。长方形，平底，象首四足，腹部饰象纹，半浮雕状，纹饰精致华丽，锈层牢固，范痕清晰，时代风格明显。

**孟子曰：“尽信《书》，则不如无《书》。吾于《武成》，取二三策而已矣[1]。仁人无敌于天下，以至仁伐至不仁，而何其血之流杵也[2]？”**

孟子说：“如果完全相信《尚书》，那不如没有《尚书》。我对于其中的《武成》篇，只取其二三段话罢了。仁人是无敌于天下的，周武王这样极为仁义的人，去讨伐殷纣王这样极不仁义之人，又怎能至于血流成河，连杵都漂起来了呢？”

### ◎ 原文注释

〔1〕策：竹简。〔2〕杵（chǔ 楚）：捶衣或舂米的木棒。

孟子曰："有人曰：'我善为陈[1]，我善为战。'大罪也。国君好仁，天下无敌焉。南面而征，北狄怨；东面而征，西夷怨，曰：'奚为后我？'武王之伐殷也，革车三百两，虎贲三千人。王曰：'无畏！宁尔也，非敌百姓也。'若崩厥角稽首[2]。征之为言正也，各欲正己也，焉用战？"

孟子说："有人说：'我善于布阵，我长于作战。'其实这是最大的罪恶。国君如果喜爱仁义，那么天下便会没有可匹敌之人。（商汤）征讨南方，北方的人便怨恨起来；征讨东方，西方的人便怨恨起来，说：'为什么后来我们这里？'周武王讨伐殷朝，兵车三百辆，勇士三千。周武王说：'不要怕，我是来安定你们的，不是与百姓为敌的。'百姓便把额头触地，叩头，其声音犹如山陵崩塌一般。征的意思是正，各人都想端正自己，那又何必进行战争呢？"

◎ 原文注释

〔1〕陈：同"阵"，指军队作战时的战斗队列。

〔2〕厥（jué 决）角：磕头。

孟子曰："梓匠轮舆，能与人规矩，不能使人巧。"

孟子说："木工以及做车轮做车厢的，能把制作器物的标准传授给别人，但不能把高超的技巧传给别人(那要靠自己去寻求人)。

○ 品画鉴宝　锻铁制轮图 · 北齐

**孟子曰：“舜之饭糗茹草也[1]，若将终身焉。及其为天子也，被袗衣[2]，鼓琴，二女果[3]，若固有之。”**

孟子说：“舜吃干粮啃野菜的时候，好像要这样过一生似的。等他成为天子以后，穿着装饰漂亮的衣服，弹着琴，尧的两个女儿服侍着，又好像生来就这样。”

### ◎ 原文注释

〔1〕糗（qiǔ）：干粮。茹：动词，吃的意思。

〔2〕袗衣：单衣。

〔3〕果：亦作“婐(ē 婀)”，侍奉，女侍。

○ 舜帝的两位妃子娥皇女英

娥皇女英，聪明美丽，中国古代传说中尧的两个女儿，也称“皇英”。长女曰娥皇，次女曰女英，俩人同嫁帝舜为妻。舜继尧位，娥皇女英为其妃，后舜南巡，死于苍梧。二妃往寻，泪染青竹，竹上生斑，所以今江南青竹有“湘妃竹”之说。后俩人投湘水而亡，成了湘水之神。

草堂赏泉图·清·翟大坤

**孟子曰：“吾今而后知杀人亲之重也：杀人之父，人亦杀其父；杀人之兄，人亦杀其兄。然则非自杀之也，一间耳[1]。”**

孟子说：“我现今才知道杀害别人的亲人所得到的报复之重：杀了别人的父亲，别人也会杀掉他的父亲；杀了别人的哥哥，别人也会杀害他的哥哥。虽然自己的父兄不是自己亲手杀害的，也差不多了。”

**◎ 原文注释**

〔1〕一间（jiàn 见）：相距很近。间，间隔。

**孟子曰：“古之为关也，将以御暴；今之为关也，将以为暴。”**

孟子说：“古代的设关立卡是打算抵挡暴力，现在设立关卡却是为了实施暴力。”

○ 品画鉴宝　韩熙载夜宴图·五代·顾闳中　图中描绘的是南唐巨官韩熙载家开宴行乐的场景。此画线条准确流畅，工细灵动，充满表现力。

**孟子曰："身不行道，不行于妻子；使人不以道，不能行于妻子。"**

孟子说："如果自身不依'道'而行，那么'道'在自己的妻子儿女身上都行不通；如果役使别人不合于'道'，那么使唤自己的妻子儿女也不可能。"

此門

**孟子曰：“周于利者，凶年不能杀[1]；周于德者，邪世不能乱。”**

孟子说：“有充足财利的人，即使遇到灾荒年月也不会穷困；道德高尚的人，即使遭逢乱世也不会不知所措。”

◎ 原文注释

〔1〕杀：穷困。

**孟子曰：“好名之人能让千乘之国，苟非其人，箪食豆羹见于色。”**

孟子说：“好名的人能把有千辆战车国家的君位让给别人，但如果要让给的人不是合适的人选，那么即使要他让出一筐饭一碗汤，不悦之色也会完全流露出来。”

○ 品画鉴宝 彩绘御官俑·秦

此俑头戴鹖冠，身着长襦，束腰佩剑，足蹬方口齐头翘尖履，双手平举，神态严肃恭谨。

**孟子曰：“不信仁贤，则国空虚；无礼义，则上下乱；无政事，则财用不足。”**

孟子说：“不信任仁德贤能之人，国家就会空虚；没有礼义，上下之间的关系就会混乱；没有好的政治，国家的财物就不够用。”

○ 品画鉴宝　春江叠嶂图·清·蔡嘉　图中丛山层层，叠进，如重重屏障。沿湖重山层峦，村落依山而建。

**孟子曰：“不仁而得国者，有之矣；不仁而得天下者，未之有也。”**

孟子说：“不讲仁义却能得到一个国家，有这样的事；不讲仁义却能拥有天下，那是不曾有的。”

○品画鉴宝 四神瓦当（青龙、白虎、朱雀、玄武）·汉

**孟子曰："民为贵，社稷次之[1]，君为轻。是故得乎丘民而为天下[2]，得乎天子为诸侯，得乎诸侯为大夫。诸侯危社稷，则变置。牺牲既成，粢盛既絜[3]，祭祀以时，然而旱干水溢，则变置社稷。"**

孟子说："平民百姓最为重要，其次是社稷神位，国君为轻。所以能得到广大百姓的信任，便能成为天子；能得到天子的欢心，便能成为诸侯；能得到诸侯的欢心，便能成为大夫。如果诸侯危害国家，那就改立。如果祭祀用的牲畜肥壮，祭祀用的谷物既多又洁净，而且按时祭祀，但是还遭受水旱之灾，那就改立土谷之神。"

**◎ 原文注释**

〔1〕社稷（jì 记）：代指国家。

〔2〕丘民：广大老百姓。丘，众。民，百姓。

〔3〕絜(jié 节)：同"洁"，清洁。

**孟子曰：“圣人，百世之师也，伯夷、柳下惠是也。故闻伯夷之风者，顽夫廉[1]，懦夫有立志；闻柳下惠之风者，薄夫敦[2]，鄙夫宽。奋乎百世之上，百世之下，闻者莫不兴起也。非圣人而能若是乎？而况于亲炙之者乎[3]？”**

孟子说：“圣人是千秋万代人的老师，伯夷、柳下惠就是这样的圣人。所以听到伯夷操守的人，贪得无厌的人变得清廉，懦夫也有了独立的志向；听到柳下惠操守的人，刻薄的人变得厚道，心胸狭窄的人也开阔起来。圣人在百代之前发奋有为，百代之后，听到的没有不感动振奋的。如果不是圣人，能够像这样吗？更何况那些亲身受到他们熏陶的人呢？”

## ◎ 原文注释

〔1〕顽夫：贪婪之人。〔2〕敦：淳厚。〔3〕亲炙（zhì 制）：亲身受到熏陶。

孟子曰："仁也者，人也。合而言之，道也。"

孟子说："仁就是人，仁和人合起来讲，便是道。"

○ 品画鉴宝　重屏会棋图 · 五代 · 周文矩

○ 品画鉴宝　彩绘陶翼兽 · 汉

**孟子曰：“孔子之去鲁，曰：‘迟迟吾行也。去父母国之道也。’去齐，接淅而行，去他国之道也。”**

孟子说：“孔子离开鲁国的时候，他说：‘我们慢慢走吧，离开祖国就应是这种态度。’当他离开齐国的时候，不等把米淘完就走了，这是离开别国的态度。”

孟子曰："君子之厄于陈、蔡之间[1]，无上下之交也。"

孟子说："孔子困于陈国、蔡国之间，那是因为他与陈蔡两国的君臣都没有交往。"

### ◎ 原文注释

〔1〕厄于陈、蔡：被困于陈、蔡之间。

○ 品画鉴宝　圣迹之图·明　吴伐陈，陈国大乱。孔子离陈过蔡地去负函（今河南信阳）。在陈蔡之间被困，绝粮七日，孔子依然诵读诗书，弦歌不止。

貉稽曰[1]："稽大不理于口[2]。"

孟子曰："无伤也。士憎兹多口。《诗》云：'忧心悄悄，愠于群小[3]。'孔子也。'肆不殄厥愠，亦不陨厥问[4]。'文王也。"

貉稽说："人们把我说得很坏。"

孟子说："这没有什么关系。士人憎恶这种七嘴八舌。《诗经》上说：'愁闷重重压我心，我为小人眼中钉。'这说的是孔子。'不消除别人的怨恨，不丧失自己的名声。'这说的是周文王。"

◎ 原文注释

〔1〕貉稽（mò jī 墨机）：人名。

〔2〕不理于口：被人说得很坏。理，顺。

〔3〕忧心：忧愁烦恼。愠：含怒，生气。所引诗文出自《诗经·邶风·柏舟》。

〔4〕肆：故，所以。殄：灭绝。陨：坠，失掉。所引诗文出自《诗经·大雅·绵》。

孟子曰："贤者以其昭昭，使人昭昭；今以其昏昏，使人昭昭。"

孟子说："贤人必先使自己明白彻悟了，才能使别人也明白彻悟；现在的人自己都稀里糊涂，却想用这些含混不清的东西去使别人明白。"

○ 品画鉴宝　唐风图 · 南宋 · 马和之　图中屋宇、树木及人物都以柳叶船灵变的线条写就。衣纹如当风，树干如流注，植柱勾梁不假界尺，信手挥毫。

孟子谓高子曰：“山径之蹊〔1〕，间介然，用之而成路〔2〕；为间不用〔3〕，则茅塞之矣。今茅塞子之心矣。”

孟子说：“山上的小路非常狭窄，如果经常走，它便会成为一条道路；如果一段时间不走，就会被茅草阻塞。现在你的心也被茅草堵塞住了。”

◎ 原文注释

〔1〕蹊（xī 西）：小路。

〔2〕介然：意志专一，坚定不移的样子。路，大路。

〔3〕为间：短时，指时间不长。

○ 品画鉴宝　镶红铜甗·战国

**高子曰："禹之声，尚文王之声。"**

**孟子曰："何以言之？"**

**曰："以追蠡[1]。"**

**曰："是奚足哉？城门之轨，两马之力与[2]？"**

高子说："禹的音乐比周文王的音乐好。"

孟子问道："有什么根据这样说呢？"

高子说："因为禹流传下来的钟，钟钮都快断了（周文王的钟钮则不然）。"

孟子说："这怎么能充分证明呢？城门下的车辙那么深，难道仅仅是一辆车子的力量所导致的吗？"

### ◎ 原文注释

〔1〕以追蠡（duī lí 堆黎）：高子因为禹之钟钮磨得厉害，所以说禹的音乐比文王好。追，钟钮。蠡，原指虫蛀蚀木头之类，引申为器物磨损快断的样子。

〔2〕两马：一车所驾，一车两马，这里指一辆车子。

**齐饥。陈臻曰：“国人皆以夫子将复为发棠[1]，殆不可复。”**

**孟子曰：“是为冯妇也[2]。晋人有冯妇者，善搏虎，卒为善士。则之野，有众逐虎。虎负嵎[3]，莫之敢撄[4]。望见冯妇，趋而迎之。冯妇攘臂下车，众皆悦之，其为士者笑之。”**

齐国发生了饥荒。陈臻对孟子说：“国内的人都以为先生会再次请求齐王打开棠邑之仓来赈济灾民，这恐怕不可能了吧。”

孟子说：“如果再这样做，那我就成了冯妇了。晋国有个叫冯妇的人，擅长和老虎搏斗，后来行善不再打虎。有一次他到野外，看到有许多人追赶老虎。老虎被逼到一个山角落里，但没有人再敢上前碰它。他们望见冯妇来了，便快步上前去迎接他。冯妇挽起袖子，下了车子，众人都非常高兴，可那些士却在嘲笑他。”

### ◎ 原文注释

〔1〕发：开发赈济。 棠：地名。〔2〕冯妇：男人名。〔3〕嵎(yū 于)：山势弯曲险阻处。〔4〕撄（yīng 英）：接触，迫近。

○ 品画鉴宝　高士观瀑图 · 南宋 · 马远

**孟子曰："口之于味也，目之于色也，耳之于声也，鼻之于臭也，四肢之于安佚也，性也，有命焉，君子不谓性也。仁之于父子也，义之于君臣也，礼之于宾主也，智之于贤者也，圣人之于天道也，命也，有性焉，君子不谓命也。"**

孟子说："口舌对于美味，眼睛对于美色，耳朵对于美妙的音乐，鼻子对于芳香的气味，四肢对于安逸舒服（的喜爱），都是天性，但能否得到，则决定于命运，所以君子不认为它们是必然的天性。仁对于父子，义对于君臣，礼对于宾主，智慧对于贤人，圣人对于天道，这一切能否在他们身上实现，那也是由命运决定的，但更有天性的成分，所以君子不把它们认为该由命运决定。"

**浩生不害问曰[1]："乐正子何人也？"**

**孟子曰："善人也，信人也。"**

**"何谓善？何谓信？"**

**曰："可欲之谓善，有诸己之谓信，充实之谓美，充实而有光辉之谓大，大而化之之谓圣，圣而不可知之之谓神。乐正子，二之中，四之下也。"**

浩生不害问孟子："乐正子怎么样？"

孟子答道："好人，诚实的人。"

浩生不害又问："什么叫好？什么叫诚实？"

孟子答道："别人喜爱他便叫'好'，那些好在他身上实际存在便叫'诚实'，那些好充满于他本身便叫'美'，那些好充满且充分地表现出来便叫'大'，'大'而且能够教育熏陶别人便叫'圣'，'圣'并且达到妙不可言的程度便叫'神'。乐正子这个人，介于'好'和'诚实'之中，又在'美''大''圣''神'之下。"

◎ **原文注释**

〔1〕浩生不害：人名，浩生为姓，不害为名，齐人。

**孟子曰："逃墨必归于杨，逃杨必归于儒。归，斯受之而已矣。今之与杨、墨辩者，如追放豚，既入其苙[1]，又从而招之[2]。"**

孟子说："不属于墨子一派的一定会归属于杨朱一派，离开杨朱一派的一定会归到儒家。既然回来了，接受他便行了。但现在和杨、墨两家辩论的人，对于自己的学生，好像在追逐已逃掉的小猪，已经回到猪圈里了，还要把它捆住。"

### ◎ 原文注释

〔1〕入：赶入，关进。苙(lì 立)：养牲畜的栏圈。

〔2〕招：捆绑，缠绕。

○ 品画鉴宝　彩绘俑群 · 西汉

○品画鉴宝　高士图·明·吴伟

**孟子曰：“有布缕之征，粟米之征，力役之征。君子用其一，缓其二。用其二而民有殍，用其三而父子离。”**

孟子说：“征收赋税，有布帛的，有粟米的，有征发人力的。君子在三者之中只用其中的一种，而不用另两种。如果同时使用其中的两种，百姓之中便会有人饿死，如果三种同时使用，便会使父子不得相见。”

○ 品画鉴宝 乐舞俑·西汉 此俑高髻，髻上飘带下垂，肩上系一带，带上挂短剑，背上披巾，下系带尾的兽皮。上衣后襟较长，拖至足后。腿部缠绕兽尾，跣足。

**孟子曰："诸侯之宝三：土地，人民，政事。宝珠玉者，殃必及身。"**

孟子说："诸侯有三样宝物：土地，人民，善政。如果把珠玉当成宝物，那灾祸便会降临到他的身上。"

**盆成括仕于齐[1]，孟子曰："死矣盆成括！"**

**盆成括见杀，门人问曰："夫子何以知其将见杀？"**

**曰："其为人也小有才，未闻君子之大道也，则足以杀其躯而已矣。"**

盆成括在齐国做官，孟子说："盆成括要死了！"

盆成括被杀（以后），孟子的学生问道："先生怎么知道他会被杀呢？"

孟子答道："他这个人有点小聪明，但是不懂得君子的大道，那就足以使他遭到杀戮了。"

**◎ 原文注释**

〔1〕盆成括：人名，姓盆成，名括。

孟子之滕，馆于上宫[1]。有业屦于牖上[2]，馆人求之弗得。或问之曰：“若是乎从者之廋也[3]？”

曰：“子以是为窃屦来与？”

曰：“殆非也。夫子之设科也，往者不追，来者不拒。苟以是心至，斯受之而已矣。”

孟子到了滕国，住在上宫。挂在馆驿窗上的还未织好的草鞋，馆舍里的人找不到了。有人便问孟子：“是不是你的随从人员将它藏起来了呢？”

孟子反问道：“你以为他们是为了偷草鞋而来的吗？”

那人答道：“大概不是的。先生开课教授学生，对他们的态度是离开的不管，来求学的全都不拒绝。如果是真心真意来求学的，那就接受他们（这样难免有手脚不干净的人混进来！）。”

◎ 原文注释

〔1〕上宫：同“上舍”，别宫之名。

〔2〕业屦（jǔ 句）：还在编织的草鞋。牖（yǒu 有）：窗户。

〔3〕廋（sōu 搜）：隐匿。

品画鉴宝 曾侯乙尊·战国

孟子曰："人皆有所不忍，达之于其所忍，仁也；人皆有所不为，达之于其所为，义也。人能充无欲害人之心，而仁不可胜用也；人能充无穿逾之心，而义不可胜用也；人能充无受尔汝之实[1]，无所往而不为义也。士未可以言而言，是以言餂之也[2]；可以言而不言，是以不言餂之也，是皆穿逾之类也。"

孟子说："每个人都有不忍心做的事，把它扩大到忍心做的事情上，那就是仁；每个人都有不愿意做的事，把它扩大到肯做的事情上，那就是义。人能够把不想害人的心理扩展开去，仁便用之不尽了；人能够把不挖洞翻墙（行窃）的心理扩展开去，义便用不尽了；人能够把不受轻贱的言行扩展开去，那就无论到什么地方都合乎义了。士人谈论了不能与别人谈论的的东西，这是以言谈诱骗别人；可以同别人谈论的却不谈论，这是以沉默诱骗别人，这些都和挖洞翻墙是一类的。"

◎ **原文注释**

〔1〕无受尔汝之实：不受轻贱的言行充实。

〔2〕餂（tiǎn 舔）：诱取，勾引。

○ 品画鉴宝　鲁公写经图 · 清 · 陆恢

**孟子曰："言近而指远者，善言也；守约而施博者，善道也。君子之言也，不下带而道存焉[1]。君子之守，修其身而天下平。人病舍其田而芸人之田，所求于人者重，而所以自任者轻。"**

孟子说："话语浅近，含义所指却很深远，这是'善言'；平时的操守很简单，获取的效果很大，这是'善道'。君子的言语，虽然平平常常，道却在其中。君子的操守，从自我修养开始，结果却能使天下太平。人的缺陷在于不耕种自己的田地，却去耕种别人的田地，苛求别人，自己负担的却很轻。"

**◎ 原文注释**

〔1〕不下带：古人视不下于带，只视带之上。此处比喻眼前常见之处。

◎品画鉴宝 原始瓷盘口尊·西周

**孟子曰："尧、舜，性者也；汤、武，反之也。动容周旋中礼者，盛德之至也。哭死而哀，非为生者也。经德不回[1]，非以干禄也[2]。言语必信，非以正行也。君子行法以俟命而已矣。"**

孟子说："尧舜天性浑全，全无染习，不假修为；商汤周武王则修身祛习以回复其天性。动作容貌全都合于礼仪，达到了美德的最高境界。哀哭死去的人，不是为了给活着的人看。依道德而行事，不违背礼仪，不是用来求得俸禄。言语必定真实，不是用来让别人知道我行为端正。君子依道行事，以此来等待天命罢了。"

### ◎ 原文注释

〔1〕经德不回：不违背礼仪。

〔2〕干：求。禄：奉禄。

**孟子曰："说大人，则藐之，勿视其巍巍然。堂高数仞[1]，榱题数尺[2]，我得志，弗为也。食前方丈，侍妾数百人，我得志，弗为也。般乐饮酒，驱骋田猎，后车千乘，我得志，弗为也。在彼者，皆我所不为也；在我者，皆古之制也，吾何畏彼哉？"**

孟子说："劝谏诸侯，就要轻视他，不要理会他显赫的地位和权势。殿堂的地基高几丈，屋檐宽几尺，我如果成为诸侯，就不会这样做。就餐时菜肴多得在面前摆了有一丈长，姬妾数百人，如果我成为诸侯，就不这样做。饮酒作乐，驰骋田猎，跟随的车子有千辆，如果我成为诸侯，就不这样做。他所做的，都是我不做的事情；我所做的，都符合古代的礼仪制度，我为什么要害怕他呢？"

**◎ 原文注释**

〔1〕堂高：殿堂的地基。

〔2〕榱题：屋椽前端，俗称"出檐"。榱（cuī 崔），椽子。

**孟子曰："养心莫善于寡欲。其为人也寡欲，虽有不存焉者，寡矣；其为人也多欲，虽有存焉者，寡矣。"**

孟子说："修身养性的最好方法就是减少贪欲。如果某个人欲望不多，那人的善良本性即使有所丧失，也只是很小的一部分；如果欲望泛滥，那人的善性即使有所保存，也只是很小的一部分。"

**曾皙嗜羊枣，而曾子不忍食羊枣。公孙丑问曰：“脍炙与羊枣孰美？”**

**孟子曰：“脍炙哉[1]！”**

**公孙丑曰：“然则曾子何为食脍炙而不食羊枣？”**

**曰：“脍炙所同也，羊枣所独也。讳名不讳姓[2]，姓所同也，名所独也。”**

曾皙非常喜欢吃羊枣，曾子却不忍心吃羊枣。公孙丑问道：“炒肉与羊枣相比，哪一个更好吃？”

孟子答道：“当然是炒肉味美！”

公孙丑又问：“既然这样，曾子为何吃炒肉却不吃羊枣？”

孟子答道：“炒肉是大家都喜欢吃的，羊枣却只是某些人喜欢吃。这犹如父母的名应该避讳一样。姓却不用避讳，因为姓是大家共有的，名却是每个人所独有的。”

◎ **原文注释**

〔1〕脍（kuài 快）：细切的鱼、肉。

〔2〕讳名：古时对父母君子的名字不能直接说出或写出，有所避讳。讳，隐瞒、忌讳。

万章问曰："孔子在陈，曰：'盍归乎来？吾党之士狂简，进取不忘其初。'孔子在陈，何思鲁之狂士？"

孟子曰："孔子'不得中道而与之，必也狂狷乎[1]！狂者进取，狷者有所不为也'。孔子岂不欲中道哉？不可必得，故思其次也。"

"敢问何如斯可谓狂矣？"

曰："如琴张、曾皙、牧皮者，孔子之所谓狂矣。"

"何以谓之狂也？"

曰："其志嘐嘐然[2]，曰，'古之人，古之人！'夷考其行，而不掩焉者也。狂者又不可得，欲得不屑不洁之士而与之，是狷也，是又其次也。孔子曰：'过我门而不入我室，我不憾焉者，其惟乡原乎！'乡原，德之贼也。"

曰："何如斯可谓之乡原矣[3]？"

曰："'何以是嘐嘐也？言不顾行，行不顾言，则曰，古之人，古之人。''行何为踽踽凉凉[4]？生斯世也，为斯世也，善斯可矣。'阉然媚于世也者[5]，是乡原也。"

万章曰："一乡皆称原人焉，无所往而不为原人，孔子以为德之贼，何哉？"

曰："非之无举也，刺之无刺也，同乎流俗，合乎污世，居之似忠信，行之似廉洁，众皆悦之，自以为是，而不可与入尧舜之道，故曰'德之贼'也。孔子曰：恶似而非者：恶莠[6]，恐其乱苗也；恶佞，恐其乱义也；恶利口，恐其乱信也；恶郑声，恐其乱乐也；恶紫，恐其乱朱也；恶乡原，恐其乱德也。'君子反经而已矣[7]。经正，则庶民兴；庶民兴，斯无邪慝矣[8]。"

万章问道："孔子在陈国时，说：'为什么不回鲁国呢？我那些学生志大狂放，进取而不忘本。'孔子在陈国，为什么想念这些鲁国的狂放之人呢？"

孟子答道："孔子说：'如果不能和依中庸而行之人相交往，那一定要结交激进狂放之人和狷介之士了！激进狂放之人积极进取，狷介之士不愿做坏事。'孔子难道不想结交中庸而行之人吗？因为不能得到，所以只能结交稍差一点的人了。"

万章问道："我冒失地问先生，怎么样的人才能叫作激进狂放的人？"

孟子答道："琴张、曾皙、牧皮这类人就是孔子所说的激进的人。"

万章问道："为什么说他们是激进狂放的人呢？"

孟子答道："狂放之人志大而言辞激烈，口里总是说，'古人呀，古人呀！'可是一验证他们的行为，却与言语不合。如果这种狂放之人又不可以得到，便想和不愿意做坏事的人结交，这便是狷介之士，这又要次一等。孔子说：'从我家门口经过，却不进我的家里来，我不埋怨他的，那只有好好先生了；好好先生是妨害道德的人。

万章问道："怎样的人就可以叫作好好先生呢？"

孟子问道："（好好先生批评狂放之人说）为什么这样志气激昂呢？言语与行事不相符合，行事也与所说的话不相符合，就只会说，古人呀，古人呀。'（好好先生评价洁身自好之人说）'又为什么这样不高兴呢？生在这个世界上，就为这个世界做事，只要差不多就行了。'逢迎讨好的人就是好好先生。"

万章问道："全乡的人都说他是好人，他也处处显出一个老好人的样子，孔子却将他看成是有害道德的人，为什么呢？"

孟子答道："这种人，批驳他，却又找不出什么大问题；责骂他，又没有什么可斥责的，他只是随波逐流罢了，心肠好像忠诚老实，行为好像光明磊落，大家都喜欢他，他也自以为正确，但又和尧舜之道处处相违背，所以说他是'有害道德的人'。孔子说：厌恶那种外貌相似实质却全然不同的东西，厌恶狗尾草，因为担心它淆乱了禾苗；厌恶巧言令色，因为怕它淆乱了义；厌恶夸夸其谈，因为怕它淆乱了忠信；厌恶郑国的靡靡之音，因为怕它淆乱了雅乐；厌恶紫色，因为怕它淆乱了红色；厌恶好好先生，因为怕他淆乱了道德。君子使一切事物回到正道便行了。正道不被歪曲，老百姓就会积极振作；老百姓积极振作，就没有邪恶了。"

## ◎ 原文注释

〔1〕狂狷（juàn 绢）：狂傲激进。狷，洁身自好。〔2〕嘐嘐（xiāo xiāo 消消）：志大言大。〔3〕乡原（yuàn 愿）：指貌似谨严忠厚，实与恶俗同流合污的人。〔4〕踽踽（jǔ 举）：孤独的样子。凉凉：自甘寂寞的样子。〔5〕阉（yān 烟）：通"掩"，掩盖、隐藏。〔6〕莠（yǒu 友）：狗尾草。〔7〕反经：回归正道。〔8〕慝（tè 特）：恶，邪恶。

# 禹王

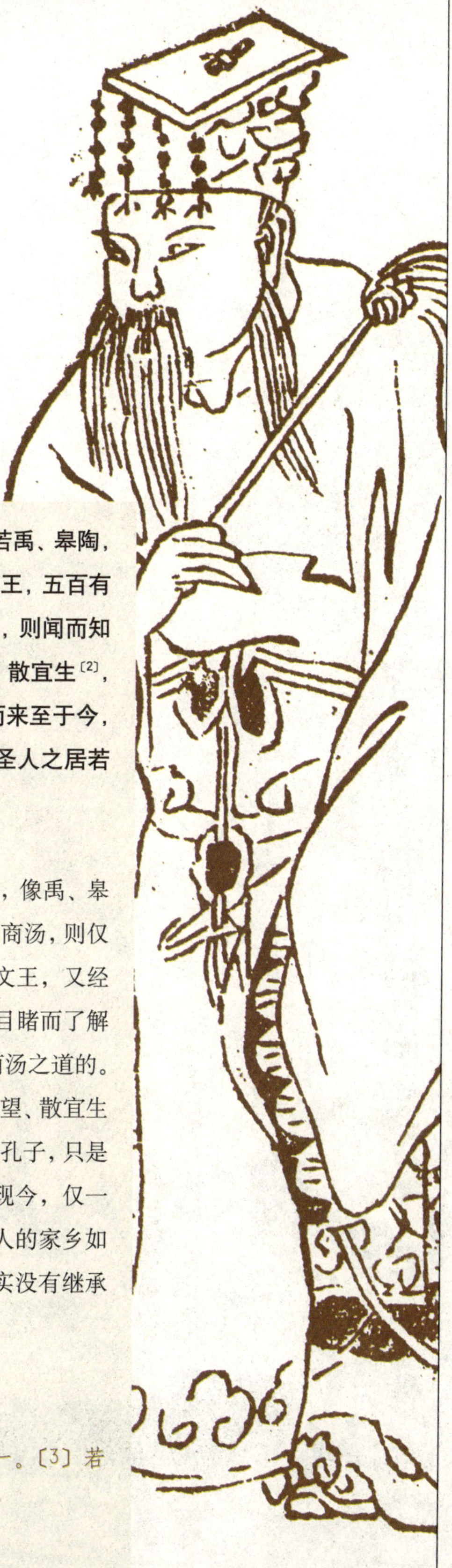

孟子曰："由尧舜至于汤，五百有余岁，若禹、皋陶，则见而知之；若汤，则闻而知之。由汤至于文王，五百有余岁，若伊尹、莱朱[1]，则见而知之；若文王，则闻而知之。由文王至于孔子，五百有余岁，若太公望、散宜生[2]，则见而知之；若孔子，则闻而知之。由孔子而来至于今，百有余岁，去圣人之世若此其未远也[3]；近圣人之居若此其甚也，然而无有乎尔，则亦无有乎尔。"

孟子说："从尧舜到商汤，历经五百多年，像禹、皋陶那些人，是亲眼目睹才了解尧舜之道的；像商汤，则仅仅通过传闻而了解尧舜之道的。从商汤到周文王，又经过了五百多年，像伊尹、莱朱那些人，是亲眼目睹而了解商汤之道的；像周文王，只是由传闻而了解商汤之道的。从周文王到孔子，又经过了五百多年，像太公望、散宜生那些人，是亲眼目睹而了解周文王之道的；像孔子，只是通过传闻而了解周文王之道的。从孔子直到现今，仅一百多年，离圣人所处的年代如此之近，离圣人的家乡如此之近，但却没有继承圣人之道的人，也确实没有继承其道的人了。"

◎ **原文注释**

〔1〕莱朱：人名。〔2〕散宜生：文王四臣之一。〔3〕若此：如此。

# 中庸

率性之谓道，修道之谓教。

君子之道，费而隐。夫妇之愚，可以与知焉，及其至也，虽圣人亦有所不知焉。夫妇之不肖，可以能行焉，及其至也，虽圣人亦有所不能焉。天地之大也，人犹有所憾。故君子语大，天下莫能载焉；语小，天下莫能破焉。《诗》云：“鸢飞戾天，鱼跃于渊。”言其上下察也。君子之道，造端乎夫妇；及其至也，察乎天地。

**天命之谓性[1]，率性之谓道[2]，修道之谓教。**

**道也者，不可须臾离也，可离非道也。是故君子戒慎乎其所不睹[3]，恐惧乎其所不闻。莫见乎隐[4]，莫显乎微[5]，故君子慎其独也。**

**喜怒哀乐之未发，谓之中[6]；发而皆中节[7]，谓之和。中也者，天下之大本也；和也者，天下之达道也[8]。致中和，天地位焉，万物育焉。**

人的自然禀赋叫人性。顺着人性去做事，这就叫道德。按照“道”的原则修养，这就是教化。

道是不能片刻离开的。如果能够离开的，那就不是道了。所以君子对于道，即使是在众人看不见的地方也要警戒谨慎，在众作耳听不到的地方也要畏惧小心。再隐蔽的东西也会被发现，再细微的东西也会显露出来，所以君子在独处时非常小心谨慎。

喜怒哀乐的情感没有表现出来的时候，叫作中。表现出来，能够合乎自然的理，叫作和。中是万物皆备的天性，是天下的根本；和是率性而行，是天下共通的准则。能够做到中和，天地就各居自己的位置，万物就会生长发育了。

### ◎ 原文注释

〔1〕天命：即天理。之：助词。谓：称作。

〔2〕道：指人们必须遵循的原则，就是按照天命决定的人性去行动。率：遵循。

〔3〕是故：指示代词。戒：警惕。乎：在。睹：见。

〔4〕莫：无，没有。见（xiàn 现）：体现。乎：同“于”，表示比较。隐：暗处，此指心中微妙的变化。

〔5〕显：显著。微：小事。

〔6〕中：不偏不倚。喜怒哀乐是人的感情，当这些感情还没有表现出来时，《中庸》篇认为，人的内心处于虚静淡然、不偏不倚的境界，称为“中”。

〔7〕中（zhòng 种）：符合。节：法度、常理。

〔8〕达道：共通的准则。《中庸》篇认为，人的感情和谐，这是天下共同遵循的道理，所以称“达道”。

○ 品画鉴宝　孔子与七十二弟子木刻像

**仲尼曰[1]：“君子中庸[2]，小人反中庸。君子之中庸也，君子而时中[3]；小人之反中庸也[4]，小人而无忌惮也。”**

孔子说：“君子做事，遵循中庸的道理；小人做事，却违背中庸的道理。君子的中庸，是事事做得恰到好处；小人违背中庸，是因为小人做事肆无忌惮。”

### ◎ 原文注释

〔1〕仲尼：孔子，名丘，字仲尼，儒家学派创始人。

〔2〕中庸：不偏不倚，既不过分也无不足。庸，“常”的意思。

〔3〕君子而时中：君子做事时时恰如其分。时，随时。中，符合，适当，适中。

〔4〕忌惮（dàn 旦）：顾忌和害怕。

○ 品画鉴宝　孔子圣迹图 · 清 · 焦秉贞

子曰："中庸其至矣乎[1]！民鲜能久矣[2]！"

子曰："道其不行矣夫[3]！"

孔子说："中庸是最高的道德！很少有能够长久做到的。"

孔子说："中庸的道理，恐怕难以在天下流行了。"

◎ 原文注释

〔1〕子：指孔子。至：尽善尽美。〔2〕鲜：罕见。〔3〕其：大概。

**子曰："道之不行也[1]，我知之矣，知者过之[2]，愚者不及也。道之不明也[3]，我知之矣，贤者过之，不肖者不及也[4]。人莫不饮食也，鲜能知味也。"**

孔子说："中庸的道理在天下不能流行，我现在明白缘故了，聪明人天分高，知识超过中等，所以认为不值得实行中庸；愚蠢者天分低，知识达不到中庸，所以认为不能够实行中庸。中庸的道理不能被天下的民众明白，我现在明白缘故了，贤者认为中庸的道理太浅，不值得深入研究；没有道德的人又认为中庸的道理太深，不愿意研究。人每天都要吃喝，但很少有人能够明辨食物的滋味。"

○ 品画鉴宝　马车 · 东汉

## ◎ 原文注释

〔1〕道：指中庸之道。

〔2〕知（zhì至）者：有智慧、有教养的人。知，同"智"。

〔3〕明：明白，清楚。

〔4〕不肖者：不贤的人，卑贱之徒。

**子曰：“舜其大知也与[1]！舜好问而好察迩言[2]，隐恶而扬善[3]，执其两端[4]，用其中于民[5]，其斯以为舜乎[6]！”**

孔子说：“舜是有大智慧的人啊！舜遇事虚心访问他人，对浅近的话也去详审，他隐去别人的缺点，宣扬别人的长处，抓住过和不及这两端加以调和，用中庸的道理去引导人民，这就是他之所以成为舜的原因吧。”

## ◎ 原文注释

〔1〕舜：传说中的远古帝王，“五帝”之一，与尧并称尧舜，向为儒家所推崇。与：同“欤”，语气词。

〔2〕迩（ěr尔）言：浅近之言。

〔3〕恶：指不符合中庸之道的言论。善：指符合中庸之道的言论。隐：隐匿，隐蔽。扬：发扬，称颂。

〔4〕执其两端：掌握两方面的极端。指智者、贤者与愚者、不肖者对于中庸之道的过分与不足。

〔5〕用其中：即折中。指运用两端中符合中庸之道的道理。

〔6〕斯：这。

○ 品画鉴宝　圣迹之图·明　图中描绘的是孔子向乐师襄子学习弹琴的场景。

○ 品画鉴宝　孔子夫妇木雕像

**子曰："人皆曰'予知'〔1〕，驱而纳诸罟擭陷阱之中〔2〕，而莫之知辟也〔3〕。人皆曰'予知'，择乎中庸，而不能期月守也〔4〕。"**

孔子说："人们都认为自己明智，但掉进罗网木笼之中，却不知道躲避。人人都自以为聪明，但选择中庸的道理后，连一个月都不能坚持。"

### ◎ 原文注释

〔1〕予：我。此处泛指一般人。知：聪明。

〔2〕罟（gǔ古）：捕兽的网。擭(huō获)：装有机关的捕兽的木笼。陷阱：捕兽的深井，上有伪装，下有锋刃。

〔3〕辟（bì闭）：同"避"，避免。

〔4〕期（jī基）月：满一个月。守：恪守。

子曰："回之为人也[1]，择乎中庸[2]，得一善，则拳拳服膺而弗失之矣[3]。"

孔子说："颜回为人处世选择了中庸的道理，获得一个好道理，就牢记心中，永不忘记。"

◎ 原文注释

〔1〕回：颜回，孔子弟子，以德行著称。

〔2〕择：选择。乎：语气助词，无实义。

〔3〕拳拳（quán quán 全全）服膺（yīng 英）：牢牢地记在心中。拳拳，牢握不舍。服，著，放置。膺，胸口。弗：不。

○ 品画鉴宝　宋刻孔子像

**子曰："天下国家可均也[1]，爵禄可辞也[2]，白刃可蹈也[3]，中庸不可能也[4]。"**

孔子说："天下国家可以治理，爵位俸禄可以辞去，锋利刀刃可以踩上去，但中庸的道理却很难做到。"

## ◎ 原文注释

〔1〕天下：指西周时周天子统治下的各国。国：指周天子分封的诸侯国。家：指诸侯国分封的卿大夫领地。均：治理。

〔2〕爵（jué 决）：爵位。禄：官吏的薪俸。辞：意为放弃。

〔3〕蹈：踩，踏。

〔4〕能：做得到。

**子路问强[1]。子曰：“南方之强与？北方之强与？抑而强与[2]？宽柔以教，不报无道[3]，南方之强也，君子居之[4]。衽金革[5]，死而不厌[6]，北方之强也，而强者居之。故君子和而不流[7]，强哉矫[8]！中立而不倚，强哉矫！国有道，不变塞焉[9]，强哉矫！国无道，至死不变[10]，强哉矫！”**

子路问怎样才算是刚强。孔子说：“刚强并不相同，你是问南方人的刚强呢？北方人的刚强呢？还是自己认为的刚强呢？用宽厚温和的态度教化人民，对蛮横无理的人也不报复，这是南方人的刚强，君子属于这一类。用兵器甲胄作枕头和席子，战死沙场而没有怨言，这是北方人的刚强，强悍的人属于这一类。所以君子既与人和睦共处，又不迁就流俗，这才是真正的刚强啊！坚守中庸的道理不偏不倚，这才是真正的刚强！国家太平时，不改变穷困时的操守，这才是真正的刚强！国家动乱时，至死也不改变操守，这才是真正的刚强！”

○品画鉴宝　孔子行教像·清　孔子，名丘，字仲尼，今山东曲阜人，我国古代伟大的思想家和教育家，被后世统治者尊为至圣。孔子和他创立的儒家思想对我国产生了深远的影响。

### ◎ 原文注释

〔1〕子路：名仲由，孔子的学生。

〔2〕抑：选择连词，意为“还是”。而：代词，你，指子路。与：疑问语气词，同“吗”或“呢”。

〔3〕不报无道：别人对我实行无道的事我也不报复。

〔4〕居：处于，坚守。这里指拥有或属于。

〔5〕衽（rèn 刃）金革：以金革为卧处，指好勇善战。衽，卧席，此处为动词。金，铁制的兵器。革，皮革制成的甲盾。

〔6〕厌：后悔。

〔7〕和而不流：性格平和又不随波逐流。

〔8〕矫：坚强的样子。

〔9〕塞：实，指充实于内的志向。

〔10〕至死不变：意为杀身成仁。

子曰：“素隐行怪[1]，后世有述焉[2]，吾弗为之矣。君子遵道而行，半途而废，吾弗能已矣[3]。君子依乎中庸，遁世不见知而不悔[4]，唯圣者能之[5]。”

孔子说：“考究隐僻不正的道理，好做奇异怪诞的事，这些人虽然后代有人记述，但我不愿做这样的人。君子做事遵循正道，虽然有人半途而废，但我不会这样做。君子固守中庸的道理，即使隐居山林不被人知，也不后悔，只有圣人才能做到。”

## ◎ 原文注释

〔1〕素：据《汉书》，应为“索”。隐：隐僻之理。怪：怪异。〔2〕述：传述，意为称赞、称道。〔3〕已：止，停止。〔4〕遁世：避世，指隐居。见：被。知：了解，理解，也指赏识、任用。〔5〕唯：只有。

**君子之道，费而隐[1]。夫妇之愚[2]，可以与知焉[3]，及其至也[4]，虽圣人亦有所不知焉。夫妇之不肖，可以能行焉，及其至也，虽圣人亦有所不能焉。天地之大也，人犹有所憾。故君子语大，天下莫能载焉；语小，天下莫能破焉[5]。《诗》云："鸢飞戾天，鱼跃于渊[6]。"言其上下察也[7]。君子之道，造端乎夫妇[8]；及其至也，察乎天地。**

君子所奉行的中庸广大而又精微，普通夫妇虽然愚昧，也会明白一些日常的中庸道理，但谈到中庸非常高深的地方，即使是圣人有些也不知道。普通夫妇虽然不算太贤惠，但一些日常的中庸的道理还能做到，但要达到中庸的最高境界，即使是圣人也难以做到。天地虽然很大，人对天地也会有不满的地方。因此中庸的道理从大的方面说，天下没有东西可以容纳它；从小的方面说，天下没有人能够剖析它。《诗经·旱麓》说："鸢鸟高高飞上天，鱼儿深深潜入渊。"就是说中庸的道理上下分明。君子所奉行的中庸的道理，是从普通日常男女的道理开始，达到最高境界时就能洞察天地一切事物。

### ◎ 原文注释

〔1〕费：广泛。隐：深奥精微。

〔2〕夫妇：匹夫匹妇，指普通男女。

〔3〕与（yù遇）：动词，参预。

〔4〕及：至于。其：指道。至：高深。

〔5〕破：分析。

〔6〕鸢（yuān渊）：鹞鹰。戾（lì力）：到达。

〔7〕言：说的是。察：明显，彰著。

〔8〕造端：意为开始。乎：于。

**子曰：“道不远人。人之为道而远人，不可以为道[1]。《诗》云：‘伐柯伐柯，其则不远[2]。’执柯以伐柯，睨而视之，犹以为远。故君子以人治人[3]，改而止。忠恕违道不远[4]，施诸己而不愿，亦勿施于人。君子之道四，丘未能一焉[5]：所求乎子，以事父未能也[6]；所求乎臣以事君，未能也；所求乎弟以事兄，未能也；所求乎朋友，先施之未能也。庸德之行，庸言之谨，有所不足，不敢不勉，有余不敢尽。言顾行[7]，行顾言，君子胡不慥慥尔[8]！”**

孔子说：“人按自己的本性去做事，这就叫道，这种道和人相距并不远，天下人都能做到。但有些人却专做一些高深偏僻的事情，这样就一天天远离中庸之道了，就不可以再实行道了。《诗经·伐柯》说：‘拿着斧头砍斧柄，式样在前不远求。’拿着斧柄做样子去砍斧柄，一斜眼就能看到，却以为离得很远。所以君子总是用人原来就有的良知去教育这个人，直到改正为止。忠恕的道理离中庸的道理不远，不愿意加给自己的，也不要加给别人，这就是忠恕的道理。君子的行为准则有四项，我一项也没有做到：我要求儿子尽孝道，但反观我自身，侍奉父母却未尽孝道；我要求臣下尽忠心，但反求我自身，服事君王却未尽忠心；我要求弟弟对兄长恭敬，但反求我自身，服事兄长却没有恭敬；我要求朋友讲信义，但反求我自身，对待朋友却没有信义。平常道德的实行，平常言语的严谨，我都有不足之处，不敢不勉力去做，做得好也不敢说尽。言语要顾及行动，行动要顾及言语，这样的君子还能不忠厚诚实吗？”

### ◎ 原文注释

〔1〕为：奉行。

〔2〕伐柯：砍伐木头作斧柄。柯，斧柄。则，样板。

〔3〕以人治人：以其人之道还治其人之身。

〔4〕忠：要求积极为人。恕：要求推己及人。违：去，相距。道：指中庸之道。朱熹《中庸章句》：“尽己之心为忠，推己及人为恕。”

〔5〕未能一焉：一项也做不到。

〔6〕求：责求，要求。事：从事。引申为侍奉。

〔7〕言顾行：讲话时要考虑到行动。

〔8〕胡：即“何”。慥慥（zào zào造造）：忠厚、诚实的样子。

**君子素其位而行[1]，不愿乎其外。素富贵，行乎富贵[2]；素贫贱，行乎贫践；素夷狄[3]，行乎夷狄；素患难，行乎患难，君子无入而不自得焉[4]。在上位，不陵下；在下位，不援上；正己而不求于人[5]，则无怨。上不怨天，下不尤人。故君子居易以俟命[6]，小人行险以徼幸[7]。子曰："射有似乎君子，失诸正鹄[8]，反求诸其身。"**

君子根据自己的地位行事，不做分外的事情。身处富贵之中，就做富贵地位上应做的事；身处贫贱，就做贫贱地位上应做的事；身处荒蛮之位，就做荒蛮地位应做的事；身处患难之中，就做患难之中应做的事。君子无论处于任何位置都会安然自得。身处在高官显位时，不欺凌比自己地位低的人；身居人下时，不巴结官长。端正自己的行为而不苛求别人，就没有怨恨。对上不抱怨天命，对下不归罪别人。所以，君子能安处自己的地位等待天命的安排，小人常常冒险希望侥幸取得成功。孔子说："射箭的道理就好像君子做人的道理，没有射中靶子，要反过来寻找自身的原因。"

### ◎ 原文注释

〔1〕素其位而行：根据平常所处的地位而行事。素，平素，现在。〔2〕素富贵：平常处于富贵地位。行乎富贵：按富贵身份行事。〔3〕夷狄：古代对中原以外少数民族的称呼。〔4〕入：处于。〔5〕正己：端正自己的品行。求：苛求。〔6〕易：平地。引申为平安的地位。俟（sì 四）：等待。命：天命。〔7〕徼幸：企图偶然求得成功。〔8〕正鹄（gǔ 古）：箭靶中心圆圈。画在布上的叫"正"，画在皮上的叫"鹄"。

**君子之道，辟如行远〔1〕，必自迩〔2〕；辟如登高，必自卑〔3〕。《诗》曰：“妻子好合，如鼓瑟琴。兄弟既翕，和乐且耽。宜尔室家，乐而妻帑〔4〕。”子曰：“父母其顺矣乎〔5〕！”**

君子实行中庸的道理，就像走远路，一定要从近处开始。就像登高处，一定要从低处开始。《诗经·棠棣》说：“与妻子相爱，像琴瑟一样和谐；与兄弟相爱，快乐而又舒畅。使你的家庭美满，使你的妻儿快乐。”孔子说：“像这样的家庭，父母的心情就顺畅了。”

○ 品画鉴宝　圣迹之图·明　齐景公问政于孔子，孔子曰：“政在节财”。颇得齐景公赞赏，欲重用孔子，但遭到大臣晏婴的反对，于是孔子自齐返鲁。

## ◎ 原文注释

〔1〕辟：同“譬”，譬如。

〔2〕迩：近处。

〔3〕卑：低处。

〔4〕合：和睦。鼓：弹奏。瑟（sè 色）：弹拨乐器。翕（xī 西）：聚合。耽（dān 单）：安乐。帑：应作“孥（nǔ 奴）”，子孙。

〔5〕其：大概。顺：顺心。

**子曰："舜其大孝也与[1]！德为圣人，尊为天子，富有四海之内[2]，宗庙飨之[3]，子孙保之。故大德必得其位，必得其禄，必得其名，必得其寿。故天之生物，必因其材而笃焉[4]，故栽者培之，倾者覆之[5]。《诗》曰：'嘉乐君子，宪宪令德。宜民宜人，受禄于天，保佑命之，自天申之[6]。'故大德者必受命[7]。"**

孔子说："舜可以称得上是最孝顺的人了。他具有圣人的德行，又贵为天子，拥有四海的财富，在宗庙中受到祭祀，子子孙孙永远保持祭祀。因此有伟大品德的人一定会有相应的地位，一定会得到应得的福禄，一定会得到应有的名声，一定会得到高寿。所以说天生万物，一定会按它们的材质厚待它们，可以栽培的就会栽培，应该淘汰的就会淘汰。《诗经·嘉乐》说：'美好快乐的君子啊，你的美德高尚光明。善于安民善于用人，上天赐给福禄。大家保护他扶助他，这是上天赋予的使命。'所以，最高德行的人会受天命成为天子。"

○ 品画鉴宝　云纹高足玉杯·秦

### ◎ 原文注释

〔1〕其：大概是。与：语气词。

〔2〕富：财富，此处作动词，拥有财富。

〔3〕飨之：祭祀他。

〔4〕材：质料，本性。笃（dǔ 堵）：妥善处置。

〔5〕倾：歪斜。覆之：使它倒。

〔6〕嘉乐：《诗经》作"假乐"。"假"通"嘉"，善。宪宪：《诗经》作"显显"，显明兴盛的样子。令：美好。申：申敕（chì 斥），告诫。

〔7〕受命：受天之命。

孔子凭几像·宋·孔庙石刻

**子曰："无忧者，其惟文王乎！以王季为父，以武王为子，父作之，子述之[1]。武王缵大王、王季、文王之绪[2]，一戎衣而有天下[3]，身不失天下之显名。尊为天子，富有四海之内，宗庙飨之，子孙保之。武王末受命[4]，周公成文武之德，追王大王、王季[5]，上祀先公以天子之礼。斯礼也，达乎诸侯、大夫及士、庶人。父为大夫，子为士，葬以大夫，祭以士[6]。父为士，子为大夫，葬以士，祭以大夫。期之丧[7]，达乎大夫；三年之丧，达乎天子；父母之丧，无贵贱，一也。"**

孔子说："没有忧虑的，恐怕只有周文王吧！他有王季这样的父亲，有武王这样的儿子。父亲为他开创基业，儿子又继承了他的事业。周武王继承了太王、王季和文王的事业，一举打败殷朝而取得天下，自身没有失去显赫的威名。被尊为天子，拥有四海的财富，宗庙祭祀他，子孙永远保持祭祀。周武王晚年才接受天命而成为天子。周公完成了文王和武王的德业，追尊太王、王季为天子，创建天子的礼节来祭祀他们。这些祭祀的礼节，通行到诸侯、大夫、士和百姓。父亲为大夫，儿子为士，安葬时用大夫的礼节，祭祀时用士的礼节。父亲是士，儿子是大夫，安葬时用士礼，祭祀时用大夫的礼节。一年的丧期，到大夫为止。三年的丧期，通行到天子；父母的丧期，不分贵贱都是一样。"

### ◎ 原文注释

〔1〕作：开创。述：继承。

〔2〕大王：即太王，指古公亶父，文王称王后追尊他为太王。缵（zuǎn 纂）：继承。绪：前人未竟的功业。

〔3〕一戎衣：穿一次甲胄，指消灭殷商一战。

〔4〕末：年老之意。

〔5〕追王（wàng 望）：后代加封先祖以"王"的称号叫追王。

〔6〕葬以大夫：以大夫之礼安葬。祭以士：以士之礼祭祀。

〔7〕期（jī 基）之丧：一周年的守丧期。

**子曰：“武王、周公其达孝矣乎！夫孝者，善继人之志，善述人之事者也[1]。春秋修其祖庙，陈其宗器，设其裳衣，荐其时食[2]。宗庙之礼，所以序昭穆也[3]。序爵[4]，所以辨贵贱也；序事[5]，所以辨贤也；旅酬下为上，所以逮贱也[6]。燕毛[7]，所以序齿也。践其位，行其礼，奏其乐，敬其所尊，爱其所亲，事死如事生，事亡如事存，孝之至也。郊社之礼[8]，所以事上帝也；宗庙之礼，所以祀乎其先也。明乎郊社之礼，禘尝之义[9]，治国其如示诸掌乎！”**

孔子说：“周武王和周公是最孝顺的人吧。孝顺就是能继承祖先的遗志，完成祖先未完成的事业。春秋时节修缮祖庙，把祭器陈列出来，把祖先的衣裳摆好，献上时鲜的食品。宗庙的祭祀仪式，是排列长幼先后次序的。排列爵位是分辨贵贱的；排列执事者的次序，是区别贤能；旅酬时，晚辈先向长辈举杯，是让地位低的人得到安慰。宴会上按头发的黑白排座次，是排列年龄的。在祖先的神位前，举行祭祀的仪式，演奏祭祀的音乐，敬应该尊敬的人，爱应该关心的人，侍奉刚死去的人好像侍奉活人一样，侍奉早已去世的人就像侍奉在世的人一样，这就是孝敬至极。祭祀天地的礼是侍奉上帝的，祭祀宗庙的礼是侍奉祖先的。知道了这些礼的意义，治理国家的理也就像放在手掌上的东西那样一清二楚了。”

### ◎ 原文注释

〔1〕人：指先祖。下“人”字同。继、述：继承。志：志向。事：事业。

〔2〕荐：献上。时食：应时的食品。

〔3〕序：排列。昭穆：宗庙的次序，左为昭，右为穆。

〔4〕序爵：祭祀者按官爵大小，以公、卿、大夫、士分为四等排列先后次序。

〔5〕序事：按在祭祀中担任的职务排列先后次序。事，职事，职务。

〔6〕旅：众。酬：敬酒。逮贱：使卑下者表其敬意。

〔7〕燕毛：按头发的颜色，也就是年龄大小排列宴会席位的次序。燕，宴会。毛，毛发，意为年龄。

〔8〕郊社之礼：祭祀上帝以及春、夏、秋、冬四时迎气都叫郊礼。祭祀水土之神叫社礼。

〔9〕禘(dì 帝)：夏祭。尝：秋祭。

**哀公问政。子曰：“文武之政，布在方策[1]。其人存[2]，则其政举；其人亡，则其政息。人道敏政[3]，地道敏树。夫政也者，蒲卢也。故为政在人，取人以身[4]，修身以道，修道以仁。仁者，人也，亲亲为大[5]；义者，宜也，尊贤为大。亲亲之杀[6]，尊贤之等，礼所生也。在下位不获乎上，民不可得而治矣！故君子不可以不修身；思修身，不可以不事亲；思事亲，不可以不知人；思知人，不可以不知天。天下之达道五，所以行之者三。曰君臣也，父子也，夫妇也，昆弟也，朋友之交也，五者天下之达道也。知、仁、勇三者，天下之达德也。所以行之者一也。或生而知之，或学而知之，或困而知之，及其知之，一也。或安而行之，或利而行之，或勉强而行之，及其成功，一也。”子曰：“好学近乎知，力行近乎仁，知耻近乎勇。知斯三者，则知所以修身；知所以修身，则知所以治人；知所以治人，则知所以治天下国家矣。”**

鲁哀公向孔子请教治国的道理。孔子说：“周文王和周武王的治国方法，都记载在典籍中。贤能者执政，治国方法就能实行；贤能者不执政，这些治国方法也就废弛了。治理人的途径是勤于政事，治理地的途径是多植草木。政事就像蒲苇，环境合适就生长很快。政事成功在于获得贤人，获得贤人靠国君自身修养，自身修养要先讲道德，道德的起点是仁。所谓仁，就是爱别人，以爱自己的亲人最重要；所谓义，就是宜，以尊敬贤人最重要。爱亲人有亲疏之别，尊敬贤人也有不同的等级，这就是礼产生的原因。处在下位的人得不到上位人的信任，就治理不好百姓。所以君子不能不懂得修身；想修身，不能不侍奉好亲人；想侍奉好亲人，不能不了解他人；想了解他人，不能不懂得天道。天下通行的道义有五种，实行这些道义的美德有三种。君臣、父子、夫妇、兄弟和朋友的交往，是天下通行的道义。智、仁、勇是天下公认的美德。实行这些道义和美德的道理是一样的。有的人生来就懂得这些道理，有的人学习后才懂得，有的人遭受困难之后才懂得。等到懂得之后，就都一样了。有的人自愿去实

○品画鉴宝 孔子为鲁司寇像·明

行，有的人为了某种利益才去实行，有的人勉强去实行，等到成功，效果是一样的。”孔子又说：“爱好学习，接近智；努力行善，接近仁；知道耻辱，接近勇。知道了这三件事，就懂得怎样修身了。知道了怎样修身，就懂得怎样治理百姓了。知道了怎样治理百姓，就懂得怎样治理国家了。”

## ◎ 原文注释

〔1〕布：陈列。方：书写用的木条。策：书写用的竹简。方策：这里指典籍。

〔2〕其人存：那样的人存在。人，指贤人，即文王、武王的臣僚。

〔3〕敏：勉力，用力。

〔4〕在人：在于得到贤人。取人以身：得到贤人的关键在于搞好自身修养。

〔5〕亲亲为大：亲近自己的亲人是大仁。

〔6〕杀（shài 晒）：减少，降等，差别。指亲爱亲族要按关系远近而有所分别。

**凡为天下国家有九经[1]，曰：修身也，尊贤也，亲亲也，敬大臣也，体群臣也，子庶民也，来百工也，柔远人也，怀诸侯也[2]。修身则道立，尊贤则不惑，亲亲则诸父昆弟不怨，敬大臣则不眩，体群臣则士之报礼重，子庶民则百姓劝，来百工则财用足，柔远人则四方归之，怀诸侯则天下畏之。**

**齐明盛服，非礼不动，所以修身也；去谗远色，贱货而贵德，所以劝贤也；尊其位，重其禄，同其好恶，所以劝亲亲也；官盛任使[3]，所以劝大臣也；忠信重禄，所以劝士也；时使薄敛[4]，所以劝百姓也；日省月试，既禀称事[5]，所以劝百工也；送往迎来，嘉善而矜不能，所以柔远人也；继绝世[6]，举废国[7]，治乱持危，朝聘以时[8]，厚往而薄来，所以怀诸侯也。凡为天下国家有九经，所以行之者一也。**

治理天下国家有九条法则：修养自身，尊重贤人，关爱亲人，敬重大臣，体恤百官，爱护百姓，招集各业工匠，安抚远方百姓，怀柔四方诸侯。修养自身，就能确立美德；尊重贤人，就不会被小人迷惑；关爱亲人，家中的伯叔兄弟就不会怨恨；敬重大臣，遇事就不会没有主张；体恤百官，下级小臣就会竭力报答；爱护百姓，百姓就会更加勤勉；招集各业工匠，财用就会充足；安抚远方百姓，四方之人就乐于归顺；怀柔四方诸侯，天下的人就会畏服。

仪容整齐严明，衣服华美庄重，不合礼的事就不做，这就是修身的方法；摒弃小人，远离女色，轻视财货重视德行，这就是劝勉贤人的方法；加封同姓大臣的爵位，增加他们的俸禄，和他们的爱憎相一致，这就是劝勉人们关爱亲人的方法；给大臣安排更多的下属，让他们使用，这就是劝勉大臣的方法；多加信任，增加俸禄，这就是劝勉士的方法；按时役使，减轻赋税，这就是劝勉百姓的方法；天天检查，按月考核，按成绩赐给钱粮，这就是劝勉百工的方法；来时迎接，去时欢送，嘉奖有能力的人，关怀能力差的人，这就是安抚远方百姓的方法；延续断绝后嗣的诸侯，帮助恢复灭亡的国家，治理混乱扶持危难，让诸侯按时朝觐，送给他们厚礼而不多要贡礼，这就是安抚各国诸侯的办法。治理国家共有九条法则，实行这些法则的道理都是一样的。

## ◎ 原文注释

〔1〕九经：九条准则。经，常道，准则。

〔2〕怀：安抚。诸侯：古代中央政权分封的各国国君称侯又称诸侯。

〔3〕官盛任使：为大臣多设属官以供调遣。盛，多。任使，足够使用。

〔4〕时使薄敛：指使百姓服劳役不误农时，向百姓征收赋税不繁重。使，役使。敛，征租税。

〔5〕既（xì戏）：即“饩”，赠送别人粮食或饲料。禀（lǐn檩）：给予粮食。相当于工资待遇。称：符合。事：工作成果。

〔6〕继：承继，延续。绝世：已经中断的世家。

〔7〕举：任用、复兴。废国：已经没落的邦国。

〔8〕朝聘：按时进行朝见聘问。

**凡事豫则立[1]，不豫则废。言前定则不跲[2]，事前定则不困，行前定则不疚[3]，道前定则不穷。在下位不获乎上，民不可得而治矣。获乎上有道，不信乎朋友，不获乎上矣。信乎朋友有道，不顺乎亲[4]，不信乎朋友矣。顺乎亲有道，反诸身不诚，不顺乎亲矣。诚身有道，不明乎善，不诚乎身矣。诚者，天之道也；诚之者，人之道也。诚者，不勉而中，不思而得，从容中道，圣人也。诚之者，择善而固执之者也[5]。**

**博学之，审问之，慎思之，明辨之，笃行之[6]。有弗学，学之弗能弗措也[7]；有弗问，问之弗知弗措也；有弗思，思之弗得弗措也；有弗辨，辨之弗明弗措也；有弗行，行之弗笃弗措也。人一能之，己百之；人十能之，己千之。果能此道矣，虽愚必明，虽柔必强。**

任何事情有准备就能成功，没有准备就会失败。说话前认真考虑就不会中断，做事前认真考虑就不会有困难，行动前考虑好就不会懊悔，行路事先考虑好就不会走上绝路。在下位的人得不到在上位人的支持，就治理不好百姓。获得在上位人支持的办法是与朋友交往要讲信用，得不到朋友的信任，就得不到在上位人的支持。获得朋友信任的办法是对父母孝顺，对父母不孝顺，也就得不到朋友的信任。孝顺父母的办法是要有诚心，反省自身如果没有诚心，就不会孝顺父母。有诚心的办法是明白什么是善行，不明白什么是善行，就不会有诚心。诚，是天下的大道。做到诚，是人们的目标。有诚心的人，不用勉强处事就很得当，不用思考言语就很得体，举止都合乎中庸的道理，这就是圣人。要拥有诚心，要选择善道而且牢牢坚持下去。

广泛地学习，详尽地询问，慎重地思考，明确地辨析，坚定地实行。要么不学习，如果学习了，不掌握就不罢休；要么不询问，如果询问了，不清楚就不罢休；要么不思考，如果思考了，得不出结果就不罢休；要么不辨析，如果辨析了，辨析不明白就不罢休；要么不去实行，如果实行了，做不彻底就不罢休。别人做一遍，自己做一百遍；别人做十遍，自己做一千遍。如果按这个道理去做，即使是愚笨的人也会变得聪明，即使是软弱的人也会变得刚强。

## ◎ 原文注释

〔1〕豫：同『预』，预备，事先准备。

〔2〕跲（jiá 颊）：说话不通畅。

〔3〕疚（jiù 救）：心疚，内心痛苦不安。

〔4〕顺：孝顺。亲：指父、母。

〔5〕诚之：使之诚，使自己做到诚。诚，是生来就有的诚，是圣人的能力。诚之者，是人为的诚，是一般人应该遵循的原则。

〔6〕『博学之』句：博，多，各方面。审，仔细审案。慎，谨慎，不粗心。笃，诚实。

〔7〕有弗学：要么不学。弗（fú 扶）措也：弗，不。措，废置，搁置，停止。

**自诚明[1]，谓之性[2]。自明诚，谓之教[3]。诚则明矣[4]，明则诚矣。**

**唯天下至诚，为能尽其性[5]；能尽其性，则能尽人之性[6]；能尽人之性，则能尽物之性；能尽物之性，则可以赞天地之化育[7]；可以赞天地之化育，则可以与天地参矣[8]。**

从内心真诚到明辨事理，这是天性。从明辨事理达到真诚的境界，这靠后天的教化。真诚就会明白事理，明白事理就能有诚心。

天下只有至诚的圣人，才能完全发挥自己的天性；能完全发挥自己的天性，才能完全发挥众人的天性；能完全发挥众人的天性，才能完全发挥万物的天性；能完全发挥万物的天性，才能赞助天地化育万物；能赞助天地化育万物，就可以与天地并列了。

## ◎ 原文注释

〔1〕自诚明：由于自己内心诚实而做到明察事理。自，由，从。明，明白，指明白道理。

〔2〕性：先天的本性。

〔3〕教：后天的教化。

〔4〕则：即。

〔5〕唯：独，只有。至诚，至诚的人，即圣人。尽性，充分发挥本性。尽，竭尽。

〔6〕人之性：众人的本性。

〔7〕赞：赞助，帮助。化育：生育万物。

〔8〕与天地参：与天地并列。参，比，并。

○ 品画鉴宝 灰陶夔纹斗 · 商

○ 品画鉴宝　龙纹填漆圆鼎·西周　此鼎三足双立耳，颈部铸顾首夔龙纹一周，纹饰内填漆，器形大方，造型精美。填漆工艺更是少见，极具研究价值。

**其次致曲[1]，曲能有诚，诚则形[2]，形则著[3]，著则明[4]，明则动[5]，动则变[6]，变则化[7]。唯天下至诚为能化。**

那些次于圣人的人能推究某一事物的道理，由此也可以达到有诚心，有诚心就会表现出来，表现出来就会日益显著，显著之后就会发出光明，发出光明就会感动人心，感动人心就会引起变化，人心变化就会对社会产生好的教化。只有天下至诚的人才能化恶为善。

### ◎ 原文注释

〔1〕其次：次一等的人，次于“自诚明”的圣人，即贤人。致曲：指从平日一言一行着手。致，至，推至。曲：局部、部分，细小的事。

〔2〕形：显露，表现出来。

〔3〕著：显著。

〔4〕明：光明。

〔5〕动：影响。

〔6〕变：变革，指变革人心。

〔7〕化：感化，指使人不自觉地去恶从善。

〔8〕为能：才能做到。

诚者自成也[1]，而道自道也[2]。诚者，物之终始[3]，不诚无物[4]。是故君子诚之为贵。诚者，非自成己而已也[5]，所以成物也。成己，仁也；成物，知也。性之德也[6]，合外内之道也，故时措之宜也[7]。

诚是自己完成的，道是自己运行的。诚贯穿于事物的始终，没有诚就没有万物，所以君子以诚为贵。诚，不是说自己做到就够了，而要用来完善万物。完成自身的修养是仁，使万物都达到诚是智。本性的美德，是内外之道的结合，所以在任何时候用诚来处理事情都很合适。

◎ 原文注释

〔1〕自成：自己成就自己。

〔2〕自道（dǎo导）：自己引导自己。

〔3〕终始：贯穿头尾。

〔4〕无物：没有万事万物。

〔5〕非自成己而已：并非只是成就自己就够的。己，自己。已，中止。

〔6〕性之德：本性的德行。

〔7〕时：无论何时。措：用，实施。宜：适合。

**故至诚无息。不息则久，久则征。征则悠远，悠远则博厚，博厚则高明。博厚，所以载物也；高明，所以覆物也；悠久，所以成物也。博厚配地，高明配天，悠久无疆。如此者，不见而章，不动而变，无为而成。天地之道，可一言而尽也〔1〕。其为物不贰〔2〕，则其生物不测。天地之道，博也，厚也，高也，明也，悠也，久也。**

**今夫天，斯昭昭之多〔3〕，及其无穷也，日月星辰系焉，万物覆焉。今夫地，一撮土之多〔4〕，及其广厚，载华岳而不重〔5〕，振河海而不泄，万物载焉。今夫山，一卷石之多〔6〕，及其广大，草木生之，禽兽居之，宝藏兴焉。今夫水，一勺之多，及其不测，鼋、鼍、蛟、龙、鱼、鳖生焉，货财殖焉。**

**《诗》云："维天之命，於穆不已〔7〕。"盖曰天之所以为天也。"於乎不显，文王之德之纯〔8〕。"盖曰文王之所以为文也，纯亦不已〔9〕。**

至诚是永不间断的。永不间断就会保持长久，保持长久就会得到验证。得到验证就会悠远长久，悠远长久就会博大深厚。博大深厚就会高大光明。博大深厚，所以能承载万物；高大光明，所以能覆盖万物；悠远长久，所以能造就万物。博大深厚可与大地相配，高大光明可与上天相配，悠远长久就是没有止境。达到了这个境界，没有表现就会显明，没有行动就会变化，无所作为就会成功。天地之道，一句话可以概括：自身精诚，专一不二，那么化育万物就不可预测。天地之道，真是广博、深厚、高大、光明、悠远、长久啊。

现在就天而言，它是由一点一点的光明所组成，至于它的无穷无尽，日月星辰由它维系，地下万物被它覆盖。现在就地而言，它是由一撮一撮的土所组成，至于它的广博深厚，承载华山不会觉得沉重，容纳河海也不会泄漏，万物都由它承载。现在就山而言，它是由一块一块石头所堆积而成，至于它的广大，草木都在上面生长，禽兽都在上面栖息，宝藏都在里面蕴藏。现在就水而言，它是由一勺一勺水积累而成，至于它的深不可测，鼋、鼍、蛟、龙、鱼、鳖都在里面生长，各种货物财富也在里面繁殖。

《诗经·维天之命》说："天命啊，生生不息。"这是说天之所以成为天的道理。"光明伟大啊，文王的德行永泽后世。"这是说文王之所以被尊为文的原因，纯就是永不停止的意思。

◯ 品画鉴宝　渔翁渔妇图·清·黄慎　图中一渔翁身背鱼篓，手拈鱼钩，钩上捕一小鱼，笑容可掬，面向渔妇，似述家常；而渔妇则回首目对老翁，聆听其述。渔翁渔妇情态生动，呼应密切。

## ◎ 原文注释

〔1〕一言：即一字，指“诚”字。

〔2〕不贰：诚是忠诚如一，没有别的混杂，这就是为物不贰。贰，即“二”。

〔3〕斯：此。昭昭：光明。多：指人们见到的只是一部分光明。下面几句中“多”字意同。

〔4〕一撮（cuō 搓）土：指人们立足的只是一撮土地。撮，本义是用两三个指头取物，引申指很少的数量。

〔5〕华（huà 化）岳：西岳华山，在今陕西省东部。

〔6〕一卷（quán 全）石：石小如拳。卷，通“拳”。

〔7〕维：语气词。於（wū 乌）：语气词。穆：深远。不已：无穷。

〔8〕不显：意为多么光明。不，通“丕”，即大。显，显明。纯：纯正。

〔9〕纯亦不已：文王品德的纯正像天道那样无止境。

**大哉圣人之道！洋洋乎！发育万物，峻极于天。优优大哉[1]！礼仪三百[2]，威仪三千[3]。待其人而后行。故曰：苟不至德，至道不凝焉。故君子尊德性而道问学[4]，致广大而尽精微，极高明而道中庸，温故而知新，敦厚以崇礼。是故居上不骄，为下不倍。国有道[5]，其言足以兴[6]；国无道[7]，其默足以容。《诗》曰："既明且哲，以保其身[8]。"其此之谓与！**

圣人的道德，是多么伟大啊！它广博无边，化育万物。它高大无比，直达苍天。它又是多么充足宽裕啊！礼的大纲有三百条，细则有三千条，都要等圣人出现才能实行。所以说：假如没有最高的德行，最高的道就难以完成。因此君子尊崇德性，从事学问，使德性和学问既日渐广大又能深入到精妙细微之处，既达到高大光明的境界又能遵循中庸的道理。复习学过的知识就能体会到新的知识，培养深厚的道德从而更加尊崇礼仪。因此，身居高位而不骄慢，身处下位又不会悖乱。国家政治清明时，他的话可以让国家兴盛；国家政治黑暗时，他保持沉默又能保全自己。《诗经·烝民》说："既明达又聪慧，就可以保全自身。"大概说的就是这个意思吧！

### ◎ 原文注释

〔1〕优优：充足宽裕之意。

〔2〕礼仪：古时礼节的主要规则，又称经礼。

〔3〕威仪：古时典礼的动作规范及待人接物的礼节，又称曲礼。

〔4〕道（dǎo 导）：从事。问学：学习及询问。

〔5〕国有道：国家实行正道，指太平盛世。

〔6〕其言足以兴：他的政见足以被采纳。

〔7〕国无道：国家缺乏正道，指昏暗乱世。

〔8〕哲：智慧，指洞察事理。

**子曰：“愚而好自用[1]，贱而好自专，生乎今之世，反古之道。如此者，灾及其身者也。”非天子，不议礼[2]，不制度，不考文[3]。今天下车同轨，书同文，行同伦[4]。虽有其位，苟无其德，不敢作礼乐焉；虽有其德，苟无其位，亦不敢作礼乐焉。子曰：“吾说夏礼，杞不足征也[5]；吾学殷礼，有宋存焉[6]；吾学周礼，今用之，吾从周。”**

孔子说：“愚蠢的人总喜欢自以为是，卑贱的人总喜欢独断专行，生活在当今这个时代，却照搬古代的做法。像这样的人，灾祸会降临到他身上的。”不是天子，就不要议论礼制，不得制定制度，不要考订文字。如今天下车辆的规范一样，文字的书写一样，行为伦理一样。虽然处在天子的尊位，假如不具备圣人的德行，也不敢随意制礼作乐；虽然有圣人的德行，假如不是处在天子的尊位，也不敢随意制礼作乐。孔子说：“我谈论夏代的礼法，夏的后裔杞国不能验证它；我学习殷代的礼法，殷的后裔宋国还有残存；我学习周礼，现在还正在使用，所以我遵从周朝的礼法。”

◎ **原文注释**

〔1〕愚：呆笨之人。好：喜爱。自用：自以为是。

〔2〕议礼：议论礼仪，指修订礼仪。

〔3〕考文：考核文字。

〔4〕“今天下”句：各种车子的轮距一样，叫“车同轨”。轨，车子两轮之间的距离。字的笔画、间架一样，叫“书同文”。待人处事遵守同样的道德规范，叫“行同伦”。按：这句说的是秦始皇统一六国以后的情况。

〔5〕杞：国名，夏的后代。

〔6〕宋：国名，殷商的后代。

**王天下有三重焉[1]，其寡过矣乎！上焉者，虽善无征，无征不信，不信民弗从。下焉者，虽善不尊，不尊不信，不信民弗从。故君子之道，本诸身，征诸庶民，考诸三王而不缪[2]，建诸天地而不悖[3]，质诸鬼神而无疑[4]，百世以俟圣人而不惑。**

**质诸鬼神而无疑，知天也；百世以俟圣人而不惑，知人也。是故，君子动而世为天下道[5]，行而世为天下法，言而世为天下则。远之则有望，近之则不厌。《诗》曰："在彼无恶，在此无射。庶几夙夜，以永终誉[6]。"君子未有不如此而蚤有誉于天下者也。**

讨论礼制、制定法度、考订文字，这是统治天下重要的三件事，都能做好就很少有过失了。身居上位，虽有善行但不能验证，不能验证就不被人相信，不被相信人民就不会遵从。身处下位，虽有善行但地位不尊贵，不尊贵就不被人相信，不被相信人民也不遵从。所以君子制定的法度，以自身的德性为根本，先在百姓中得到验证，再用夏商周三代的礼制来考察有没有错误，树立在天地之间不会违背自然天理，对质于鬼神也没有疑问，等到百代以后圣人出现也没有疑惑。

对质于鬼神也没有疑问，这是懂得天理；等到百代以后圣人出现也没有疑惑，这是懂得人情。因此，君子的行为举止被世世代代天下人所遵行和效法；语言被世世代代天下人奉为准则。离他远的人，景仰他的言行；离他近的人，学习且永不满足。《诗经·振鹭》说："他在那边没人怨恨，他在这里人人尊敬。日日夜夜辛劳勤勉，永远保持美好的声誉。"君子都是先这样做，然后美名才在天下流传。

### ◎ 原文注释

〔1〕王（wàng望）：成为君王，统治天下。三重：三件重要的事，即议礼、制度、考文。

〔2〕三王：夏、商、周三代之王。缪：通"谬"。

〔3〕建诸天地而不悖（bèi背）：指君子之道符合天地之道。建，立。悖，违背，抵触。

〔4〕质：质问。

〔5〕道：通"导"，先导，疏导。

〔6〕彼：指在宋国。无恶：没人厌恶。无射：没有人嫌弃。誉：荣誉。

○ 品画鉴宝　错银镶红铜龙纹方豆·战国

**仲尼祖述尧舜[1]，宪章文武[2]，上律天时[3]，下袭水土。辟如天地之无不持载，无不覆帱[4]，辟如四时之错行[5]，如日月之代明[6]。万物并育而不相害，道并行而不相悖[7]，小德川流，大德敦化[8]，此天地之所以为大也。**

孔子以尧舜为宗，传述他们最高明的道德；又奉文王武王为金科玉律，彰明他们最完备的法制；向上能取法天时自然的变化，向下能严守范围，遵依水土一定的道理。他集美德于一身，如同天地般广大，没有一物不承载在上面，没有一物不覆盖在下面。他做事随机应变，好像春夏秋冬四时交互运行，又好像日月的往来交互明照。万物都生长在那里却彼此不相妨害，四时日月都运行在里面却往来不相违背。小德如江河川流不息，大德深厚而化育万物。这就是天地之所以称为大的原因。

## ◎ 原文注释

〔1〕祖述：效法，遵循前人的行为或学说。

〔2〕宪章：遵从，以……为典范。

〔3〕律：合，遵循。

〔4〕覆帱（dào 到）：遮盖，掩盖。

〔5〕错行：交错运行，意为流动不息。错，迭。

〔6〕代明：交替光明，意为循环变化。代，更替。

〔7〕道：天地之道。悖：违背。

〔8〕敦化：使万物达到敦厚纯朴的境地。

**唯天下至诚，为能经纶天下之大经[1]，立天下之大本[2]，知天地之化育[3]。夫焉有所倚[4]？肫肫其仁[5]，渊渊其渊，浩浩其天。苟不固聪明圣知达天德者[6]，其孰能知之[7]？**

只有天下最诚实的人，才能把天下的伦理加以整理，作为天下后世的法则，才能建立天下的根本道德，才能懂得天地化育万物的道理。这样的人怎会有偏私呢？他的仁心诚恳至极，他的思虑那样深远，他的美德如此广大。假如不是上天赋予一个人聪明和美德，又有什么人能了解他呢？

○ 品画鉴宝　听琴图 · 明 · 张路

## ◎ 原文注释

〔1〕经纶：理出丝绪为经，编成丝绳为纶，比喻筹划国家大事。大经：根本大法。

〔2〕本：根本。

〔3〕化育：生长变化。

〔4〕倚：倚靠。

〔5〕肫肫（zhūn zhūn 谆谆）：诚恳真挚的样子。渊渊：静深的样子。

〔6〕固：实在，确实。

〔7〕孰：谁。之：指“天下至诚”。

《诗》曰："衣锦尚䌹[1]。"恶其文之著也。故君子之道，闇然而日章[2]；小人之道，的然而日亡[3]。君子之道：淡而不厌，简而文，温而理，知远之近，知风之自，知微之显，可与入德矣。

《诗》云："潜虽伏矣，亦孔之昭[4]。"故君子内省不疚，无恶于志。君子之所不可及者，其唯人之所不见乎！《诗》云："相在尔室，尚不愧于屋漏[5]。"故君子不动而敬，不言而信。

《诗》曰："奏假无言，时靡有争[6]。"是故君子不赏而民劝，不怒而民威于𫓧钺[7]。《诗》曰："不显惟德，百辟其刑之[8]。"是故君子笃恭而天下平。《诗》云："予怀明德，不大声以色。"子曰："声色之于以化民，末也。"《诗》曰："德𬨎如毛[9]。"毛犹有伦。"上天之载，无声无臭[10]。"至矣。

《诗经·硕人》说："身穿锦袍，外罩布衫。"这是厌恶锦袍的色彩太鲜艳。所以君子为人处世开始时暗淡无光，但内在的光辉一天天显著；小人为人处世开始时色彩鲜艳，但却日渐消亡。君子的为人之道是素淡不令人生厌，简朴而内含文采，温和而有条理。如果明白了由远及近的道理，明白教化别人先从自己开始，明白隐微的东西会逐渐显明，就可以修习圣人的品德了。

《诗经·正月》说："虽然潜伏水底，依然能被觉察。"所以君子要反省自己时不觉得内疚，这就会无愧于心。君子不可企及的地方，就是在没人看到的地方也能小心谨慎。《诗经·抑》说："独自在室内的时候，是不是能够无愧于神明。"所以君子行事不等行动就先恭敬，不等讲话就先诚实。

《诗经·烈祖》说："宗庙祭祀虽然无言，却没有人敢于争执。"所以德盛的君子不必奖赏，百姓就会相劝从善；不必动怒，百姓怕他比刀斧还要厉害。《诗经·烈文》说："天子的德行难道不显明吗？诸侯都来效法。"所以君子有了笃实的恭敬，自然能感化万民，使天下太平。《诗经·皇矣》说："我怀念文王光明的美德，从不张大声势，讲究仪式。"孔子说："用声色来教化百姓，这是不懂得根本啊。"《诗经·烝民》说："用德化民，易如鸿毛。"羽毛虽细，仍有形迹。所以《诗经·文王》又说："上天载物，无声无息。"圣人用道德教化百姓，也是无声无息进行的。这才是最高的境界啊！

## ◎ 原文注释

〔1〕锦：色彩鲜艳的衣服。尚：加。䌹（jiǒng 窘）：同"褧"，用麻布制的罩衣。

〔2〕闇然：隐藏不露。闇，即"暗"。章，明显。

○ 品画鉴宝　诗经图 · 南宋 · 马和之

〔3〕的（dì 弟）然：显然，确凿无疑的样子。

〔4〕昭：《诗经》作“炤”（zhào 造），昭、炤同，意为明显。

〔5〕相：视。尔：你。屋漏：屋的西北角。

〔6〕奏：《诗经》作“鬷”，进奉。假（gé 格）：通“格”，感络，感通。靡（mí 迷）：没有。

〔7〕铁（fū 夫）钺（yuè 月）：古代执行军法时用的斧子。

〔8〕不显：意为大显。辟（bì 闭）：诸侯。刑：通“型”，示范，效法。

〔9〕德辅如毛：德行感化，轻便如毛。辅（yóu 由）：古代一种轻便车，引申为轻。

〔10〕载：事。臭（xiù 秀）：气味。

图书在版编目（CIP）数据

孟子　中庸 / 金敬梅主编 . -- 北京 : 世界图书出版公司 , 2016.5（2021.4 重印）
ISBN 978-7-5192-0904-9

Ⅰ . ①孟… Ⅱ . ①中… Ⅲ . ①儒家②《孟子》—青少年读物③《中庸》—青少年读物 Ⅳ . ① B222-49

中国版本图书馆 CIP 数据核字 (2016) 第 049101 号

| | |
|---|---|
| 书　　名 | 孟子　中庸 |
| （汉语拼音） | MENGZI　ZHONGYONG |
| 编　　者 | 金敬梅 |
| 总 策 划 | 吴　迪 |
| 责任编辑 | 金敬梅 |
| 装帧设计 | 刘　陶 |
| 出版发行 | 世界图书出版公司长春有限公司 |
| 地　　址 | 吉林省长春市春城大街 789 号 |
| 邮　　编 | 130062 |
| 电　　话 | 0431-86805551（发行）　0431-86805562（编辑） |
| 网　　址 | http://www.wpcdb.com.cn |
| 邮　　箱 | DBSJ@163.com |
| 经　　销 | 各地新华书店 |
| 印　　刷 | 唐山富达印务有限公司 |
| 开　　本 | 720 mm × 1000 mm　1/16 |
| 印　　张 | 23 |
| 字　　数 | 300 千字 |
| 印　　数 | 1—5 000 |
| 版　　次 | 2019 年 6 月第 1 版　　2021 年 4 月第 3 次印刷 |
| 国际书号 | ISBN 978-7-5192-0904-9 |
| 定　　价 | 46.00 元 |

阅读国学经典·品鉴古今智慧

领悟先贤哲思·创造人生辉煌